DAS SELBSTVERSTÄNDNIS
DER JÜDISCHEN DIASPORA IN
DER HELLENISTISCH-RÖMISCHEN ZEIT

ARBEITEN ZUR GESCHICHTE DES ANTIKEN JUDENTUMS UND DES URCHRISTENTUMS

HERAUSGEGEBEN VON

Martin Hengel (Tübingen), Peter Schäfer (Berlin),
Pieter W. van der Horst (Utrecht), Martin Goodman (Oxford),
Daniël R. Schwartz (Jerusalem)

XVII

WILLEM CORNELIS VAN UNNIK

DAS SELBSTVERSTÄNDNIS
DER JÜDISCHEN DIASPORA IN
DER HELLENISTISCH-RÖMISCHEN ZEIT

AUS DEM NACHLAß HERAUSGEGEBEN
UND BEARBEITET

VON

PIETER WILLEM VAN DER HORST

E.J. BRILL
LEIDEN • NEW YORK • KÖLN
1993

The paper in this book meets the guidelines for permanence and durability of the Committee on Production Guidelines for Book Longevity of the Council on Library Resources.

БM
613.5
. U56
1993

Library of Congress Cataloging-in-Publication Data

Unnik, W. C. van (Willem Cornelis), 1910-1978.
    Das Selbstverständnis der jüdischen Diaspora in der hellenistisch-römischen Zeit / Willem Cornelis van Unnik; aus dem Nachlaß herausgegeben und bearbeitet von Pieter Willem van der Horst.
        p.   cm.—(Arbeiten zur Geschichte des antiken Judentums und des Urchristentums, ISSN 0169-734X; 17)
    Includes bibliographical references and index.
    ISBN 9004096930 (alk. paper)
    1. Jewish diaspora—History of doctrines.   2. Judaism—History—Post-exilic period, 586 B.C.-210 A.D.   I. Horst, Pieter Willem van der.   II. Title.   III. Series: Arbeiten zur Geschichte des antiken Judentums und des Urchristentums; Bd. 17.
BM613.5.U56   1993
296'.09'014—dc20   92-34556
                                                                                              CIP

ISSN   0169-734X
ISBN   90 04 09693 0

PRINTED IN THE NETHERLANDS

INHALT

VORWORT DES HERAUSGEBERS

Anfang 1991 wurde mir das Manuskript eines Buches zur Hand gestellt, das von meinem 1978 verstorbenen Lehrmeister Willem Cornelis van Unnik geschrieben, aber nie veröffentlicht wurde. Das teils maschinengeschriebene, teils handgeschriebene Manuskript enthielt eine ausführliche Untersuchung des Begriffes 'Diaspora' in der Antike mit besonderer Berücksichtigung des jüdischen Materials. An etwa 200 Stellen hatte Van Unnik angegeben, daß dort Fußnoten angebracht werden sollten, aber aus mir unbekannten Gründen hat er diese nie geschrieben. Als sein (indirekter) Nachfolger habe ich es als einen Ehrenauftrag auf mich genommen, das Buch zu vervollständigen und veröffentlichen.

Aus Notizen von Van Unnik in mir freundlichst von seiner Witwe zur Verfügung gestellten Tagebüchern des Autors wurde deutlich, daß die fünf Kapitel dieses Buches Vorträge waren, die er zwischen Weihnachten 1966 und dem 21. März 1967 geschrieben und in den ersten 10 Tagen von April 1967 am Swedish Theological Institute in Jerusalem gehalten hat. Auf 36 dichtbeschriebenen Seiten erzählt er dort, wie er bald nach Abfassung dieser Vorträge nach Jerusalem flog und dort die letzte Märzwoche und die erste Aprilhälfte 1967 verbrachte. Dort führte er in beiden Stadtteilen—es war kurz vor dem Junikrieg 1967 und der Wiedervereinigung Jerusalems—Gespräche mit M. Pope, P. Benoit, M. Noth, R. Bull, J. B. Pritchard, H. Kosmala, G. Buchanan, M. Boertien, D. Flusser, A. Schalit, Sh. Talmon, R. J. Zwi Werblowsky, und noch vielen anderen.

Obwohl in den 25 Jahren, die seit der Abfassung dieses Buches vergangen sind, viel über die jüdische Diaspora geschrieben worden ist, unterliegt es m. E. keinem Zweifel, daß diese Untersuchung noch durchaus veröffentlichenswert ist. Natürlich wird bisweilen einiges überholt sein, aber die hier vorgetragene Gesamtinterpretation des Materials bezüglich des Diasporagedankens ist doch von einer Eindringlichkeit, wie sie sich in der Fachliteratur bis heute m.W. nicht finden läßt.

Der Text, den ich im Manuskript vorgefunden habe, wird hier integral publiziert, 'ohne Weglassungen und Zutaten'. Auch da, wo ich bisweilen anderer Meinung bin als Van Unnik oder andere Formulierungen bevorzugt hätte, habe ich den Text unverändert gelassen. Der gesamte Haupttext ist also von Van Unnik verfaßt, alles andere—d. h. Einleitung, Fußnoten, Appendizes und Register—ist aus meiner Feder. Ich habe mir nur gelegentlich kleine Eingriffe in den Haupttext gestattet, und zwar in folgenden Fällen: 1) bei offensichtlichen Schreibfehlern; 2) bei Fehlern in einigen griechischen Zitaten (es gab einige Fälle von Haplographie und Akzentfehler); 3) bei Versehen in Stellenangaben von antiken Autoren; 4) bei Übersetzungen von jüdischen Schriften, bei denen Van Unnik oft den alten Kautzsch gebrauchte, und bei denen ich wo möglich die neueren Übersetzungen aus der Reihe *Jüdische Schriften aus hellenistisch-römischer Zeit* verwendet habe.

Was die Fußnoten betrifft, muß folgendes gesagt werden. Wenn es um ein Zitat aus antiken oder modernen Schriften geht, habe ich mich auf die Stellenangabe beschränkt. In allen anderen Fällen wird von mir entweder nur eine Auswahl der wichtigsten Sekundärliteratur erwähnt (wobei ich selbstverständlich auch Veröffentlichungen aus den letzten 25 Jahren angeführt habe) oder auf Interpretationsprobleme hingewiesen. In einigen Fällen habe ich extra Fußnoten eingefügt, nämlich da, wo ein von Van Unnik zitierter antiker Text vom Text in einer neueren kritischen Ausgabe abweicht; dann wird in der Anmerkung der Text nach dieser Ausgabe vermerkt. In nur sehr wenigen Fällen habe ich eine Fußnote weggelassen, nämlich da, wo nicht nur ich, sondern auch andere, die sich den Text angesehen haben, keinerlei Aufschluß darüber gewinnen konnten, was Van Unnik hier in der Anmerkung hat schreiben wollen. Auf eine gekünstelte Fußnote habe ich dann lieber verzichtet.

Neben den vielen einfachen Fällen gab es auch eine

Menge von Problemen bei den Fußnoten. Zumal wo Van Unnik nur einen einzigen Satz von einem modernen Autor, der viele Bücher und Aufsätze geschrieben hat, zitiert, war es des öfteren eine Sache von vielen Stunden oder sogar Tagen Nachforschung, bevor die betreffende Stelle gefunden wurde. Glücklicherweise habe ich bei den schwierigsten Fällen Hilfe bekommen von einigen Kollegen. Ich möchte hier besonders den Kollegen Prof. Martin Hengel (Tübingen), Prof. Nils A. Dahl (Oslo), Prof. David T. Runia (Leiden und Utrecht), Prof. Jannes Reiling und Dr. Piet van Boxel (Utrecht) und auch meinem Assistenten Theo Bakker herzlich für ihre Hilfsbereitschaft danken. Prof. Robert Heeger (Utrecht) hat freundlichst den Text der Einleitung sprachlich korrigiert.

Am Ende des Buches finden sich zwei Appendizes von meiner Hand. Van Unnik hat bei seiner Besprechung des einschlägigen jüdischen Materials das pseudophilonische *Liber Antiquitatum Biblicarum* übergangen, obwohl diese Schrift Material enthält, das für seine These eine Unterstützung bedeutet. Ich habe das im ersten Appendix nachgeholt. Im zweiten habe ich das (nicht-biblische) griechische Material zu διασπορά präsentiert, das von Van Unnik nicht erwähnt wird und das ich mit Hilfe des CD-Rom des Thesaurus Linguae Graecae und des Ibycuskomputers gefunden habe. Diese Präsentation hat das Ziel, die Materialsammlung so umfassend wie möglich zu machen. Es ist erstaunlich, wieviel Van Unnik schon damals aus eigener Lektüre, ohne unsere modernen Hilfsmittel, gefunden hat. Das Material im zweiten Appendix bestätigt übrigens nur Van Unniks Befund.

Pieter W. van der Horst
Utrecht, April 1992

ABKÜRZUNGSVERZEICHNIS

ANRW	*Aufstieg und Niedergang der Römischen Welt*
BK	*Biblischer Kommentar zum Alten Testament*
CRINT	*Compendia Rerum Iudaicarum ad Novum Testamentum*
EWNT	*Exegetisches Wörterbuch zum Neuen Testament*
JBL	*Journal of Biblical Literature*
JSHRZ	*Jüdische Schriften aus hellenistisch-römischer Zeit*
JSJ	*Journal for the Study of Judaism*
JTS	*Journal of Theological Studies*
MKNAW	*Mededelingen der Koninklijke Nederlandse Academie der Wetenschappen*
NT	*Novum Testamentum*
NTS	*New Testament Studies*
NTT	*Nederlands Theologisch Tijdschrift*
RAC	*Reallexikon für Antike und Christentum*
RGG	*Die Religion in Geschichte und Gegenwart*
SCHNT	*Studia ad Corpus Hellenisticum Novi Testamenti*
TWNT	*Theologisches Wörterbuch zum Neuen Testament*
VigChr	*Vigiliae Christianae*
WUNT	*Wissenschaftliche Untersuchungen zum Neuen Testament*
ZNW	*Zeitschrift für die neutestamentliche Wissenschaft*

EINLEITUNG DES HERAUSGEBERS

Willem Cornelis van Unnik: Leben und Werke (1910-1978)[1]

Wim van Unnik wurde am 28. August 1910 in der nordholländischen Stadt Haarlem geboren als zweites Kind eines städtischen Beamten und einer Grundschullehrerin. Er hatte eine ältere und eine jüngere Schwester. Sein Vater, langjähriger Diakon der Reformierten Kirche (Hervormde Kerk), war ein Anhänger der sog. 'ethischen Richtung', die vor allem den existentiellen Ernst und die irenischen Aspekte des christlichen Glaubens betonte. Beide Eltern waren sehr gastfreie Menschen mit einer Geisteshaltung von sowohl großer Frömmigkeit als auch Weltoffenheit.

In Haarlem kam der junge Wim van Unnik 1916 in die Grundschule, und schon in dieser Zeit entstand bei ihm der Wunsch, später Missionar zu werden. Sein Vater sagte ihm, daß er, wenn er das wirklich wolle, doch jedenfalls vorher Theologie studieren müsse, um eine solide Grundlage zu haben. Darum wurde Van Unnik 1922 als Schüler des städtischen Gymnasiums in Haarlem eingeschrieben. Die sechs Jahre am Gymnasium waren für ihn von ausschlaggebender Bedeutung.

An dieser Schule gab es damals etliche Lehrer, die später einflußreiche Gelehrte wurden oder führende Positionen in der holländischen Gesellschaft und Kultur bekamen. Es war da z.B. der orthodoxe Rabbiner S. Ph. de Vries, der Van Unnik Hebräisch lehrte und ihm auch eine bleibende und warme Sympathie für das Judentum beibrachte. Dieser jüdische Lehrer, der beinahe ein halbes Jahrhundert lang Rabbiner

---

[1] Für diese kurze biographische Skizze verdanke ich viel dem Aufsatz 'Levensmozaïek' von A. J. Bronkhorst in dem Gedenkband *Woorden gaan leven. Opstellen van en over Willem Cornelis van Unnik*, Hrsg. A. J. Bronkhorst e.a., Kampen 1979, 35-60, und der Gedenkrede von Kurt Aland, 'Willem Cornelis van Unnik (28. August 1910–17. März 1978)' im *Jaarboek van de Koninklijke Nederlandse Akademie van Wetenschappen* 1978.

der Synagoge in Haarlem war, schrieb zwischen ca. 1925 und 1931 wöchentlich Beiträge über das Judentum in einer nicht-jüdischen Zeitung (*Oprechte Haarlemsche Courant*), die 1932 als Buch veröffentlicht wurden unter dem Titel *Joodse Riten en Symbolen*, ein Werk, das bis zum heutigen Tag immer noch viel gelesen wird[2]. Da Wim van Unnik viel persönlichen Kontakt mit Rabbiner De Vries hatte, dürfte kaum zu bezweifeln sein, daß er diese Beiträge gelesen hat und daß sie seine Liebe für das jüdische Volk verstärkt haben.

Zwei andere für den jungen Gymnasiasten wichtige Lehrer waren die Altphilologen C. Spoelder und J. H. Thiel. Beide, und besonders der letztere, haben in dem begabten Schüler ein großes Interesse und eine lebhafte Wißbegierde bezüglich der antiken Welt erweckt. Van Unnik hat Thiel, der 1945 Ordinarius für Alte Geschichte an der Universität Utrecht wurde, in seinem Nachruf "einen fesselnden Dozenten" und "einen visionären Historiker" genannt[3]. Er rühmt Thiels Qualitäten als Wissenschaftler, aber zumal als begeisternder Lehrer. Es war der "unvergeßliche und inspirierende" Thiel[4], der am meisten dazu beigetragen hat, daß Van Unnik später als Theologe immer auch Historiker und Philologe geblieben ist. Bis zu Thiels Tode (1974) sind beide Gelehrte in aufrechter Freundschaft miteinander verbunden geblieben.

Judentum, antike Welt und Christentum—diese drei Größen haben also schon vom Jugendalter an eine deutliche und einflußreiche Rolle im Leben Van Unniks gespielt. Als er 1928 ein sehr gut Abitur machte, sagte der Prüfungskommissar, der Altphilologe Prof. R. H. Woltjer, er empfehle ihm, ein Doppelstudium, Theologie und klassische Philologie. Van Unnik wählte zwar offiziell das Theologiestudium,

---

[2] Deutsche Übersetzung: *Jüdische Riten und Symbole*, Wiesbaden 1982. De Vries ist im Frühjahr 1944 im Konzentrationslager Bergen-Belsen umgekommen.

[3] 'Herdenking van Johannes Hendrik Thiel (27 januari 1896–19 mei 1974)', in: *Woorden gaan leven* 222 (ursprünglich in: *Jaarboek der Koninklijke Academie van Wetenschappen 1976*).

[4] *Ibid.* 235.

besuchte in seinen Studentenjahren aber immer auch Seminare und Vorlesungen über antike Kultur- und Literatur-geschichte, z.B. bei dem Gräzisten B. A. van Groningen und bei seinem ehemaligen Lehrer Thiel, der 1927 Privatdozent an der Universität Leiden geworden war.

Es war in dieser Zeit, am Ende seiner Gymnasialperiode, daß Wim van Unnik anfing, eine Kollektion von Büchern auf dem Gebiet von Antike und Christentum anzulegen. An sich war dies nicht etwas besonderes, aber er tat das dann in dem halben Jahrhundert bis zu seinem Tode in einem sol-chen Maße, daß seine Bücherei in den siebziger Jahren mit über 30.000 Bänden zur größten Privatbibliothek auf unserem Fachgebiet in den Niederlanden angewachsen war. Die Sammlung pagan-griechischer und -lateinischer, jüdischer und christlicher Textausgaben und Kommentare, die er in seinem Haus in Bilthoven in mehreren Zimmern aufgestellt hatte, war ein wahrhaftes Paradies für jeden Fachgenossen mit gleichem Interesse.

An der theologischen Fakultät Leiden waren 1928 folgende Professoren Van Unniks Lehrer: W. B. Kristensen für vergleichende Religionsgeschichte, H. T. de Graaf (später L. J. van Holk) für Religionsphilosophie, A. Eekhof für Kirchen-geschichte, B. D. Eerdmans für Altes Testament, H. Windisch und ab 1929 J. de Zwaan für Neues Testament; daneben besuchte Van Unnik Privatissima Syrisch und Arabisch bei dem Orientalisten A. J. Wensinck und Koptisch bei dem Ägyptologen A. de Buck (und, wie gesagt, griechische Philo-logie und alte Geschichte bei Van Groningen und Thiel). Von Anfang an versuchte Van Unnik, seine Interessen für (sowohl klassische wie orientalische) Altertumswissenschaft und Theologie zu kombinieren und gegenseitig fruchtbar zu machen, eine Neigung, die zumal von Johannes de Zwaan stark stimuliert wurde. Das resultierte darin, daß Van Unnik schon als 19-jähriger Student einen kleinen Aufsatz auf dem Grenzgebiet von 'Antike und Christentum' schrieb, nämlich "Jesu Verhöhnung vor dem Synhedrium", das 1930 in der *Zeitschrift für die Neutestamentliche Wissenschaft* veröffentlicht wurde[5]. Diese Frühveröffentlichung war kein isolierter Fall, denn kaum zwei Jahre später demonstrierte er erneut seinen weiten Horizont und seine große Belesenheit in dem ausführlichen Aufsatz über "Hugo Grotius als uitlegger van het Nieuwe Testament"[6]; sein Interesse für Kirchengeschichte, das hieraus ersichtlich wird, ist nie erloschen.

In einer 1958 geschriebenen Würdigung seines Lehrmeisters De Zwaan[7] sagt Van Unnik, daß er durch den persönlichen Kontakt mit De Zwaan, der seine Studenten als 'Mitforscher' behandelte, stark dazu angeregt wurde, sich schon früh der wissenschaftlichen Forschung zu widmen. De Zwaan war es, der damals mehr als irgendein anderer holländischer Forscher betonte, daß eine gute Kenntnis der antiken Kulturen eine wesentliche Voraussetzung für eine verantwortungsvolle Exegese ist. Von Van Unniks Hintergrund her ist zu begreifen, daß er in diesem Menschen den idealen Lehrmeister fand, der später sein Doktorvater werden sollte.

1931 bestand Van Unnik die Zwischenprüfung 'cum laude'. Von großer Bedeutung für ihn war es dann, daß De Zwaan seinem Schüler dazu verhalf, daß er im akademischen Jahr 1932/33 zwei Semester am Quaker College 'Woodbrooke' in Birmingham, England, studieren konnte. De Zwaan selbst hatte auch dort studiert bei dem ersten 'Director of Studies', James Rendel Harris (1852-1941). Der Aufenthalt in Woodbrooke war für Van Unnik von Bedeutung, weil ihn zum einen die Frömmigkeit der Quaker sehr ansprach und seine vom Elternhaus mitbekommene Frömmigkeit-in-Weltoffenheit verstärkte—zumal die Lieder, die er

---

[5] ZNW 29 (1930) 310-311, nachgedruckt in seinen *Sparsa Collecta* I, Leiden 1973, 3-5.

[6] *Nederlands Archief voor Kerkgeschiedenis* n.s. 25 (1932) 1-48, nachgedruckt in *Woorden gaan leven* 172-214. Als Student schrieb er auch den Aufsatz 'Een verloren dogmatisch geschrift van Theodorus van Mopsuestia teruggevonden', *Nieuwe Theologische Studien* 16 (1933) 152-161.

[7] Levensschets van Prof. dr. Johannes de Zwaan, in: J. de Zwaan, *Antieke cultuur om en achter het Nieuwe Testament*, Haarlem 1958 (4. Aufl.), IX-XXIV, auch in *Woorden gaan leven* 215-221.

dort kennenlernte, haben ihn bis zum Ende seines Lebens inspiriert—, weil er zum anderen an diesem College die große, vom ursprünglich irakischen Gelehrten A. Mingana angelegte Sammlung syrischer Manuskripte studieren konnte. Eine Schrift in einer dieser Handschriften, die ihm von Mingana selbst zur Verfügung gestellt wurde, bildete 1937 das Thema seiner Dissertation (siehe weiter unten). Auch war es für ihn eine Quelle von Inspiration, daß er in derselben Zeit in Woodbrooke den berühmten amerikanischen Neutestamentler Henry J. Cadbury (1883-1974) kennenlernte, mit dem er viele Gespräche führte, die er im Vorwort seiner Dissertation als "sehr fruchtbar" beschrieb.

Wieder zurückgekehrt nach Leiden, wurde er 1933 Assistent für Hebräischunterricht. Ein Jahr später legte er das abschliessende Examen ('doctoraalexamen') ab, und widmete er sich sofort der weiteren Arbeit am Manuskript Mingana Syriacus 566, das er im Vergleich mit dem Vaticanus Syriacus 150 untersuchte. Er verfertigte nicht nur eine Faksimile-Ausgabe der darin erhaltenen Schrift, sondern erstellte mit seiner großen Kenntnis der syrischen Sprache, die er bei Wensinck[8] gelernt hatte, auch eine englische Übersetzung und schrieb einen ausführlichen Kommentar. Das daraus resultierende Buch, *Nestorian Questions on the Administration of the Eucharist by Isho'yabh IV*, war seine Dissertation, die er am 26. November 1937 verteidigte. Diese syrische Schrift aus dem 11. Jahrhundert behandelt in 123 Fragen und Antworten eine große Vielfalt liturgischer Angelegenheiten, die Van Unnik in seiner sehr ausführlichen und gründlichen Einleitung in die orientalische Kirchen- und Liturgiegeschichte einordnete. De Zwaan war sein Promotor, aber es ist klar, daß Van Unnik in bezug auf diese Untersuchung vor allem Wensinck zu Dank verpflichtet war. Als junger Mann von 27 Jahren brachte Van Unnik den Erweis, daß er sich nicht nur auf dem Gebiet des Neuen Testaments und des klassischen

---

[8] Van Unniks Hochschätzung für Wensinck kommt zum Ausdruck in seinem Aufsatz 'Professor A. J. Wensinck en de studie van de oosterse mystiek', in *Woorden gaan leven* 238-263.

Altertums, sondern auch auf denen der Kirchengeschichte und der semitischen Sprachen selbständig und sachkundig bewegen konnte und daß er eine erstaunliche Belesenheit hatte. Mit Recht bekam er 1946 den Mallinckrodt-Preis für die beste niederländische theologische Dissertation des Jahrzehnts 1935-1945.

Schon Anfang 1936 wurde er gebeten, Hilfsprediger des Vereins der Orthodox-Reformierten (Vereniging van Rechtzinnig Hervormden) in Enkhuizen zu werden. Diesen Dienst tat er zwei Jahre lang. 1938 wurde er in das Pfarramt berufen: Vierundeinhalb Jahre war er als Pfarrer der Reformierten Kirche in Opperdoes tätig. Von 1939 an war er daneben auch Privatdozent für altchristliche Literaturgeschichte an der Theologischen Fakultät Leiden. Jede Woche reiste er für einen Tag nach Leiden, um seine Vorlesungen zu halten. Es war in diesen Jahren, daß Van Unnik eine Reihe grösserer Untersuchungen schrieb: *De verlossing in 1 Petrus 1:18-19 en het problem van den eersten Petrusbrief* [9], *Het Oostersche Christendom na de negende eeuw* [10]; *De beteekenis van de Mozaïsche wet voor de Kerk van Christus volgens de Syrische Didascalie* [11]; und außerdem eine Reihe kleinere Veröffentlichungen. Auch hier sieht man wieder die Breite seiner Gelehrsamkeit: Neues Testament, altchristliche Literaturgeschichte und orientalische Kirchengeschichte.

Der zweite Weltkrieg durchkreuzte etliche von Van Unniks Plänen, nicht nur weil die Leidener Universität 1942 von der Besatzungsmacht geschlossen wurde und so ein Ende an seine Tätigkeit als Privatdozent kam, sondern vor allem weil ihm seine erste Möglichkeit, ein Professorat zu be-

---

[9] MKNAW, Afd. Letterkunde, NR 5,1, Amsterdam 1942 (in englischer Übersetzung in seinen *Sparsa Collecta* II, Leiden 1980, 3-82).

[10] F.W Grosheide e.a. (Hrsg.), *Geschiedenis der Kerk*, I, Kampen 1942, 324-375, nachgedruckt in G. P. van Itterzon & D. Nauta (Hrsg.), *Geschiedenis van de kerk*, III, Kampen 1963, 102-170.

[11] *Nederlandsch Archief voor Kerkgeschiedenis* (NS) 31 (1940) 65-100, in englischer Übersetzung in seinen *Sparsa Collecta* III, Leiden 1983, 7-39. Dieser Aufsatz enthält den Text seiner Antrittsrede als Privatdozent am 27. Febr. 1939.

kommen, entnommen wurde. Er hatte Ende April 1940 einen
Brief aus Pretoria, Südafrika, empfangen mit der Bitte, an der
dortigen Universität den Lehrstuhl für Neues Testament zu
übernehmen. Als einige Wochen später deutsche Truppen
die Niederlande besetzten, war diese Chance bald erledigt.

In seiner Kirche wurde er dann bald als Deputierter für die
Arbeit am sogenannten 'Gemeindeaufbau' angestellt, einer
von der Reformierten Synode im August 1940 ins Leben
gerufenen Organisation zur Reaktivierung und Erneuerung
des kirchlichen Lebens in Holland. Neben diesen Tätigkeiten
und der normalen Gemeindearbeit war Van Unnik aktives
Mitglied der 'Nachtwache' seines Dorfes, einer Art lokalen
Schutzdienstes, an dem er gern teilnahm, weil er dem
deutschen Besatzer äußerst feindlich gesinnt war.

Ende August 1942 verließ Van Unnik Opperdoes. Der
Theologe Theodoor C. Vriezen, der Religionslehrer an einer
Schule in Den Haag war, wurde als Professor für Altes
Testament an die Universität Groningen berufen. Die durch
Vriezens Übersiedlung entstandene Vakanz wurde mit Van
Unnik besetzt. Mit großer Begeisterung gab er drei Jahre lang
sehr viele Stunden Religionsunterricht (er hatte 30 Klassen!),
und seine Liebe für den Schulbetrieb bewies er auch viel
später noch, indem er 1957 ein Büchlein für den Schulun-
terricht schrieb, das sogar ins Deutsche und Englische
übersetzt wurde[12]. An derselben Schule arbeitete auch eine
Französischlehrerin, Sophie Niemantsverdriet. Diese Frau
wurde seine Ehegefährtin. Am 28. Juli 1944 heirateten sie.
Sein Vorgänger Vriezen traute sie. Ihre Ehe dauerte zeit-
lebens.

Nach dem Krieg wurde er im Oktober 1945 Pfarrer in
Schiedam, einer Stadt in der Nähe von Rotterdam. Hier blieb
er nur 11 Monate; denn er wurde im Sommer 1946 als
Professor für Neues Testament und altchristliche Literatur an
die Theologische Fakultät der Universität Utrecht berufen.

---

[12] *Het Nieuwe Testament*, Groningen 1957, mit 7 Neuauflagen bis 1974;
= *The New Testament, its History and Message*, London–New York 1964; =
Einführung in das Neue Testament, Wuppertal 1967.

Van Unniks wissenschaftliche Laufbahn begann nun richtig. Nach der Emeritierung von A. M. Brouwer übernahm er dessen Lehrstuhl im September 1946. In dieser Zeit des Wiederaufbaus des sozialen und kulturellen Lebens in den Niederlanden setzte sich Van Unnik von Anfang an dafür ein, daß die Utrechter Fakultät in einem früher noch nicht dagewesenen Maße zu einem Zentrum für wissenschaftliche Forschung ausgebaut wurde. Dank seiner Bemühungen wurden im Laufe der Jahre Speziallehrstühle geschaffen, für antikes Judentum, Hellenismus und frühe Kirchengeschichte[13], und wurde Utrecht langsam zu einem wichtigen Zentrum für das Umweltstudium des Neuen Testaments. Schon in seiner programmatischen Antrittsvorlesung[14] vom 17. Februar 1947 machte er überaus klar, daß das Neue Testament seines Erachtens nur recht verstanden werden konnte, wenn es in seinem antiken Kontext, und zwar speziell in seinem antik-jüdischen Kontext gelesen wurde. Diese Einsicht war die treibende Kraft hinter vielen seiner wissenschaftlichen und organisatorischen Aktivitäten.

Vom Ende der vierziger Jahre bis zu seinem Tode gab es dann eine dreißigjährige ununterbrochene Flut von Veröffentlichungen in Buch- und Artikelform[15]. Schon 1951 wurde er, erst 40 Jahre alt, Mitglied der Königlichen Akademie der Wissenschaften (zu Amsterdam), in deren Reihe *Mededelingen* (Mitteilungen) er 1952 seine berühmte Abhandlung *Tarsus of Jerusalem, de stad van Paulus' jeugd*[16] veröffentlichte. Selbst betrachtete er immer die Wiederbelebung des

---

[13] Resp. Inhaber: J. W. Doeve, M. J. Vermaseren, G. Quispel.

[14] *Hedendaagsche problemen in de nieuwtestamentische wetenschap*, Nijkerk 1947, auch in *Woorden gaan leven* 75-96; in englischer Fassung auch in *Sparsa Collecta* II 217-240.

[15] Der Leser sei verwiesen auf die Bibliographie am Ende dieser Einleitung.

[16] Auch englisch erschienen: *Tarsus or Jerusalem, the City of Paul's Youth*, London 1962, nun auch in seinen *Sparsa Collecta* I 259-320, mit dem Nachtrag 'Once Again: Tarsus or Jerusalem', *ibid.* 321-327. Dazu neuerdings M. Hengel, *The Pre-Christian Paul*, London 1991, 22-23 = Der vorchristliche Paulus, in M. Hengel und U. Heckel (Hrsg.), *Paulus und das antike Judentum*, WUNT 58, Tübingen 1991, 217.

Projektes *Corpus Hellenisticum Novi Testamenti* als eine seiner wichtigsten Unternehmungen im ersten Jahrzehnt seiner Professur. Dieses Projekt, kurz vor dem ersten Weltkrieg von Georg Heinrici und Ernst von Dobschütz begründet—Heinrici sprach von "dem neuen Wettstein", von Dobschütz scheint den Namen "Corpus Hellenisticum" erdacht zu haben—hatte eine traurige Geschichte, die von Pech und Unglück gekennzeichnet war[17]. Vierzig Jahre nach seinem Anfang schien es den Geist aufgegeben zu haben, ohne daß es zu einem 'neuen Wettstein' geführt hatte. Van Unnik, dem diese vergleichende Erforschung des Neuen Testaments und seiner paganen Umwelt sehr am Herzen lag, beschloß, das Projekt in einem internationalen Gremium zur Sprache zu bringen und zu versuchen, ihm unter seiner Leitung neues Leben einzublasen. 1955 wurde nach einer Konsultation in der Society of New Testament Studies vereinbart, den paganen Teil des Projekts (d.h. die Kartei) in Utrecht unterzubringen[18] und Van Unnik mit der Projektleitung zu betrauen. 1966 errichtete er eine Zweigstelle in Claremont (California) unter H.-D. Betz, und bei der Firma Brill begründete er die Reihe *Studia ad CHNT*, in der die 'Vorarbeiten' für den 'neuen Wettstein' veröffentlicht werden sollten[19]. Als er 1963 als Rektor der Utrechter Universität die sogenannte 'Diesrede' halten mußte, wählte er sein geliebtes Projekt als Thema und suchte so auch bei einem breiteren Publikum Interesse für diese vergleichende Forschung zu erwecken[20]; denn er war davon überzeugt, daß die Worte des Neuen Testaments auf

---

[17] Die Geschichte des Projekts habe ich beschrieben in dem Aufsatz "Corpus Hellenisticum Novi Testamenti: geschiedenis en doel van een project", in meinem Aufsatzband *De onbekende god. Essays over de joodse en hellenistische achtergrond van het vroege christendom*, Utrecht 1988, 256-266; eine englische Bearbeitung erschien im *Anchor Bible Dictionary* (Garden City 1992).

[18] Das sogenannte Judaeo-Hellenisticum blieb in Halle/Saale (unter G. Delling).

[19] Von 1970 bis 1980 sind darin 6 Bände erschienen.

[20] Eine englische Übersetzung dieser Rede erschien in *Journal of Ecclesiastical History* 83 (1964) 17-33; nun auch in *Sparsa Collecta* II 194-216.

dieser Weise erneut 'zum Leben kommen' würden: "Words come to life" ist nicht von ungefähr der Titel eines Aufsatzes, in dem er die Bedeutsamkeit dieser Art Forschung für die Theologie beschreibt[21]. Obwohl Van Unnik nie mit einer Monographie zu der Reihe *Studia ad CHNT* beigetragen hat, gibt es eine große Anzahl von Aufsätzen, die von ihm im Rahmen dieses Projektes geschrieben sind[22].

Man könnte den Eindruck bekommen, daß sich Van Unniks Tätigkeit seit Mitte der fünfziger Jahre im wesentlichen auf das Corpus Hellenisticum-Projekt beschränkt habe; aber dieser Eindruck trügt. Ein großer Teil seiner Forschung lag gerade auf einem anderen Gebiet, nämlich auf dem der Gnosis. Bei dem Ägyptologen De Buck hatte Van Unnik im Anfang der dreißiger Jahre gut Koptisch gelernt. Als dann kurz nach dem zweiten Weltkrieg die aufsehenerregenden Funde der koptischen Bibliothek von Nag Hammadi gemacht wurden, war er schnell dabei, die neuen Texte in ihrer Originalsprache zu studieren. Seit Mitte der fünfziger Jahre veröffentlichte er dann viel auf diesem Gebiet, angefangen mit den Aufsätzen "The Recently Discovered *Gospel of Truth* and the New Testament"[23] und "The Origin of the Recently Discovered *Apocryphon Jacobi*"[24] und dem Büchlein *Openbaringen uit Egyptisch zand. De vondsten bij Nag Hammadi* (= *Evangelien aus dem Nilsand*)[25], das in drei Sprachen übersetzt wurde. Der Grund seines Interesses für den Gnostizismus war seine Überzeugung, daß gründliche Kenntnis der Gnosis einen tiefen Einblick in die Mentalität großer Gruppen von

---

[21]   *Novum Testamentum* 13 (1971) 199-216; in holländischer Übersetzung im gleichnamigen Gedenkband *Woorden gaan leven* 97-112.
[22]   Siehe die Bibliographie in meinem Aufsatz zum CHNT, *De onbekende god* 265f.
[23]   In: H.-C. Puech, G. Quispel, W. C. van Unnik, *The Jung Codex. A Newly Discovered Gnostic Papyrus*, London 1955, 81-129, auch in *Sparsa Collecta* III, Leiden 1983, 163-191.
[24]   *Vigiliae Christianae* 10 (1956) 149-156, auch in *Sparsa Collecta* II 192-198.
[25]   Den Haag 1958; Frankfurt 1960; englisch: *Newly Discovered Gnostic Writings*, London 1960; schwedisch: *Skriftfynden i Nilsanden*, Stockholm 1961.

Menschen in der spätantiken Welt gewährt und darum
wesentlich zum Verständnis der Welt des frühen Christentums beiträgt; er hat jedoch nie an die Hypothese eines
vorchristlichen Gnostizismus geglaubt. Überhaupt hat ihn die
Kombination von umfassender Sachkenntnis und gesunder
Urteilskraft immer vor extremen Positionen bewahrt.

Neben seinen Studien zum Corpus Hellenisticum und zum
Gnostizismus wandte sich Van Unnik, zumal in seinen
späteren Jahren, in zunehmendem Maße der Erforschung der
frühchristlichen Literatur zu. Eine Reihe von sehr schönen
Studien z.B. über den ersten Clemensbrief und Irenaeus legt
ein beredtes Zeugnis davon ab. Seine These über die Gattung
des ersten Clemensbriefes als ein Specimen vom *genos
symbouleutikon* hat leider noch viel zu wenig Beachtung gefunden, weil das Büchlein nur auf Niederländisch veröffentlicht worden ist[26]. Die beiden kurzen Studien *De ἀφθονία van
God in de oudchristelijke literatuur*[27] und ᾽Αφθόνως μεταδίδωμι[28]
zeigen beispielhaft, was eine intensive Lektüre der paganen
Literatur der Antike zur Erhellung von Ausdrücken und
Motiven in der altchristlichen Literatur beitragen kann.
Leider sind auch diese Gemmen seiner reifen wissenschaftlichen Arbeit nie in eine andere Sprache übersetzt worden.

Natürlich blieb auch das Neue Testament selbst immer im
Zentrum seines Forschungsinteresses, wie aus einer großen
Reihe von Aufsätzen ersichtlich ist[29]. Als er 1973 als Prorektor
der Universität die Rede zum *Dies natalis* halten sollte, wählte
er als Thema die Kriterien für die erste Zusammenstellung

---

[26] *Studies over de zogenaamde eerste brief van Clemens. I: Het litteraire
genre*, MKNAW, Afd. Lett. NR 33,4, Amsterdam-London 1970. Siehe
nun jedoch A. Lindemann, *Die Clemensbriefe*, HNT 17, Tübingen 1992, 9.

[27] MKNAW, Afd. Lett. NR 36,3, Amsterdam-London 1973.

[28] Mededelingen van de Koninklijke Vlaamse Academie voor
Wetenschappen, Letteren en Schone Kunsten van België, Klasse der
Letteren 33,4, Brussel 1971.

[29] Die 22 Aufsätze im 1. Band seiner *Sparsa Collecta* sind nur eine
Auswahl; Van Unnik hat sich nie davor gescheut, auch auf populär-
wissenschaftlicher Ebene zu publizieren, wie u.a. aus seinen vielen
Beiträgen im allgemeinverständlichen *Commentaar op de Heilige Schrift*,
ed. J. A. vor der Hake, Amsterdam 1953-1956, hervorgeht.

des Neuen Testaments[30]. Charakteristisch für ihn war, daß er am Ende dieser Rede kurz, aber klar Zeugnis von seinem Glauben an Jesus Christus ablegte. Wie er mir später sagte, sollte man eine Gelegenheit, "ein gutes Wort für Jesus" zu sprechen, nicht unbenützt vorübergehen lassen.

Auch das antike Judentum blieb immer im Zentrum seiner Interessensphäre. 1950 schrieb er einen schönen Aufsatz über die jüdische Diaspora für das Sammelwerk über frühes Christentum und antike Kultur, das er zusammen mit seinem Freund, dem großen Leidener Altphilologen Jan Hendrik Waszink herausgab[31]. (Daß dieses Thema ihn auch später immer wieder beschäftigte, wird u.a. aus dem vorliegenden Buch sichtbar). 1959 schrieb er im 4. Band der *Christelijke Encyclopaedie* sogar das Lemma über den Lurianer Kabbalisten und Autor des *Schulchan Aruch,* Joseph Karo (1488-1575). Anfang der siebziger Jahren folgt dann eine Reihe von Studien über Josephus[32], die kulminieren in seinen im Dezember 1972 gehaltenen, aber erst posthum veröffentlichten Franz-Delitzsch-Vorlesungen: *Flavius Josephus als historischer Schriftsteller*[33]. Auch die Tatsache, daß er gebeten wurde, den Löwener 'Journées bibliques' von 1969 über das Thema "La littérature juive entre Tenach et Mischna" vorzusitzen und die

---

[30] *Oog en oor. Criteria voor de eerste samenstelling van het Nieuwe Testament,* Utrecht 1973.

[31] J. H. Waszink, W. C. van Unnik, C. de Beus (edd.), *Het oudste Christendom en de antieke cultuur,* 2 Bände, Haarlem 1951, I 537-560.

[32] Siehe z.B. "An Attack on the Epicureans by Flavius Josephus", in: *Romanitas et Christianitas. Studia J. H. Waszink ... oblata,* Amsterdam 1973, 341-355; "Josephus' Account of the Story of Israel's Sin with Alien Women in the Country of Midian (Num. 25:1ff.)", in: *Travels in the World of the Old Testament. Studies Presented to ... M. A. Beek,* Assen 1974, 241-261; "Eine merkwürdige liturgische Aussage bei Josephus (Ant 8,111-113)", in: *Josephus-Studien. Untersuchungen zu Josephus, dem antiken Judentum und dem Neuen Testament, Otto Michel ... gewidmet,* Göttingen 1974, 362-369. Vgl. auch sein schönes Büchlein *Het godspredikaat "het begin en het einde" bij Flavius Josephus en in de Openbaring van Johannes,* MKNAW Afd. Letterkunde NR 39,1, Amsterdam-London 1976.

[33] Heidelberg 1978. Posthum erschien auch der große Aufsatz "Flavius Josephus and the Mysteries", in M. J. Vermaseren (Hrsg.), *Studies in Hellenistic Religions,* EPRO 78, Leiden 1979, 244-279.

dort gehaltenen Vorträge herauszugeben und einzuleiten, darf hier nicht unerwähnt bleiben[34].

Zurück nun zu seinen anderen Aktivitäten in seiner Utrechter Periode. 1958 wurde er Mitglied des Vorstandes der NCRV, d.h. des Niederländischen Christlichen Radio-Vereins, einer der christlichen Rundfunk- und Fernsehanstalten. In dieser Funktion war er als Mitbegründer intensiv an der Planung der vielgehörten Vortragsreihe ('Theologische Etherleergang') *Rondom het Woord* beteiligt. In dieser Reihe wurden (und werden, denn sie dauert noch immer fort) wöchentlich von oft namhaften Theologen Rundfunkvorträge über neue Entwicklungen in der Theologie oder über aktuelle Themen in Kirche und Theologie gehalten. Van Unnik selbst hat des öfteren in 'seiner' Reihe Vorträge gehalten, z.B. 1968 über "Schriftkritiek en Schriftgezag in de 19de en 20ste eeuw"[35], 1969 über "Verbond"[36], 1970 über "Bijbelvertalen bij kerkvaders en reformatoren"[37], und 1971 über "De historische Paulus: persoon en werk"[38]. Er betrachtete diese Tätigkeit auch als Fortbildung seiner eigenen Schüler und fand sie schon deswegen sehr wichtig[39].

Von 1961 bis 1962 amtierte er als 'Präsident' der internationalen Society of New Testament Studies, was er mit Recht als große Ehre empfand. Im akademischen Jahr 1962/63 hatte er das ehrenvolle Amt des Rektors der Utrechter Universität inne, und von 1968 bis 1973 war er Prorektor. Wie oben schon gesagt, hielt er in diesen Amtsperioden zweimal die Rede zum *dies natalis*. Viele hat verwundert, daß seine wissenschaftliche Produktion in diesen Perioden kaum unter der oft schweren verwaltungsmäßigen Verantwortung litt. Wie aus seiner Bibliographie ersichtlich ist, wurde der Strom

---

[34] W. C. van Unnik (Hrsg.), *La littérature juive entre Tenach et Mischna*, Leiden 1974.
[35] *Rondom het Woord* 10 (1968) 251-263.
[36] *Ibid.* 11 (1969) 385-391.
[37] *Ibid.* 12 (1970) 349-358.
[38] *Ibid.* 13 (1971) 5-17.
[39] Für eine Würdigung siehe P. W. van der Horst, 'Willem Cornelis van Unnik', *Rondom het Woord* 33,4 (1991) 30-34.

von Veröffentlichungen nicht unterbrochen. Van Unnik besaß denn auch eine außerordentliche große Arbeitskraft. Oft schrieb er seine Aufsätze in den Stunden zwischen halb sechs und halb neun morgens, bevor er zu der Universität fuhr. Daß er in dieser sehr anstrengenden Zeit nie den Eindruck erweckte, er lebe unter Streß, und daß er immer Zeit für ein freundliches Wort oder eine gemütliche Plauderei fand, war eins der Geheimnisse seiner Persönlichkeit.

In der Periode seines Prorektotats übernahm er auch den Vorsitz von *ZWO*, der niederländischen Organisation für reinwissenschaftliche Forschung. Das war eine hohe Funktion mit großem Prestige, die vor ihm bekleidet worden war von dem Groninger Religionswissenschaftler Gerardus van der Leeuw, dem Utrechter Altphilologen Hendrik Wagenvoort und dem Leidener Kirchenhistoriker J.N. Bakhuizen van den Brink. Diesen Vorsitz übte er bis zu seinem Tod aus, und er tat das sehr gerne, weil, so sagte er, es eine gute Sache ist, auch Wissenschaftlern von anderen Fachgebieten zu zeigen, daß sich in guter Theologie Frömmigkeit mit einem streng wissenschaftlichen Anliegen verbinden läßt. Er zitierte gerne den Titel der Antrittsvorlesung des ersten Utrechter Theologieprofessors Gijsbert Voetius: *De pietate cum scientia coniungenda* (1634)[40].

In ungefähr derselben Periode, nämlich von 1967 bis 1978, war er auch Präsident der niederländischen Bibelgesellschaft (NBG). Mit vollem Einsatz diente er im letzten Jahrzehnt seines Lebens dieser Organisation für Bibelübersetzung und -verbreitung. Die Mitarbeiter der NBG rühmten seine Gabe, Spannungen und Konflikte im Vorstand ihrer Organisation auf irenische und 'nicht-polarisierende' Weise zu lösen.

Sein friedfertiger Charakter zeigt sich auch deutlich in seinen Briefen. Van Unnik unterhielt eine erstaunlich umfangreiche Korrespondenz mit hunderten Leuten über die

---

[40] Siehe die Ausgabe dieser Rede von meinem Utrechter Kollegen Aart de Groot, *Gisbertus Voetius' inaugurele rede over Godzaligheid te verbinden met de wetenschap*. Latijnse tekst opnieuw uitgegeven met Nederlandse vertaling, inleiding en toelichtingen, Kampen 1978.

ganze Welt. Er war darin ungewöhnlich treu: man brauchte nie lange auf eine Reaktion zu warten, oft bekam man schon nach einem oder zwei Tagen seine Antwort. Es muß in allen Winkeln der Erde noch tausende und abertausende von seinen immer mit dem Hand geschriebenen Briefen geben. Seine Herzlichkeit und seine warme Persönlichkeit kamen in seinen Briefen genauso zum Ausdruck wie in seiner Verhaltensweise. Er hatte kaum Feinde, aber viele Freunde, nicht nur unter seinen Fachgenossen, sondern auch unter den vielen Gemeindegliedern, die er in seinen auch während seiner Professur fast jede Woche gehaltenen Predigten zu erbauen wußte.

Erwähnung verdienen noch seine langjährige Arbeit als Herausgeber oder Mitherausgeber der Zeitschriften *Novum Testamentum* und *Vigiliae Christianae* und seine vielen Reisen, die er unternahm, um Gastvorlesungen zu halten. So machte er verschiedene Reisen nach den Vereinigten Staaten, wo er 1964 auch ein Semester als Gastprofessor am Princeton Theological Seminary arbeitete (er war eng 'befreundet mit Bruce Metzger), nach Südafrika, nach England, nach Straßburg, Berlin (Ost) und Halle, nach Jerusalem usw. Viermal wurde ihm von einer ausländischen Universität die Würde eines Ehrendoktors verliehen: Münster (1961), St. Andrews (1961), Oslo (1965) und Straßburg (1970). Kein anderer niederländischer Neutestamentler hat so viele wohlverdiente Ehrenerweise empfangen.

Leider hat Van Unnik wenig Schul gemacht. Obwohl viele Studenten und Kollegen von den Resultaten seiner Forschung beeindruckt und begeistert waren, haben sich nur sehr wenige in seine Spuren begeben. Er hatte zwar eine beträchtliche Zahl von Promovenden, aber nur sehr wenige von ihnen haben sich in die ausgedehnten Grenzgebiete von antikem Christentum, Judentum und Hellenismus gewagt, auf denen Van Unnik sich so gerne bewegte. Die Breite der Kenntnis, die dafür notwendig ist, hatten nur wenige.

Kurz vor seinem Tode hegte er noch viele Pläne, die nicht mehr ausgeführt werden konnten, z.B. das Schreiben einer

Theologie des Neuen Testaments. Plötzlich, allzu plötzlich wurde uns am 17. März 1978 ein großer und vielseitiger Gelehrter, ein herzlicher Kollege und ein guter Mensch entrissen.

BIBLIOGRAPHIE VON W. C. VAN UNNIK

Vorbemerkung

In den 1979 erschienenen Gedenkband *Woorden gaan leven* wurde eine Bibliographie der Schriften Van Unniks aufgenommen (Ss. 288-306, zusammengestellt von K. W. H. Kunne). Die hier folgende Bibliographie unterscheidet sich davon in mehreren Hinsichten: erstens wird das Material von mir konsequent chronologisch geordnet (d.h. ohne daß ein Unterschied zwischen Büchern, Aufsätzen in Zeitschriften und Festschriften usw. gemacht wird); zweitens habe ich einige Fehler korrigiert; drittens ist meine Bibliographie vollständiger, weil einige übersehene Titel zugefügt worden sind und auch auch das posthum veröffentlichte Material vollständig aufgenommen worden ist. Auch in dieser erweiterten Form ist meine Bibliographie jedoch nicht wirklich vollständig, und zwar aus folgenden Gründen: Ziel dieser Publikationsliste ist, ein Bild von der wissenschaftlichen Tätigkeit Van Unniks zu vermitteln; deswegen schien es mir kaum sinnvoll, seine vielen hunderte Beiträge zu allgemeinverständlichen Enzyklopädien, Tageszeitungen und Wochenblättern, Bänden mit Predigtskizzen, und Kirchenblättern, und seine zahlreichen Buchrezensionen erschöpfend aufzuzählen. Die diesbezüglichen Daten sind durch ein von Van Unnik selbst (hand)geschriebenes Heft zugänglich, das in der Universitätsbibliothek Utrecht aufbewahrt wird (diese von ihm selber verfaßte Bibliographie zählt etwa 950 Veröffentlichungen, die hier präsentierte nur 195!). In meiner Liste habe ich Aufsätze, die in seinen drei Bänden *Sparsa Collecta* oder in dem Band *Woorden gaan leven* nachgedruckt sind, wie folgt näher gekennzeichnet: [*SC* I ...] [*WGL* ...]. Man beachte, daß nur Aufsätze, die vor 1968 veröffentlicht worden sind, in *Sparsa Collecta* nachgedruckt wurden. Von dem vielen, das Van Unnik von 1968 bis 1978 geschrieben hat, ist in diesen Bänden leider nichts nachgedruckt. Schließlich sei noch bemerkt, daß Nachdrucke ursprünglich niederländisch geschriebener Aufsätze in *SC* immer in englischer Übersetzung geboten werden.

1930

Jesu Verhöhnung vor dem Synedrium (Mc XIV 65 par.), *ZNW* 29 (1930) 310-311 [*SC* I 3-5]

1932

Hugo Grotius als uitlegger van het Nieuwe Testament, *Nederlands Archief voor Kerkgeschiedenis* n.s. 25 (1932) 1-48 [*WGL* 172-214]

1933

Een verloren dogmatisch geschrift van Theodorus van Mopsuestia teruggevonden, *Nieuwe Theologische Studien* 16 (1933) 152-161

1935

C. F. Burney's hypothese aangaande de Arameesche achtergrond van het Johannesevangelie, *Vox Theologica* 7 (1935/36) 123-131

1936

A Note on Ode of Solomon XXXIV 4, *JTS* 37 (1936) 172-175

1937

Nestorian Questions on the Administration of the Eucharist by Isho'yabh IV. A Contribution to the History of the Eucharist in the Eastern Church. Facsimile reproduction of Codex Mingana Syriacus 566, fol. 1b-34a, 46b-48a, with introduction, commentary and translation, Haarlem 1937 (Nachdruck Amsterdam 1970)

1939

Noord-Holland: het verwaarloosde pand, in S. F. H. J. Berkelbach van der Sprenkel, N. Stufkens, H. C. Touw (Hrsgg.), *Kerke-Werk. Beschrijvingen van den arbeid der Hervormde kerk in stad en land*, Nijkerk 1939, 121-167 [*WGL* 137-171]

1940

De beteekenis van de Mozaïsche Wet voor de Kerk van Christus volgens de Syrische Didascalie, *Nederlands Archief voor Kerkgeschiedenis* n.s. 31 (1940) 65-100 [*SC* III 7-39]

1942

Opmerkingen over het karakter van het verloren werk van Clemens Alexandrinus, 'Canon Ecclesiasticus', *Nederlands Archief voor Kerkgeschiedenis* n.s. 33 (1942) 65-100 [*SC* III 40-51]

De verlossing in 1 Petrus 1:18-19 en het probleem van den eersten Petrusbrief, MKNAW Afd. Letterkunde, NR 5,1, Amsterdam 1942 [*SC* II 3-82]

Het Oostersche christendom na de negende eeuw, in F. W. Grosheide, G. M. den Hartogh, H. J. Honders (Hrsgg.), *Geschiedenis der Kerk* I, Kampen 1942, 324-375; Nachdruck in G. P. van Itterzon, D. Nauta (Hrsgg.), *Geschiedenis van de Kerk* III, Kampen 1963, 102-170

Aramaeismen bij Paulus, *Vox Theologica* 14 (1942/43) 117-126 [*SC* I 129-143]

1947

Les cheveux défaits des femmes baptisées. Un rite de baptême dans l'ordre ecclésiastique d'Hippolyte, *VigChr* 1 (1947) 77-100 [*SC* III 299-317]

Hedendaagsche problemen in de Nieuw-testamentische wetenschap, Inaugurele Rede Rijksuniversiteit Utrecht, Nijkerk 1947 [*WGL* 75-96; *SC* II 217-240]

1948

Beeld uit de verte, in *Prof. Dr. A. M. Brouwer. Zijn leven en werk,* Leiden 1948, 10-18 (bearbeitete Fassungen: 'In Memoriam Prof. Dr. A. M. Brouwer', in *Nederlands Theologisch Tijdschrift* 2

(1947/48) 383-384; 'In Memoriam Annéus Marinus Brouwer', *Jaarboek der Rijksuniversiteit Utrecht 1947/1948*, 49-56)

De achtergrond en betekenis van Handelingen 10:4 en 35, *NTT* 3 (1948/49) 260-283, 336-354 [*SC* I 213-158]

1949

De la règle Μήτε προσθεῖναι μήτε ἀφελεῖν dans l'histoire du canon, *VigChr* 3 (1949) 1-36 [*SC* II 123-156]

Audi et historiam. Over het knielen in de eredienst, *Kerk en eredienst* 4 (1949) 65-80

Gregorius van Nyssa: Oratio catechetica, ingeleid en vertaald (Klassieken der Kerk; eerste reeks: De vroege kerk, deel 4), Amsterdam 1949

Kanttekeningen bij een nieuwe verklaring van de anamnese-woorden, *NTT* 4 (1949/50) 369-377 [*SC* III 318-325]

1950

Is I Clement 20 Purely Stoic?, *VigChr* 4 (1950) 181-189 [*SC* III 52-57]

1951

I Clement 34 and the 'Sanctus', *VigChr* 5 (1951) 204-248 [*SC* III 326-361]

Het Jodendom in de verstrooiïng, in J. H. Waszink, W. C. van Unnik, Ch. de Beus (Hrsgg.), *Het oudste christendom en de antieke cultuur* I, Haarlem 1951, 537-560

De oudchristelijke letterkunde tot Irenaeus, *ibidem* II, Haarlem 1951, 84-105

Isaac van Dijk, in *Ernst en vrede. Opstellen rondom de ethische theologie aangeboden aan M. van Rhijn,* Den Haag 1951, 146-170

Een dissertatie over Hervormde eredienst, *NTT* 6 (1951/52) 25-51

1952

Tarsus of Jeruzalem, de stad van Paulus' jeugd. Met een appendix: het gebruik van τρέφω en verwante woorden in verband met de opvoeding, MKNAW, Afd. Letterkunde NR 15,5, Amsterdam 1952 (= *Tarsus or Jerusalem, the City of Paul's Youth*, London 1962) [*SC* I 259-320]

De opkomst en ontwikkeling van het Christendom in de antieke wereld, in J. W. Berkelbach van der Sprenkel, C. D. J. Brandt, F. L. Ganshof (Hrsgg.), *Wereldgeschiedenis. De geschiedenis der mensheid van de oudste tijden tot heden* II, Utrecht 1952³, 217-267 (= vol. III, Utrecht 1964⁴, 100-151)

Het karakter van de oudchristelijke apologetiek in de pseudo-justiniaanse 'Oratio ad Graecos', *NTT* 7 (1952/53) 129-141 [*SC* III 59-70]

1953

Zur Bedeutung von ταπεινοῦν τὴν ψυχήν bei den apostolischen Vätern, *ZNW* 41 (1953) 250-255 [*SC* III 71-76]

Reisepläne und Amen-Sagen. Zusammenhang und Gedankenfolge in 2 Korinther 1:15-24, in *Studia Paulina in honorem Johannis de Zwaan septuagenarii*, Haarlem 1953, 215-234 [*SC* I 144-159]

De eenheid van het Nieuwe Testament, in J. A. vor der Hake (Hrsg.), *Commentaar op de Heilige Schrift*, Amsterdam 1953, 772-802

Enkele mededelingen over de chronologie van het Nieuwe Testament, *ibidem* 821-824

Tekst en vertalingen van het Nieuwe Testament, *ibidem* 824-836

Nog eens: Tarsus of Jeruzalem, *NTT* 8 (1953/54) 160-164 [*SC* I 321-327]

1954

De oorsprong van het Kerstfeest. Met een vertaling van Gregorius van Nazianze, Oratio 38, op de verschijning Gods of het geboortefeest van de Verlosser, Den Haag 1954 [*WGL* 113-123]

Het kortgeleden ontdekte 'Evangelie der Waarheid' en het Nieuwe Testament, MKNAW Afd. Letterkunde NR 17,3, Amsterdam 1954 = The Recently Discovered Gospel of Truth and the New Testament, in H. C. Puech, G. Quispel, W. C. van Unnik, *The Jung Codex, a Newly Discovered Gnostic Papyrus*, London 1955, 81-129 [*SC* III 163-191]

The Teaching of Good Works in 1 Peter, *NTS* 1 (1954/55) 92-110 [*SC* II 83-105]

Opmerkingen over het doel van Lucas' geschiedwerk (Lucas 1:4), *NTT* 9 (1954/55) 323-331 [*SC* I 6-15]

1955

Christendom en nationalisme in de eerste eeuwen der kerkgeschiedenis, in *Christendom en Nationalisme. Lustrumbundel van het Gezelschap van Christelijke Historici in Nederland*, Den Haag 1955, 38-54 [*SC* III 77-94]

A Classical Parallel to 1 Peter 2:14 and 20, *NTS* 2 (1955/56) 198-202 [*SC* II 106-110]

1956

Handelingen der Apostelen, in J. A. vor der Hake (Hrsg.), *Commentaar op de Heilige Schrift*, Amsterdam 1956, 1030-1083

De brief van Jacobus, *ibidem* 1179-1185

De eerste brief van Petrus, *ibidem* 1186-1194

De tweede brief van Petrus, *ibidem* 1194-1197

De brief van Judas, *ibidem* 1205-1208

De Openbaring van Johannes, *ibidem* 1208-1235

Enige aspecten van de anthropologie bij Paulus, in *Waarheid, wijsheid en leven. Een bundel studiën opgedragen aan J. Severijn,* Kampen 1956, 37-46 [*SC* I 160-173]

Der Befehl an Philippus, *ZNW* 47 (1956) 181-191 [*SC* I 328-339]

The Origin of the Recently Discovered *Apocryphon Jacobi, VigChr* 10 (1956) 149-156 [*SC* III 192-198]

Christianity According to 1 Peter, *The Expository Times* 6 8 (1956/57) 79-83 [*SC* II 111-120]

Second Report on the Corpus Hellenisticum, *NTS* 3 (1956/57) 254-259 [*SC* II 175-182]

1957

In memoriam Gustaaf Adolf van den Bergh van Eysinga 1874-1957, *Jaarboek der Rijksuniversiteit te Utrecht 1956-1957,* 27-31

Het Nieuwe Testament, Groningen 1957 (mit 7 Neuauflagen bis 1974; = *The New Testament, its History and Message,* London–New York 1964; = *Einführung in das Neue Testament,* Wuppertal 1967)

L'usage de σώζειν, 'sauver', et ses dérivés dans les évangiles synoptiques, in J. Cambier, L. Cerfaux et al. (Hrsgg.), *La formation des évangiles. Problème synoptique et Formgeschichte,* Brugge 1957, 178-194 [*SC* I 16-34]

De Handelingen der Apostelen, in J. H. Bavinck en A. H. Edelkoort (Hrsgg.), *Bijbel in de Nieuwe Vertaling van het Nederlands Bijbelgenootschap met verklarende kanttekeningen* VIII, Baarn 1957, 7-81

Apostolische Canones, Apostolische Kirchenordnung, Apostolische Konstitutionen, *RGG* I (1957³) 516-517

Azymiten, *ibidem* 803-804

Kruising van eenzaamheid en gemeenschap in het Nieuwe Testament, *Vox Theologica* 28 (1957/58) 81-86 [*SC* II 241-247]

In memoriam Prof. Dr. J. de Zwaan, *NTT* 12 (1957/58) 316-318

In memoriam Johannes de Zwaan, *NTS* 5 (1957/58) 232-234

1958

Didascalia, *RGG* II (1958³) 189

Levensschets van Professor Dr Johannes de Zwaan, in J. de Zwaan, *Antieke cultuur om en achter het Nieuwe Testament,* Haarlem 1958⁴, IX-XXXIV [*WGL* 215-221]

Openbaringen uit Egyptisch zand. De vondsten bij Nag Hammadi, Den Haag 1958 (= deutsch: *Evangelien aus dem Nilsand,* Frankfurt 1960; englisch: *Newly Discovered Gnostic Writings,* London 1960; schwedisch: *Skriftfynden i Nilsanden,* Stockholm 1961)

1959

The Purpose of St. John's gospel, in K. Aland e.a. (Hrsgg.), *Studia Evangelica,* Texte und Untersuchungen zur Geschichte der alrtchristlichen Literatur 73, Berlin 1959, 382-411 [*SC* I 35-63]

Dominus vobiscum: The Background of a Liturgical Formula, in A.J.B. Higgins (Hrsg.), *New Testament Essays. Studies in Memory of Thomas Walter Manson (1893-1958)*, Manchester 1959, 270-305 [*SC* III 362-391]

'Diaspora' en 'Kerk' in de eerste eeuwen van het Christendom, in *Ecclesia. Een bundel opstellen aangeboden aan J. N. Bakhuizen van den Brink*, Den Haag 1959, 33-45 [*SC* III 95-105]

The Quotation from the Old Testament in John 12:34, *NT* 3 (1959) 174-179 [*SC* I 64-69]

Hypsistarier, *RGG* III (1959³) 506-507

Hystaspes, *ibidem* 507-508

Johannesakten, *ibidem* 821-822

Kirchenordnungen (I), *ibidem* 1496-1497

1960

La conception paulinienne de la nouvelle alliance, in A. Descamps, B. Rigaux, H. Riesenfeld (Hrsgg.), *Littérature et théologie paulinienne*, Brugge 1960, 109-126 [*SC* I 174-193]

Die Rücksicht auf die Reaktion der Nicht-Christen als Motiv in der altchristlichen Paränese, in W. Eltester (Hrsg.), *Judentum, Urchristentum, Kirche. Festschrift für Joachim Jeremias*, Berlin 1960 (2. Aufl. 1964), 221-234 [*SC* II 307-322]

The Book of Acts: the Confirmation of the Gospel, *NT* 4 (1960) 26-59 [*SC* I 340-373]

Legio Fulminatrix, *RGG* IV (1960³) 265-266

1961

Patristik, *RGG* V (1961³) 154-156

Paulusapokalypse, *ibidem* 194-195

Pausanias, *ibidem* 199-200

Petrusakten, *ibidem* 256

Petrusapokalypse, *ibidem* 256-257

Pliniusbrief, *ibidem* 418

Ligt Engeland verder dan de maan? Een nabetrachting van besprekingen met Anglikaanse theologen, *Kerk en Theologie* 12 (1961) 75-85

Ἡ καινὴ διαθήκη. A Problem in the Early History of the Canon, in F. L. Cross (Hrsg.), *Studia Patristica IV*, Texte und Untersuchungen zur Geschichte der altchristlichen Literatur 79, Berlin 1961, 212-227 [*SC* II 157-171]

Die jüdische Komponente in der Entstehung der Gnosis, *VC* 15 (1961) 65-82; Nachdruck in K. Rudolph (Hrsg.), *Gnosis und Gnostizismus*, Darmstadt 1975, 476-494 [*SC* III 199-213]

Die Gotteslehre bei Aristides und in gnostischen Schriften, *Theologische Zeitschrift* 17 (1961) 166-174 [*SC* III 106-113]

The Present Position of Dutch Protestant Theology, Annual Bibliographical Lecture at Union Theological Seminary in Virginia, Richmond 1961

Jesus the Christ, *NTS* 8 (1961/62) 101-116 [*SC* II 248-268]

1962

De semitische achtergrond van ΠΑΡΡΗΣΙΑ in het Nieuwe Testament, MKNAW Afd. Letterkunde NR 25,11, Amsterdam 1962 [*SC* II 290-306]

Der Ausdruck 'in den letzten Zeiten' bei Irenaeus, in *Neo-testamentica et Patristica (Freundesgabe Oscar Cullmann)*, Leiden 1962, 293-304 [*SC* III 114-123]

Peter, First Letter of, in *Interpreter's Dictionary of the Bible* III (1962) 758-766

The Christian's Freedom of Speech in the New Testament, *Bulletin of the John Rylands Library* 44 (1962) 466-488 [*SC* II 269-289]

Soter, *RGG* VI (1962³) 148-149

Testamentum Domini nostri Jesu Christi, *ibidem* 702 (mit H. Achelis)

Psalm 151: een onbekend lied?, *Kerk en Israel* 16 (juni 1962) 1-5 (Nachdruck in *Keur uit de kerkelijke pers 1962*, Baarn 1963, 125-129)

Le nombre des élus dans la première épitre de Clément, *Revue d'histoire et de philosophie religieuses* 42 (1962) 237-246 [*SC* III 124-133]

A Formula Describing Prophecy, *NTS* 9 (1962/63) 86-94 [*SC* II 183-193]

1963

Corpus Hellenisticum Novi Testamenti (Diesrede Rijksuniversiteit Utrecht), Utrecht 1963 (englisch in *JBL* 83 (1964) 17-33) [*SC* II 194-214]

Verslag van de lotgevallen der Rijksuniversiteit te Utrecht in het studiejaar 1962-1963, Utrecht 1963

Dispersion, in F. C. Grant, H. H. Rowley (Hrsgg.), *Hastings' One Volume Dictionary of the Bible*, Edinburgh 1963², 219

Proselyte, *ibidem* 810-812

Die 'Zahl der volkommenen Seelen' in der *Pistis Sophia*, in O. Betz, M. Hengel (Hrsgg.), *Abraham unser Vater. Juden und Christen im Gespräch über die Bibel (Festschrift für Otto Michel)*, Leiden 1963, 467-477 [*SC* III 214-223]

ΠΑΡΡΗΣΙΑ in the *Catechetical Homilies* of Theodorus of Mopsuestia, in *Mélanges offerts à Mademoiselle Christine Mohrmann*, Utrecht-Anvers 1963, 12-22 [*SC* III 134-143]

Bijbel, *Moderne Encyclopedie der Wereldliteratuur* I, Hilversum 1963, 405-412

Hoe staat het met de zuiver-wetenschappelijke beoefening der theologie in het Nederlands Protestantisme?, *Kerk en Theologie* 14 (1963) 100-109

Zur Papias-Notiz über Markus (Eusebius H.E. III 39, 15), *ZNW* 54 (1963) 276-277 [*SC* I 70-71]

'With Unveiled Face': An Exegesis of 2 Corinthians 3:12-18, *NT* 6 (1963) 153-169 [*SC* I 194-210]

Three Notes on the Gospel of Phillip, *NTS* 10 (1963/64) 465-469 [*SC* III 238-243]

1964

The Relevance of the Study of Gnosticism, Paper read at Union Theological Seminary in Richmond, Virginia, 1964 [*SC* III 224-237]

Die Anklage gegen die Apostel in Philippi (Apostelgeschichte 16,20f.), in *Mullus. Festschrift für Theodor Klauser*, Jahrbuch für Antike und Christentum Ergänzungsband I, Münster 1964, 366-373 [*SC* I 374-385]

Die rechte Bedeutung des Wortes treffen, Lukas 2:19, in *Verbum. Essays on Some Aspects of the Religious Function of Words, Dedicated to W. H. Obbink*, Utrecht 1964, 129-147 [*SC* I 72-91]

Die 'geöffneten Himmel' in der Offenbarungsvision des Apokryphons des Johannes, in W. Eltester und F. H. Kettler (Hrsgg.), *Apophoreta. Festschrift für Ernst Haenchen*, Berlin 1964, 269-280 [*SC* III 273-284]

De Heilige Geest in het Nieuwe Testament, in *De Spiritu Sancto. Bijdragen tot de leer van de Heilige Geest bij gelegenheid van het tweede eeuwfeest van het Stipendium Bernardinum*, Utrecht 1964, 63-75 [*SC* I 323-332]

A Note on the Dance of Jesus in the *Acts of John, VigChr* 18 (1964) 1-5 [*SC* III 144-147]

The Newly Discovered Gnostic *Epistle to Rheginos* on the Resurrection, *Journal of Ecclesiastical History* 15 (1964) 141-167 [*SC* III 244-272]

Iskarioth, in B. Reicke & L. Rost (Hrsgg.), *Biblisch-historisches Handwörterbuch* II, Göttingen 1964, 781

Judas, *ibidem* 902-903

Judasbrief, *ibidem* 903-904

Kephas, *ibidem* 941

Lebbäus, *ibidem* 1055

1965

Les idées gnostiques concernant l'église, in J. Giblet et al. (Hrsgg.), *Aux origines de l'église*, Brugge 1965, 175-187 [*SC* III 285-296]

Een merkwaardige formulering van de verlossing in de Pascha-homilie van Melito van Sardes, in *Ex auditu verbi. Theologische opstellen aangeboden aan G. C. Berkouwer*, Kampen 1965, 297-311 [*SC* III 148-160]

1966

Luke-Acts: A Storm Center in Contemporary Scholarship, in L. E. Keck, J. L. Martyn (Hrsgg.), *Studies in Luke-Acts. Essays Presented in Honor of Paul Schubert*, Nashville 1966, 15-32 [*SC* I 92-110]

Der Ausdruck ἙΩΣ ΕΣΧΑΤΟΥ ΤΗΣ ΓΗΣ (Apostelgeschichte 1:8 und sein alttestamentlicher Hintergrund), in *Studia biblica et semitica Th. Chr. Vriezen dedicata*, Wageningen 1966, 335-349 [*SC* I 386-401]

Die Motivierung der Feindesliebe in Lukas VI 32-35, *NT* 8 (1966) (= *Placita Pleiadea. FS G. Sevenster*) 284-300 [*SC* I 111-126]

In memoriam Prof. Dr. M. van Rhijn, *NTT* 21 (1966/67) 123-125

Petrus, in B. Reicke & L. Rost (Hrsgg.), *Biblisch-historisches Handwörterbuch* III, Göttingen 1966, 1430-1431

Petrusbriefe *ibidem* 1432-1434

Simon, *ibidem* 1798-1799

1967

In memoriam Maarten van Rhijn 1888-1966, *Jaarboek der Rijksuniversiteit te Utrecht 1966-1967*, 9-14

Die Apostelgeschichte und die Häresien, *ZNW* 58 (1967) 240-246 [*SC* I 402-409]

1968

Schriftkritiek en Schriftgezag in de 19de en 20ste eeuw (N.T.), *Rondom het Woord* 10 (1968) 251-263 (= *De Bijbel in het geding,* Nijkerk 1968, 52-64)

Bijbels-theologische notities [in der Vortragsreihe: Plaats en taak van de christelijke gemeente], *Rondom het Woord* 10 (1968) 464-471 (= *Gaan en staan,* Amsterdam 1968, 76-83)

Eschatologie en Apocalyptiek, *Jaarboekje der Gereformeerde Theologen-Studenten Vereniging 'Voetius'* 1967-1968, 7-15

'Den Geist löschet nicht aus' (1 Thessalonicher V 19), *NT* 10 (1968) 255-269

Balans: 20 jaar na een keerpunt in het onderzoek van de Gnostiek, *NTT* 23 (1968/69) 189-203

In memoriam Prof. Dr. P. A. van Stempvoort, *NTT* 23 (1968/69) 450-453

1969

Den Grieken een Griek, *Vox Theologica* 39 (1969) 2-21

Das Urchristentum in seiner hellenistischen Umwelt, *Wissenschaftliche Zeitschrift der Universität Halle* 18 (1969) 109-126

Verbond [in der Vortragsreihe: Kernwoorden in het christelijk geloof], *Rondom het Woord* 11 (1969) 385-391 (= *Kernwoorden,* Kampen 1970, 15-21)

The Critique of Paganism in 1 Peter 1:18, in E. E. Ellis, M. Wilcox (Hrsgg.), *Neotestamentica et Semitica. Studies in Honour of Matthew Black,* Edinburgh 1969, 129-142

1970

'Alles ist dir möglich' (Mk. 14,36), in O. Böcher, K. Haacker (Hrsgg.), *Verborum veritas. Festschrift für Gustav Stählin*, Wuppertal 1970, 27-36

'Worthy is the Lamb'. The Background of Apoc. 5, in A. Descamps, A. de Halleux (Hrsgg.), *Mélanges bibliques en hommage au Béda Rigaux*, Gembloux 1970, 445-461

Μία γνώμη. Apocalypse of John XVII 13.17, in *Studies in John Presented to J. N. Sevenster*, Leiden 1970, 209-220

The 'Wise Fire' in a Gnostic Eschatological Vision, in P. Granfield, J. A. Jungmann (Hrsgg.), *Kyriakon. Festschrift für Johannes Quasten* I, Münster 1970, 277-288

Leven door de hoop. Zes radiovoordrachten over de eerste brief van Petrus, Amsterdam-Driebergen 1970

Studies over de zogenaamde eerste brief van Clemens, I: Het litterarire genre, MKNAW Afd. Letterkunde, NR 33,4, Amsterdam 1970

Het Nieuwe Testament en de ethiek, Kamper Cahiers 14, Kampen 1970

Bijbelvertalen bij Kerkvaders en Reformatoren, *Rondom het Woord* 12 (1970) 349-358

Eléments artistiques dans l'Evangile de Luc, *Ephemerides Theologicae Lovanienses* 46 (1970) 401-412 (= F. Neirynck [Hrsg.], *L'Evangile de Luc*, Gembloux 1973, 129-140)

'Tiefer Friede' (1 Klemens 2,2), *VigChr* 24 (1970) 261-279

1971

ʼΑΦΘΟΝΩΣ ΜΕΤΑΔΙΔΩΜΙ, Mededelingen van de Koninklijke Vlaamse Academie voor Wetenschappen, Letteren en Schone Kunsten van België, Klasse der Letteren 33,4, Brussel 1971

First Century A.D. Literary Culture and Early Christian Literature, *NTT* 25 (1971) 28-43

De historische Paulus: persoon en werk, *Rondom het Woord* 13 (1971) 5-17 (= G. C. Berkouwer, H. A. Oberman (Hrsgg.), *De dertiende apostel en het elfde gebod*, Kampen 1971, 11-23)

Words Come to Life. The Work for the Corpus Hellenisticum Novi Testamenti, *NT* 13 (1971) 199-216 [*WGL* 97-112]

1972

Der Neid in der Paradiesgeschichte nach einigen gnostischen Texten, in M. Krause (Hrsg.), *Essays on the Nag Hammadi Texts in Honour of Alexander Böhlig*, Nag Hammadi Studies 3, Leiden 1972, 120-132

Verificatie in de Synoptici, bij Paulus en Johannes, *Rondom het Woord* 14 (1972) 21-31 (= G. C. Berkouwer, A.S. van der Woude (Hrsgg.), *Wat is waarheid?*, Kampen 1973, 27-37)

Noch einmal 'Tiefer Friede'. Nachschrift zu dem Aufsatz von Herrn Dr. K. Beyschlag, *VigChr* 26 (1972) 24-28

1973

Oog en oor. Criteria voor de eerste samenstelling van het Nieuwe Testament (Diesrede Rijksuniversiteit Utrecht), Utrecht 1973

De ἀφθονία van God in de oudchristelijke literatuur, MKNAW Afd. Letterkunde, NR 36,2, Amsterdam 1973

Sparsa Collecta. Collected Essays: Part One: Evangelia, Paulina, Acta, Supplements to Novum Testamentum 29, Leiden 1973

An Attack on the Epicureans by Flavius Josephus, in *Romanitas et Christianitas. Studia I. H. Waszink oblata,* Amsterdam 1973, 341-355

Jesus: Anathema or Kyrios (1 Cor. 12:3), in B. Lindars, S. S. Smalley (Hrsgg.), *Christ and Spirit in the New Testament (FS C.F.D. Moule),* Cambridge 1973, 113-126

The Interpretation of 2 Clement 15,5, *VigChr* 27 (1973) 29-34

Once More: St. Luke's Prologue, *Neotestamentica* 7 (1973) 7-26

1974

The Death of Judas in St. Matthew's Gospel, in M. H. Shepherd, E.C. Hobbs (Hrsgg.), *Gospel Studies in Honor of Sherman Elbridge Johnson,* London 1974, 44-57

Quelques problèmes. Leçon d'ouverture, in W. C. van Unnik (Hrsg.), *La littérature juive entre Tenach et Mischna,* Leiden 1974, 1-14

Josephus' Account of the Story of Israel's Sin with Alien Women in the Country of Midian (Num. 25:1ff.), in *Travels in the World of the Old Testament. Studies Presented to M. A. Beek,* Assen 1974, 241-261

The Interpretation of Romans 12:8: ὁ μεταδιδοὺς ἐν ἁπλότητι, in M. Black, W. A. Smalley (Hrsgg.), *On Language, Culture, and Religion: In Honor of Eugene A. Nida,* Approaches to Semiotics 56, Den Haag 1974, 169-183

Eine merkwürdige liturgische Aussage bei Josephus (Ant. 8, 111-113), in O. Betz, K. Haacker, M. Hengel (Hrsgg.), *Josephus-*

Studien. Untersuchungen zu Josephus, dem antiken Judentum und dem Neuen Testament Otto Michel gewidmet, Göttingen 1974, 362-369

1975

Lob und Strafe durch die Obrigkeit. Hellenistisches zu Röm. 13:3-4, in E. E. Ellis, E. Grässer (Hrsgg.), *Jesus und Paulus. Festschrift für Werner Georg Kümmel,* Göttingen 1975, 334-343

Bevorderen en coördineren, *Forum der Letteren* (Themanummer: geesteswetenschappelijk onderzoekbeleid) 16, 3 (Sept. 1975) 42-55 (= Fostering and coordinating research, in *Research Policy in the Humanities in the Netherlands,* Den Haag 1976, 45-55)

De verbinding ταῦτα εἰπών in het Evangelie van Johannes, in *Ad interim. Opstellen over eschatologie, apocalyptiek en ethiek aangeboden aan R. Schippers,* Kampen 1975, 61-75

1976

Het Godspredikaat 'het Begin en het Einde' bij Flavius Josephus en in de Openbaring van Johannes, MKNAW Afd. Letterkunde, NR 39,1, Amsterdam 1976

Irenaeus en de pax romana, in *Kerk en vrede. Opstellen aangeboden aan J. de Graaf,* Baarn 1976, 207-222

Een vergeten Nederlandse geschiedenis van de nieuwtestamentische canon. Johannes Ens en zijn Bibliotheca Sacra sive Diatribe de Librorum Novi Testamenti Canone (1710), in W. Balke, C. Graafland, H. Harkema (Hrsgg.), *Wegen en gestalten in het Gereformeerd Protestantisme. Een bundel studies aangeboden aan S. van der Linde,* Amsterdam 1976, 179-202

In memoriam Arnold Albert van Ruler, *Jaarboek der Rijksuniversiteit te Utrecht 1970-1971,* Utrecht 1976, 19-22

De verkiezing van Israel volgens het Nieuwe Testament, *Rondom het Woord* 18 (1976) 18-25

Two Notes on Irenaeus, *VigChr* 30 (1976) 201-213

1977

Wordt de Bijbel als boek overbodig?, in *Übersetzung und Deutung. Studien zu dem Alten Testament und seiner Umwelt Alexander Reinard Hulst gewidmet,* Nijkerk 1977, 177-186

Vertaling versus woordenboek bij Marcus 8:33—Mattheüs 16:23, in *Van taal tot taal. Opstellen over het vertalen van de Schriften aangeboden aan W. K. Grossouw,* Baarn 1977, 51-61

The Authority of the Presbyters in Irenaeus' Work, in J. Jervell, W.A. Meeks (Hrsgg.), *God's Christ and His People. Studies in Honour of Nils Alstrup Dahl,* Oslo 1977, 248-260

An Interesting Document of Second Century Theological Discussion (Irenaeus, *Adv. Haer.* I 10,3), *VigChr* 31 (1977) 196-228

Herdenking van Johannes Hendrik Thiel (27 januari 1896–19 mei 1974), *Jaarboek van de Koninklijke Nederlandse Academie van Wetenschappen,* Amsterdam 1977, 224-238 [*WGL* 222-237]

1978

Flavius Josephus als historischer Schriftsteller (Franz Delitzsch Vorlesungen 1972), Heidelberg 1978

Le role de Noé dans les Épîtres de Pierre, in J. Chopineau (Hrsg.), *Noé, l'homme universel. Publications de l'Institutum Judaicum Bruxelles* 3 (1978) 202-241

1979

Flavius Josephus and the Mysteries, in M. J. Vermaseren (Hrsg.), *Studies in Hellenistic Religions* (EPRO 78), Leiden 1979, 244-279

A Greek Characteristic of Prophecy in the Fourth Gospel, in E. Best, R. McL. Wlson (Hrsgg.), *Text and Interpretation. Studies in the New Testament Presented to Matthew Black*, Cambridge 1979, 211-229

Der Fluch des Gekreuzigten. Deuteronomium 21,23 in der Deutung Justinus des Märtyrers, in C. Andresen, G. Klein (Hrsgg.), *Theologia Crucis–Signum Crucis. Festschrift für Erich Dinkler zum 70. Geburtstag*, Tübingen 1979, 483-499

Professor Dr. A. J. Wensinck en de studie van de oosterse mystiek, in *Woorden gaan leven. Opstellen van en over Willem Cornelis van Unnik*, hrsg. von A. J. Bronkhorst et al., Kampen 1979, 238-263

'Houdt uw voorgangers in gedachtenis', in *Woorden gaan leven* 264-282

1980

Sparsa Collecta. The Collected Essays of W. C. van Unnik, Part Two: I Peter, Canon, Corpus Hellenisticum, Generalia, hrsg. von J. Reiling, P. W. van der Horst, G. Mussies (Suppl. to NT 30), Leiden 1980

1983

Sparsa Collecta. The Collected Essays of W. C. van Unnik, Part Three: Patristica, Gnostica, Liturgica, hrsg. von J. Reiling, P. W. van der Horst, G. Mussies (Suppl. to NT 31), Leiden 1983

1984

"With All Those Who Call on the Name of the Lord", in W. C. Weinrich (Hrsg.), *The New Testament Age. Essays in Honor of Bo Reicke*, vol. I, Macon 1984, 533-551

1993

Das Selbstverständnis der jüdischen Diaspora in der hellenistisch-römischen Zeit, aus dem Nachlaß herausgegeben und bearbeitet von Pieter Willem van der Horst, Leiden 1993

1993

The Meaning of 1 Corinthians 12:31, *NT* 35 (1993), im Druck

I. DIE THEMENSTELLUNG

לשנה הבאה בירושלים

"Das nächste Jahr in Jerusalem!" Dieser Ruf inbrünstiger
Sehnsucht hat durch die Jahrhunderte an jedem Seder-
Abend-Festmahl geklungen, wenn das jüdische Volk in der
galuth, der Verbannung, die große Befreiung aus Ägypten in
Erinnerung und Hoffnung feierte.

Für mich hat sich jetzt dieser Wunsch erfüllt. Mit vielen
Tausenden von Menschen aus aller Welt bin ich als
Wallfahrer zur "Stadt des großen Königs" gekommen. Wir,
die wir in der Gegenwart die Reise gemacht haben, stehen in
einer langen Kette von Vorgängern, die in letzter und grauen
Vergangenheit dieselbe Fahrt antraten. Wenn einer so zu
dieser Osterzeit nach Jerusalem kommt, versteht er etwas von
der gehobenen Stimmung, die in den Liedern "Hama'aloth"
gespürt und gehört wird:

> Nun stehen unsere Füße
> in deinen Toren, Jerusalem ...
> wohin die Stämme wallfahren ...
> Gesetz für Israel ist es,
> den Herrn dort zu preisen.

Auch wir stehen hier um den Schöpfer und Erlöser, den Gott
der Geschichte und Vater Jesu Christi, zu loben. Deshalb hat
es für mich einen besonderen Reiz hier zu dieser Zeit diese
Vorlesungen halten zu dürfen. An sich schon war die
liebenswürdige Einladung vom "Svensk Teologisk Institut"
für mich eine hochgeschätzte Auszeichnung, aber durch die
Zeit und Umgebung, in denen die damit gegebene Aufgabe
erledigt werden kann, ist sie mir doppelt wertvoll. Es ist nicht
eine beliebige Vortragsreihe, sondern eine einzigartige,
durch Ort und Stelle besonders markiert. Aus weiter Ferne
komme ich ... nach Jerusalem, als einer der pilgert zur
heiligen Stadt, aus Holland. Ja, aber wenn man hier ist, soll
man besser sagen: aus der *galuth* oder aus der Diaspora.

Von diesen Gefühlen geleitet schien es mir der Würde des Ortes und der Zeit angemessen zu sein, für diese Gelegenheit ein Thema aus dem Problemkreis der Diaspora zu wählen. Dabei denkt ein Neutestamentler selbstverständlich an der Diaspora *par excellence*, die jüdische Diaspora in der hellenistisch-römischen Zeit.

Diese nähere Umschreibung des Themas ist nicht überflüßig, denn im geläufigen Sprachgebrauch hat das Wort 'Diaspora' an sich einen weiten Bedeutungsbereich, vor allem im kirchlichen Vokabular. In evangelischen Kreisen Deutschlands ist man schon längst daran gewöhnt von 'Diaspora-Gemeinden' zu sprechen, d.h. von evangelischen Gemeinden, die als kleine Inseln protestantischer Prägung in einer vorwiegend katholischer Umgebung existieren, wie sich das aus der Geschichte der Reformation und Gegenreformation in Deutschland verstehen läßt. Zur Unterstützung dieser oft schwachen Gemeinden hat sich ein Hilfswerk der Diaspora ausgebildet, und im Laufe des letzten Jahrhunderts ist darüber viel Literatur erschienen[1]. Längere Zeit war das ein typisch deutsch-evangelisches Phänomen, aber in den letzten Jahrzehnten, ich glaube seit dem Zweiten Weltkrieg, hat sich das geändert. Der Ausdruck wird jetzt auch von Katholiken gebraucht. Er ist ein mehr oder weniger fester Begriff der kirchlichen Soziologie für eine bestimmte kirchliche Minorität in einer von einer anderen Konfession beherrschten Umgebung geworden. Ja, man kann noch weiter gehen und sagen, daß er im allgemeinen gebraucht wird für Einzelne und Gruppen, die zerstreut in einer ganz andersartigen Welt leben[2]. Neben dieser geographisch-soziologischen Begriffsbestimmung hat sich in den letzten Dezennien auch eine rein ekklesiologische ausgebildet. Dabei handelt es sich nicht um die ziemlich zufällige Lage einer Gruppe oder Gemeinde, sondern um die Frage, ob nicht auch das Diaspora-Charakter

---

[1] Siehe das Literaturverzeichnis bei F. Lau, Evangelische Diaspora, *RGG* II (3.Aufl. 1958) 180; des weiteren im allgemeinen die Zeitschrift *Die evangelische Diaspora.*

[2] Z.B. H. Kruska, Zum neuen Verständnis der Diaspora, *Theologia Viatorum* 5 (1953/54) 299-321.

zu den *nota ecclesiae* gehört; ob diese nicht immer als Minorität lebt und leben muß: das neue Gottesvolk in der Diaspora, zerstreut in der Welt[3].

Diese durch die kirchliche Problemlage geschaffenen Fragen können hier nicht besprochen werden. Denn wir werden nicht das Phänomen 'Diaspora' diskutieren, sondern uns auf die jüdische beschränken, und zwar auf die in der hellenistisch-römischen Zeit. Auch diese Zeitbestimmung muß hinzugefügt werden. Man spricht von der jüdischen Diaspora, wenn die außerhalb Palästinas lebenden Juden gemeint sind. Im angegebenen Zeitraum wohnte ein groszer Teil des jüdischen Volkes nicht im heiligen Lande. Diese Situation hat sich, wie bekannt, nach den Kriegen gegen Rom von 67-70 und 132-135 noch verschärft. Nur ganz kleine Gruppen haben sich die Jahrhunderte hindurch auf dem Erbe der Väter erhalten können. Der weitaus größere Teil lebte in der Diaspora oder wie man auf Hebräisch sagt: in der *gola* oder *galuth*. Die Lage hat sich natürlich in den letzten Jahrzehnten geändert, aber noch immer wohnt ein beträchtlicher Teil des Volkes in der Diaspora, und dort hat sich in vielen Jahrhunderten die Geschichte des Judentums abgespielt. Aber auch bei diesem Volk werden wir nicht von der Diaspora im allgemeinen reden, sondern die Lage im Altertum, in der Mittelmeerwelt ins Auge fassen.

Als historisches Phänomen ist die große Ausbreitung des Judentums in der hellenistischen und römischen Zeit wohl bekannt und oft beschrieben[4]. Die Massendeportationen von

---

[3] Siehe z.B. G. Niemeier, Diaspora als Gestalt kirchlichen Seins, *Evangelische Theologie* 7(1948/49) 226-233. O. Dibelius, *Die Bedeutung der Diaspora für Kirche und Volk*, Kassel 1952. W. Krusche, Die Gemeinde Jesu Christi auf dem Weg in die Diaspora, *Evangelische Diaspora* 45 (1975) 56-82. D. Mendt, Christsein–Bereitschaft zur Diaspora, in H. Falcke u.a. (Hrsgg.), *Als Boten des gekreuzigten Herrn. Festgabe für Bischof Werner Krusche*, Berlin 1982, 179-184.

[4] Siehe für rezente Übersichte M. Stern, The Jewish Diaspora, in S. Safrai–M. Stern (edd.), *The Jewish People in the First Century* (CRINT I 1), Assen 1974, 117-183, und die englische Neubearbeitung von E. Schürer, *The History of the Jewish People in the Age of Jesus Christ*, rev. ed. by G.

722 und 586 v.Chr., später die Bevölkerungspolitik der Diadochenreiche und die Einnahme von Jerusalem durch Pompeius (63 v.Chr.) haben durch ihre Zwangsmaßnahmen viele Juden außerhalb Palästina gebracht. Daneben haben die Möglichkeiten, die durch das Zusammenwachsen, die Einheit und den inneren Friede der Oikumene geboten wurden und von denen die sich stark vermehrende Bevölkerung im wirtschaftlich schwachen Heimatland notwendigerweise Gebrauch machen mußte, dazu beigetragen, daß in neutestamentlicher Zeit das Judentum in fast allen Ländern des Imperium Romanum vertreten war und auch außerhalb der Reichsgrenzen in Babylonien Millionen Juden wohnten. Nicht ohne guten Grund läßt Josephus den Agrippa zu den aufständischen Bewohnern Jerusalems sagen: "Es gibt kein Volk auf dem Erdboden, das nicht eine Gruppe von uns beherbergt" (*Bellum* II 398), und sowohl Philon als auch die Apostelgeschichte zählen in eindrucksvollen Listen[5], die meistens auch durch archäologische Fünde bestätigt sind[6], die viele Länder und Stätte auf, wo man diese Kinder Abrahams finden konnte. Ihre Zahl wird hoch veranschlagt, und obwohl man hier auf Vermutungen angewiesen ist, schätzt man, daß die Judenschaft 7 bis 10% der Bevölkerung des Römerreichs ausmachte[7]; und davon lebten weit mehr Juden außerhalb des heiligen Landes als auf dessen Boden. Aber nicht nur die geographische und zahlenmäßige Ausbreitung war von Bedeutung. Mit dem Judentum ist das Gesetz Mosis, die Offenbarung des einzigen Gottes, in die Welt der polytheistischen Religionsanschauungen und Lebensführungen eingetreten. Damit ergaben sich drei Möglichkeiten: Das Judentum konnte der väterlichen Religion treu bleiben oder sich seiner Umgebung assimilieren;

Vermes, F. Millar and M. Goodman, vol. III 1, Edinburgh 1986, 1-86.

[5] Philo, *Legatio ad Gaium* 281-283; Apg. 2:9-11.

[6] Siehe Schürer, *ibid.* 1-86, und P. W. van der Horst, *Ancient Jewish Epitaphs*, Kampen 1991, 127-129.

[7] Siehe z.B. S. W. Baron, Population, *Enc. Jud.* XIII (1972) 870-872; H. Solin, Juden und Syrer im westlichen Teil der römischen Welt, *ANRW* II 29, 2 (1983) 587-789, *passim*.

im ersten Falle konnte man entweder versuchen, isoliert weiter zu leben oder werbend seine Umwelt zu beeinflüßen. Tatsächlich hat man auch alle drei Möglichkeiten praktiziert, aber im großen und ganzen ist das Resultat doch dies gewesen, daß das Judentum auch in der Diaspora nicht untergegangen ist, sondern durch die Unterweisung in der 'Philosophie des Moses' am Sabbat in den Synagogen sich erhalten und neue Anhänger gewonnen hat[8]. Dadurch hat das Diasporajudentum eine welthistorische Bedeutung gehabt, die wir uns am besten an einigen Punkten klarmachen können:

1) In der Diaspora wurde die Heilige Schrift ins Griechische übersetzt und für alle Welt verständlich gemacht; dort hat das Judentum sich nicht nur durch Handhabung der eigenen 'Sitten' als das Volk Gottes manifestiert, sondern auch sein Sonderdasein durch die Ausbildung einer Theologie zu erklären versucht in Auseinandersetzung mit Auffassungen und durch Anpassung an Gedanken, die in der hellenistischen Philosophie lebten. Diese Seite der jüdischen Entwicklung ist untergegangen, und Lietzmann hatte Recht, als er schrieb: "Das Talmudjudentum hat seine Griechisch redende Schwester getötet, ihre Stätte zerstört und den Pflug darüber geführt"[9]. Aber durch die LXX und den Einfluß Philons auf manche Kirchenväter hat diese Diaspora doch stark weitergewirkt[10].

2) Aus dem Neuen Testament ist bekannt, wie die christliche Mission in den Synagogen des Diasporajudentums

---

[8] Zu Proselyten und Gottesfürchtigen siehe die zusammenfassende Übersicht bei Schürer, *History* III 150-176.

[9] H. Lietzmann, *Geschichte der alten Kirche* I, Berlin-Leipzig 1937, 68.

[10] Für Einfluß Philons auf die Patres siehe z.B. H. A. Wolfson, *The Philosophy of the Church Fathers*, vol. I, Cambridge (Mass.) 1956; A. Solignac, Philon, *Dictionaire de Spiritualité* 12 (1984) 1366-1379; F. Trisoglio, Filone alessandrino e l'esegesi cristiana, *ANRW* II 21, 1 (1984), 588-730. Für weitere Lit. siehe R. Radice–D. T. Runia, *Philo of Alexandria. An Annotated Bibliography (1937-1986)*, Leiden 1988, 449. Runia bereitet eine umfassende Monographie über dieses Thema vor: *Philo in Early Christian Literature. A Survey*, Assen-Philadelphia 1993 (voraussichtlich).

ihren Ausgangspunkt genommen hat und wie stark schon der Boden durch die jüdische Predigt unter den Heiden aufgelockert war[11]. Durch die hellenistisch-jüdische Theologie war schon eine Sprache geschaffen, die von den christlichen Missionaren gebraucht werden konnte. Es erübrigt sich, hier genau festzustellen, wie groß dieser Beitrag zur Entwicklung der christlichen Theologie gewesen ist, ob er heilsam oder verderblich war; es ist gewiß, daß eine solche Sprache vorhanden war und nicht ohne Einfluß geblieben ist.

3) Daß das Diasporajudentum so kräftig entwickelt war, hat wesentlich dazu beigetragen, daß das jüdische Volk imstande war, die Katastrophen von 70 und 135 zu überstehen. Als dann Israel nichts anderes hatte als den Almächtigen und sein Gesetz, fand eine starke Konzentration statt, und ein normatives Judentum mit Ausscheidung der αἱρέσεις wurde entwickelt[12]. Aber das konnte nur geschehen, weil überall in der antiken Welt schon Gemeinden waren. Später wird es im Talmud auch einmal so gesagt, daß Israel deshalb zerstreut wurde, damit es nicht mit einem Schlag vernichtet werden konnte[13].

Wenn wir uns deshalb in diesen Vorlesungen mit diesem Diasporajudentum befassen, handelt es sich um eine historische Erscheinung, die sowohl quantitativ als qualitativ von gewaltiger Bedeutung gewesen ist, die mit dazu beigetragen hat, das römische Reich umzuformen, die christliche Theologie vorzubereiten und zu entwickeln, und die in einer entscheidenden Phase der jüdischen Geschichte eine vom späteren Judentum nicht immer richtig gewürdigte—besser sagt man: vielfach vernachlässigte[14]—aber doch wichtige Rolle gespielt hat.

---

[11] Apostelgeschichte 13:13 ff., 14:1 ff., *et passim.*
[12] Dazu am ausführlichsten die Kapitel über "Rebuilding the Nation" in G. Alon, *The Jews in Their Land in the Talmudic Age*, London-Cambridge (Mass.) 1989, 41-324. Eine kürzere Übersicht bei P. Schäfer, *Geschichte der Juden in der Antike*, Neukirchen 1983, 145-210.
[13] Bavli *Pesachim* 87b.
[14] M. Simon, *Verus Israel. A Study of the Relations Between Christians and Jews in the Roman Empire (AD 135-425)*, London 1986 [französisches Original 1948], 176.

Diese wohl bekannten Tatsachen werden hier nur kurz gestreift um den Rahmen für unser eigentliches Problem anzugeben: die Frage nach dem Selbstverständnis dieses großen und einflußreichen Teils des jüdischen Volkes.

Die Existenz eines Individuums oder einer Gruppe wird nicht nur von ihrem bloßen Da-sein bestimmt, sondern auch von ihrem So-sein. Daß man irgendwo lebt und arbeitet, ist an sich nicht das einzig wichtige. Man lebt und wirkt als Einzelner oder als Gemeinschaft in einem historischen Zusammenhang, der in verschiedener Schattierung das Leben prägt. In diesem Fall ist diese historische Konitinuität von besonderer Wichtigkeit, weil das jüdische Volk durch seine Heilige Schrift und seine Feste immer wieder an diese Vergangenheit und gottes Führung erinnert wurde. Man lebt und wirkt als Einzelner oder in der Gemeinschaft mit anderen zusammen, in einer Umgebung. Die Art dieses Zusammenseins wird durch das Verhältnis des eigenen und des anderen Bestimmt. Dabei ist sowohl das Urteil des Anderen—positiv oder negativ—als auch die Selbstbetrachtung in ihrem unablässigen Wechselspiel von höchster Bedeutung. Und schließlich ist dabei die Selbstbetrachtung ausschlaggebend, denn sie entscheidet über Art und Wesen der eigenen Existenz, über das So-sein in dieser konkreten Situation. Wieder muß man sagen, daß in diesem Fall diese Sachlage besonders bedeutsam ist, denn das Band des mosaischen Gesetzes hielt die Juden zusammen und gerade dadurch unterschieden sie sich von ihrer Umgebung; die wöchentliche Sabbatruhe war ihr Zeichen. Aus den vielen Zeugnissen bei griechischen und römischen Schriftstellern geht deutlich hervor, wie stark die abstössenden und anziehenden Kräfte hier wirkten[15]. Dennoch hat das Judentum in dieser Diaspora, wo die Lage so ganz anders als im Heimatland war, als Gruppe seine Selbständigkeit gewahrt. Wie hat man hier seine Existenz verstanden?

Wenn wir also in diesen Vorlesungen von 'Existenz-

---

[15] M. Stern, *Greek and Latin Authors on Jews and Judaism*, 3 Bde., Jerusalem 1974-1984.

verständnis' sprechen, gebrauchen wir das Wort nicht in dem spezifisch philosophischen oder theologischen Sinne, wie das in den letzten Jahrzehnten fast zur Mode geworden ist. Es soll damit nur ganz kurz ausgedrückt werden, daß es sich um die Frage handelt, wie diese Juden, die bewußt Juden waren und sein wollten, ihr Leben außerhalb Palästinas in dieser nicht-jüdischen Umgebung erlebt haben.

Es ist eine merkwürdige Tatsache, daß in den vielen Beschreibungen der Diaspora, die man in der wissenschaftlichen Literatur findet, diese Frage äußerst selten aufgeworfen und besprochen wird[16]. Und doch scheint sie mir von grundlegender Bedeutung, denn sie ist entscheidend für das ganze Lebens-erleben, für die ganze Lebens-anschauung. Vielleicht darf ich es mit einem Beispiel aus meinem eigenen Leben erläutern. Als ich vor einigen Jahren längere Zeit unter sehr angenehmen Umständen in den Vereinigten Staaten lebte, habe ich nur ein einziges Mal davon gesprochen, daß ich Holländer sei, aber immer wieder kam es mir in Gesprächen, in Vorlesungen u.s.w. zum Bewußtsein, daß ich Niederländer, ein niederländischer Theologe, ein niederländisch-reformierter Theologieprofessor bin. Diese an sich selbstverständliche Tatsache bestimmte meine Arbeit, meine Reaktionen, mein ganzes Leben und Erleben dieser Auslandssituation. Diese selbe Erfahrung werden wohl viele—*mutatis mutandis*—gemacht haben und immer wieder machen.

Obwohl, wie gesagt, die Frage selten explizit besprochen wird, werden oft Urteile darüber ausgesprochen, als ob die Sache ganz klar sei. Und diese Urteile sind deswegen so charakteristisch, weil sie im Vorübergehen als selbstverständlich gegeben werden. So sprach Pascher von der "Weitherzigkeit des Diasporamenschen"[17], wie von einer Selbstverständ-

---

16 Eine gute Ausnahme ist G. Delling, *Die Bewältigung der Diasporasituation durch das hellenistische Judentum*, Berlin 1987.
17 J. Pascher, Η ΒΑΣΙΛΙΚΗ ΟΔΟΣ. *Der Königsweg zu Wiedergeburt und Vergöttung bei Philon von Alexandreia*, Paderborn 1931, 2.

lichkeit, während doch aus der Geschichte viele Beispiele
einer ganz anderen Gemütsverfassung angeführt werden
könnten: der Mensch in einer Diasporasituation versucht
ängstlich seine Eigenheit dadurch zu bewahren, daß er sich
von seiner Umgebung so streng wie möglich abschließt. Ein
anderes Beispiel ist noch wichtiger. Am deutlichsten wird es
sichtbar in einer Formulierung von Wilhelm Heitmüller:
"Diese Juden [= Diasporajuden] standen naturgemäß von
Haus aus den kultischen und den streng partikularistischen
Elementen der väterlichen Religion freier gegenüber"[18]. Wie
oft wird doch auch von einem "entschränkten Diasporajudentum" gesprochen[19], das eine gewisse Vorbereitung für
das Christentum geworden sei, weil es den Weg zu einem
gesetzesfreien Evangelium gebahnt habe. Diese Betrachtung
ist deshalb so folgenschwer, weil sie von entscheidender
Bedeutung bei der Beurteilung der Rolle des Gesetzes in der
Entwicklung des jungen Christentums ist. Aber das kann jetzt
nicht weiter erörtert werden. Hier sei nur darauf hingewiesen, daß Heitmüller so ganz einfach die Worte 'naturgemäß' und 'freier' miteinander verbunden hat. Natürlich
haben die Juden in der Diaspora bestimmte Vorschriften des
Gesetzes nicht erfüllen können. Aber bedeutet das auch, daß
die Juden in der Diaspora dem Gesetz freier gegenüber
standen, worin sie, wie sowohl Philon als Josephus stark
hervorheben[20], vom frühesten Kindesalter an aufgezogen
sind? Es gab, wie Philon berichtet, in Alexandrien—ob auch

---

[18] W. Heitmüller, *Paulus und Jesus*, *ZNW* 13 (1912) 332 (auch in K.
H. Rengstorf (Hrsg.), *Das Paulusbild in der neueren deutschen Forschung*,
Darmstadt 1964, 139).
[19] Z.B. A. von Harnack, *Die Mission und Ausbreitung des Christentums* I,
Leipzig 1924⁴, Kap. 1: Das Judentum, seine Verbreitung und Entschrän-
kung (z.B. Seite 14: "... das Judentum als Religion durch äußere
Einflüsse und innere Umbildung bereits entschränkt"). Vgl. nun auch
den andersartigen Sprachgebrauch in den Ausführungen von Gerd
Theissen über "Urchristentum als Entschränkung des Judentums" in
seinem Aufsatz 'Judentum und Christentum bei Paulus', in M. Hengel
& U. Heckel (Hrsgg.), *Paulus und das antike Judentum*, Tübingen 1991,
348ff.
[20] Philo, *Hypothetica*, in Eusebius, *Praep. Ev.* VIII 7, 1-20; Josephus,
Contra Apionem, Buch 2 *passim*.

anderswo, ist unbekannt—bestimmte Gruppen, die die
Allegorisierung so weit trieben, daß sie die Vorschriften des
Gesetzes nicht erfüllten; aber diese Haltung wurde eben von
Philon schroff zurückgewiesen[21]. Daß es einfach unmöglich
war, gewisse Gebote einzuhalten, bedeutet nicht eine innere
Absage, denn dadurch wird nicht die Grundüberzeugung
geschmälert, daß das Gesetz eine Gabe Gottes an Israel ist.
Und es könnte eben auch so sein, daß das Leben in einer
Umgebung, wo die richtige Gesetzestreue so gehemmt wurde,
nicht als eine Befreiung, sondern als eine Last empfunden
wurde. Bousset hatte jedenfalls Recht, als er in seiner
Diskussion über das Verhältnis zwischen dem Judentum in
Palästina und in der Diaspora auf bestimmte Unterschiede
hinwies, aber doch sagte: "Es war in der Tat möglich, das
gesamte Judentum als eine geistliche Einheit darzustellen
und zu erfassen"[22]. In einer früheren Phase der Forschungs-
arbeit hat man hier Gegensätze zwischen einer kultischen
und einer ethischen Auffassung des Gesetzes, zwischen
Partikularismus und Universalismus konstruiert, die mehr
den Maßstäben eines liberalen Christentums als den Inten-
tionen des Judentums entsprachen. 'Entschränktes Diasporajudentum': hat man sich dabei wohl überlegt, welch eine
seelische Last das Leben als Minorität mit einem von der
Mehrheit abweichenden Verhalten bedeutete? Welche Kon-
sequenzen es hatte, nicht die viele Götter anzuerkennen,
sondern nur und ausschließlich den einen Gott anzubeten,
ihm zu dienen und die Treue zu bewahren? Hier gab es eben
auch in der Diaspora deutlich Schranken, die das ganze
Leben bestimmten, wie z.B. klar aus den Aussagen Philons
über die Proselyten zu erkennen ist[23]. Und die Grenzen
blieben aufrecht, wie viel auch z.B. aus der griechischen
Philosophie entlehnt wurde. Sie waren festgelegt im Gesetz
Mosis, und auch in der Diaspora lebte das Judentum bewußt

---

[21] *De migratione Abrahami* 89-93.
[22] Obwohl W. Bousset, *Die Religion des Judentums im späthellenistischen
Zeitalter*, hrsg. von H. Gressmann, Tübingen 1926[3], 70-75, von diesem
Thema handelt, läßt sich das Zitat so bei ihm nicht finden.
[23] *Spec. leg.* I 52; *Virt.* 218-219.

als eine Gruppe von Menschen "durch welche der Welt das
unvergängliche Licht des Gesetzes gegeben werden sollte"[24].
So 'naturgemäß' wie Heitmüller es sich vorstellte und wie es
oft gedacht wird, wurde seine besondere Lage durch das
Judentum in der Zerstreuung eben nicht erlebt[25]. Aber wie
war es dann?

Diese Frage kann wohl am einfachsten beantwortet
werden durch Wiedergabe der Auffassung, die Karl Ludwig
Schmidt im Kittelschen Wörterbuch formuliert hat[26]. Der
Name des Verfassers und die Stelle, an der diese Anschauung der Diaspora veröffentlicht ist, geben ihr eine besondere
Autorität. Schmidt weist darauf hin, daß von Anfang an das
Wort eine nicht nur geschichtliche, sondern eine heils-
geschichtliche, nicht nur eine allgemein religiöse, sondern
eine spezifisch biblisch-theologische Bedeutung gehabt hat.
Im außer-biblischen Griechisch wird das Wort sehr selten
gefunden, in der LXX 12 Mal als terminus technicus, dem
jedoch "bei den Mas(oreten) kein entsprechender hebräischer Terminus gegenübersteht"[27]. Er fragt sich dann, wie es
dazu gekommen ist, daß die griechischen Juden immer
mehr auf die prägnanten Ausdrücke für die Deportation, das
Exil (hebr. *golah*—griech. αἰχμαλωσία, ἀποικία, u.s.w.) verzichtet haben und διασπορά vorgezogen haben. S.E. hat die
Geschichte die schwere Wunde des Exils geheilt, zumal viele
Juden auch aus anderen Gründen freiwillig ausgewandert
waren. Schmidt übernimmt zur Beschreibung des hier
vorliegenden Prozesses mit vollster Zustimmung die Worte F.
Rendtorffs[28]: "Die jüdische Diaspora erscheint im Licht des
prophetischen Urteils (Jes. 35:8; Jer. 13:24; Ez. 22:15) als
Auswirkung göttlicher Strafgerichte und darum als Fluch,
und erst hellenistischer Optimismus beurteilte die Diaspora
anders. So hat auch die Septuaginta den furchtbaren Ernst

---

[24] Sap. Sal. 18:4.
[25] S. oben, Anm. 18.
[26] K. L. Schmidt, διασπορά, *TWNT* II (1935) 98-104.
[27] Ibid. 99.
[28] Ibid. 100; Schmidt zitiert hier F. Rendtorff, Diaspora, *RGG* 2. Aufl.
I (1927) 1918.

aller jener hebräischer Ausdrücke, die das göttliche Zerstreu-
ungsgericht über Israel schonungslos aufdecken, mit dem
Schleier des Wortes διασπορά verhüllt". Den Kernpunkt seiner
Auffassung drückt Schmidt dann mit folgenden Worten aus:
"Der außerhalb des Mutterlandes in der weiten Welt lebende
Jude konnte sich sogar mit einem nicht zu verkennenden
Hochgefühl an der Tatsache der *Diaspora* berauschen"[29]. Die
Zeugnisse, die für dieses 'Hochgefühl' (von Schmidt gesperrt
gedrückt und später noch zweimal wiederholt) angeführt
werden, brauchen uns hier nicht zu beschäftigen, da wir sie
im Verlauf dieser Vorlesungen natürlich genauer berücksichtigen werden. Eine "Störung in dem Hochgefühl"
brachten die Zerstörung Jerusalems im Jahre 70 und die
endgültige Vernichtung des palästinischen Judentums im
Jahre 135; da "wurde die Diaspora sozusagen heimatlos"[30].
    Dieser Auffassung vom Gang der Dinge, als Fluch bei den
alttestamentlichen Propheten, verschleiert durch das griechische Wort διασπορά und so Ursache des Stolzes, der durch
den Untergang Jerusalems gedämpft wurde, haben sich
andere Forscher angeschlossen, z.B. F. M. Abel, der auch
noch darauf hinweist, daß die griechischen Übersetzer "ont
voulu éviter l'aspect péjoratif des mots hébreux signifiant
mauvais traitement, objet de frayeur, opprobre, rescapés, autant
de significations étrangères à la racine διασπείρω, *distribuer*,
disséminer"[31]. Abel meint, die Tatsache, daß die Wallfahrer
wieder aus Jerusalem in die Diaspora zurückkehrten, sei ein
Zeichen dafür, daß sie sich dort in der Diaspora wohlfühlten.
Auch im *Reallexikon für Antike und Christentum* wird diese
Anschauung von A. Stuiber vorgetragen[32]. Aus diesem
Artikel möchten wir zwei Bemerkungen noch besonders
anführen:
    1) "Bezeichnenderweise ist der Ausdruck d(iaspora) eine
Schöpfung des D(iaspora)-Judentums und seiner Bibelüber-

---

[29] Ibid. 100; im Original sind die kursivierte Wörter gesperrt
gedrückt.
[30] Ibid. 101.
[31] F.-M. Abel, *Les livres des Maccabées*, Paris 1949, 296.
[32] A. Stuiber, Diaspora, *RAC* III (1957) 972-982.

setzung"[33] (wobei leider nicht gesagt wird, weshalb dies so bezeichnend ist); und

2) "Wenn für das seit dem Jahre 70 aufgezwungene Exil die Bezeichnung D(iaspora) weiter verwendet wird, kann nicht mehr das Hochgefühl der früheren Zeit dahinter stehen; ob aber D(iaspora) unter den neuen Verhältnissen zu einer die wirkliche Lage verschleiernden Bezeichnung wird, ist fraglich, da auch die Christen die Strafe des Exils vorzugsweise als διασπορά) und dispersio bezeichnen"[34].

Eine etwas andere Darstellung der Sachlage gibt der norwegische Forscher Nils A. Dahl. Obwohl er nicht ausführlich über das Problem gehandelt hat, ist seine Auffassung doch wichtig, weil er einen Unterschied in der Beurteilung macht: "Als großes Unglück ist die Zerstreuung hauptsächlich von Palästinensern und Dogmatikern aufgefaßt worden. (...) Dahingegen haben die in der Diaspora lebenden Juden die Ausbreitung der Juden in alle Länder als ein Zeichen der Größe und Macht des Volkes angesehen"[35].

Eine ganz andere Ansicht als die von Schmidt hat schon vor 50 Jahren der ausgezeichnete amerikanische Neutestamentler James Hardy Ropes vorgetragen. Sie steht an einem etwas entlegenen Orte, nämlich in seinem Jakobuskommentar[36] und hat wahrscheinlich deshalb wenig Beachtung gefunden. Nach einer sorgfältigen Analyse von διασπείρω, διασπορά und damit möglicherweise synonymen Begriffen wie διασκορπίζω - αἰχμαλωσία - ἀποικία in der LXX sagt er: "διασπορά, always standing in contrast with the idea of visible unity of the nation, calls attention, usually with a certain pathos, to the absence of that unity"[37]. Es mag sein, so führt er aus, daß die meiste Juden aus freiem Willen in der Diaspora wohnten und im allgemeinen, mit einigen Ausnahmen, in

---

[33] Ibid. 973.
[34] Ibid. 974.
[35] N. A. Dahl, *Das Volk Gottes*, Oslo 1941 (Nachdr. Darmstadt 1963), 93.
[36] J. H. Ropes, *A Critical and Exegetical Commentary on the Epistle of James*, Edinburgh 1916.
[37] Ibid. 122.

Ruhe und Wohlstand lebten, "yet the dispersion is uniformly represented by Jewish writers as a great misfortune destined to be ended by the divine intervention"[38]. Verschiedene Gründe werden dafür angegeben: a) von der Tradition her stand es fest, daß "exile was an evil"[39]; b) im Laufe der Zeit hat man in Palästina mehr und mehr den Nachdruck auf die rituelle Reinheit, die im Ausland nicht bewahrt werden konnte, gelegt; c) praktische Motive, vornehmlich die Gefahr der Assimilation; und d) in schweren Zeiten suchte das Judentum in der Heimat Unterstützung; es war "evident that the glory of Israel could be finally manifested only through the concentration in the Holy Land of the power and wealth of the sons of Israel, now scattered among the nations"[40]. An die Stelle des Hochgefühls, das bei Schmidt das Leben in der Diaspora bestimmt, tritt also hier bei Ropes die Erfahrung des Unglücks.

Schließlich sei noch bemerkt, daß A. von Selms in seiner Bearbeitung des Lemmas 'Diaspora' in der 3. Auflage der *RGG* sich nur darauf beschränkt, den Unterschied zwischen 'Exil' und 'Diaspora' herauszustellen: "Exil meint in der Antike die zwangsweise Deportation geschlossener Gruppen nach einer bestimmten Gegend; D[iaspora] findet sich dort, wo Juden in größerer und kleinerer Zahl außerhalb des Heiligen Landes wohnen, obgleich ihnen die Staatsgewalt die Abwanderung nicht verbieten würde"[41]. Hier ist die Sache ganz in den Kategorien der geographisch-politischen Begrifflichkeit gefaßt; über die Frage, wie diese Diasporasituation beurteilt und erlebt wurde, wird nichts gesagt, und mit keinem Worte wird deutlich gemacht, daß es sich hier um einen biblisch-theologischen Begriff handelt.

Wie hat das Judentum, dessen größerer Teil in der Diaspora lebte, diese Situation erlebt? War es für alle ein

---

38 Ibid. 122-123.
39 Ibid. 123.
40 Ibid. 123.
41 *RGG* II 175.

Unglück oder sah man mit Stolz auf diese Ausbreitung, mit ihren Kolonien in aller Welt und zudem noch mit dem Gewinnen von zahlreichen Proselyten? Oder soll man hier mit Dahl unterscheiden zwischen Mutterland und Diaspora? Angesichts der großen Bedeutung, die der Diaspora in historischer Beziehung zukommt, ist es interessant, die hier vorliegende Fragen einmal genau zu prüfen.

War es ein Unglück? Aber weshalb blieben die Juden dann in der Diaspora? Diese Tatsache scheint doch zu zeigen, daß es dort nicht so schlecht war und daß sie wohl Jerusalem als Metropolis betrachteten, aber als ihr Vaterland doch die Länder, wo sie geboren und aufgewachsen waren.

War es ein Glück? Aber weshalb betet man denn zu Gott:

Der Du Israel rettest aus allem Übel,
der Du unsere Väter auserwählt und geheiligt hast,
nimm an das Opfer für dein ganzes Volk Israel
und bewahre und heilige Deinen Anteil.
Bringe unsere Zerstreute wieder zusammen
(ἐπισυνάγαγε τὴν διασπορὰν ἡμῶν),
befreie die unter den Heiden Versklavten,
sieh auf die für nichts Geachteten und Verabscheuten:
so sollen die Heiden erkennen, daß du unser Gott bist.
Züchtige die, die gewaltsam herrschen und in ihrem
      Übermut freveln.
Pflanze Dein Volk ein in Deine heilige Stätte, wie Mose
gesagt hat[42].

Es ist klar, daß hier für das Volk um Erlösung aus dem Elend gebeten wird und ein Teil dieses Elends liegt in der Diaspora-situation. Ist es nicht merkwürdig, in Abels Kommentar folgendes zu lesen: "L'oraison, demeurant dans le cadre prophétique, garde le point de vue traditionnel péjoratif de la *gôlah*, déportation"[43], nachden erst von ihm umständlich dargelegt worden ist, daß die Diaspora allmählich als eine Wohltat empfunden wurde? Kann man hier einfach von einem traditionellen Gedanken sprechen, der zudem so stark war, daß er immer wieder ausgesprochen wird? Oder hat

---

[42] 2 Makk. 1:25-27.
[43] Abel, *Livres des Maccabées* 296.

man hier nicht eben ein deutliches Zeichen, daß in Palästina anders geurteilt wurde als im Ausland?

Ja, man kann natürlich auf die berühmte Klage Senecas hinweisen: "So stark ist die Gewohnheit [nämlich der Sabbat] dieses sehr verdorbenen Volkes geworden, daß sie schon in allen Ländern übernommen ist; die Besiegten haben den Siegern die Gesetze gegeben,"[44] und daneben einige Bemerkungen des Josephus über die vielen Anhänger des Judentums in Antiochien[45] stellen. Aber dabei wird man auch nicht übersehen können, daß die Existenz der Juden in der Diaspora gefährdet war. Zweimal sind sie z.B. ziemlich kurz nacheinander aus Rom verbannt worden[46]. Agrippa warnt die aufständischen Juden in Jerusalem für die Rache, der die Juden in der Diaspora anheim fallen können, weil sie überall wohnen[47].

Das Sonderleben der Juden mit ihren eigenen Sitten gab in der Diaspora immer wieder zu Schwierigkeiten Anlaß. Josephus hat im 14. Buch seiner *Antiquitates* eine ganze Liste von Dekreten der Römer und der asiatischen Städte angeführt, die zeigen sollen, wie den Juden die Befolgung ihrer Gesetze erlaubt war; aber sie sind zugleich der Beweis, daß eben auf diesem Gebiete immer wieder Schwierigkeiten und Reibungen vorkamen[48]. Und es erübrigt sich wohl, ausführlich die bekannte Geschichte von den Wirren in Alexandrien zu erwähnen[49].

Die Juden lebten als eine Minorität und hatten die damit verbundenen Schwierigkeiten zu tragen. In der Welt des Synkretismus war es nicht schwer, sich diese Last vom Halse zu schaffen und eine gute Karriere zu machen, wie der Neffe Philons, Tiberius Julius Alexander, bewiesen hat[50]. Dennoch

---

[44] *Apud* Augustin, *De civitate Dei* VI 11.
[45] *Bellum* II 560, VII 43-45.
[46] Unter Tiberius und Klaudius; siehe Schürer, *History* III 75-78.
[47] Josephus, *Bellum* II 398.
[48] *Ant.* XIV 185-264.
[49] Siehe dazu E. M. Smallwood, *The Jews under Roman Rule*, Leiden 1976, 220-255.
[50] Schürer, *History* I 456-8 (mit Lit. in Anm. 9).

haben die meisten Juden das nicht getan und es vorgezogen, gegebenenfalls ihr Leben aufs Spiel zu setzen. Was steckt dahinter? Ein treues Festhalten am göttlichen Gesetz? Gewiß, aber kann man die Diaspora nur positiv und freudevoll bejaht haben?

Mit diesen Fragen habe ich versucht, den Problemkreis etwas zu erläutern und zu präzisieren. Die Antwort auf die von uns gestellte Frage nach dem Selbstverständnis der Diaspora ist nich einfach, weil die Quellen sehr spärlich fließen. Angesichts der Ausbreitung und Dauer dieses Phänomens in der angegebenen Zeit steht uns nur wenig Material zur Verfügung. Was wissen wir eigentlich über das innere, religiöse Leben der jüdischen Gemeinden in Kleinasien oder Griechenland in diesen Jahrhunderten? Auch die Papyri, die Tcherikover und Fuchs mit großer Sorgfalt und bewundernswerter Kenntnis herausgegeben haben[51], zeigen nur einen Teil, besser gesagt: ein Teilchen vom großen Ganzen, das einst existiert hat. Vieles von dem, was Ausgrabungen zu Tage gefördert haben, z.B. Inschriften, ist aus der späteren Kaiserzeit und legt nur teilweise vom Leben und Denken der Söhne Abrahams Zeugnis ab, und jedenfalls zu wenig für unsere Frage[52]. Die ausgiebigen Mitteilungen von Philon und Josephus erheischen natürlich mit Rücksicht auf die apologetische Geisteshaltung dieser Autoren eine besonders kritische Aufmerksamkeit.

Es scheint mir aber, daß man eine Quelle noch nicht genügend ausgewertet hat, nämlich die Weise, in der die Juden selbst diese Lage beschrieben und damit ihrem Selbstverständnis Ausdruck gegeben haben. Sie sprachen von *diaspora*, und gebrauchten damit ein in der griechischen Sprache sehr seltenes Wort. Mit welchem Inhalt war es gefüllt, welche Gedankenassoziationen wurden dadurch heraufbeschwört? Wenn wir uns diesen Fragen zuwenden,

---

[51] V. A. Tcherikover–A. Fuks, *Corpus Papyrorum Judaicarum*, 3 Bde., Cambridge (Mass.) 1957-1964.
[52] Für eine Einführung in die frühjüdische Epigraphik siehe P. W. van der Horst, *Ancient Jewish Epitaphs*, Kampen 1991.

beachten wir ein richtungweisendes Wort des großen Philologen und Religionshistorikers Richard Reitzenstein: "Die Wortgeschichte, wenn sie sich zu einer Geschichte der Begriffe vertieft, kann uns noch immer reichen Aufschluß über Probleme geben, denen wir auf keinem anderen Wege nahe kommen können"[53]. Vor allem ist sie auch deshalb für unseres Thema dringend geboten, eben weil das griechische Wort διασπορά in unseren Sprachschatz eingegangen ist und wir deshalb dem Gefahr laufen, in unserer Auffassung und Bewertung der Sache voreingenommen zu sein.

---

[53] R. Reitzenstein, *Die hellenistischen Mysterienreligionen nach ihren Grundgedanken und Wirkungen*, Darmstadt 1966 (= 1927³), 76.

II. DER AUSDRUCK "DIASPORA"

Eine erneute Prüfung der Frage, wie es eigentlich mit dem Wort διασπορά bestellt ist, speziell in Hinsicht auf das uns hier beschäftigende Problem des jüdischen Selbstverständnisses, ist gewiß nicht überflüßig. Denn wir werden ein bischen argwöhnig, wenn wir sehen, daß bestimmte Texte, die Karl Ludwig Schmidt als Stützen für seine Auffassung anführt, auch bei Ropes, aber dann mit ganz anderer Interpretation zitiert werden. Da Schmidts Artikel im Kittelschen Wörterbuch steht, deshalb vielen zugänglich ist, und weil auch andere Forscher seine Meinung teilen, ist es angebracht, diese Texte in ihrem Zusammenhang des näheren zu betrachten. Es sind vor allem zwei, die hier in Betracht kommen, nämlich *Oracula Sibyllina* 3:271 und *Ps. Salomonis* 9:2. Können sie die Beweislast tragen, daß die Juden mit Stolz über die Diaspora dachten, oder nicht?

1) Wenn man *Or. Sib.* 3:271, "Jegliches Land und jegliches Meer (wird sein) voll von dir", so ohne weiteres liest, scheint es die glückliche, alle Welt umfassende Ausbreitung des Judentums zu prophezeien. So wird es anscheinend nicht nur von Schmidt, sondern auch von Abel, Stuiber und Simon aufgefaßt[54]. Was aber zeigt der Zusammenhang? In *Or. Sib.* 3:248 ff. werden der Auszug aus Ägypten und die Gesetzgebung als Taten Gottes in die Erinnerung gerufen. Wenn jemand dem Gesetz ungehorsam sein sollte, werde er dafür büßen; auch über Leute, die im Verborgenen gesündigt haben, "wird das Unheil kommen, und nicht werden sie der Seuche entfliehen" (265 f.). Und dann heißt es 266-287: "Auch du wirst, verlassend den herrlichen Tempel, fliehen müssen, da es dein Schicksal ist, den heiligen Boden zu verlassen, und

---

[54] Schmidt, *TWNT* II (1935) 100; Abel, *Livre des Maccabées* 296; Stuiber, *RAC* III (1957) 972-974; M. Simon, *Verus Israel. A Study of the Relations Between Christians and Jews in the Roman Empire (135-425)*, Oxford 1986 [orig. Französisch 1948], 33 ff. V. Nikiprowetzky, *La troisième Sibylle*, Paris-La Haye 1970, bespricht diese Stelle nicht.

du wirst fortgeführt werden zu den Assyrern und sehen müssen, wie deine kleinen Kinder und deine Frauen Knechtsdienst tun bei feindlichen Männern, (270) und aller Besitz und Reichtum wird zu Grunde gehen. Jegliches Land (wird) voll von dir (sein) und jegliches Meer; jedermann wird sich stoßen an deinen Sitten (ἐθίμοισιν). Dein ganzes Land (wird) von dir verlassen (sein) und der feste Altar und der Tempel des großen Gottes und die hohen Mauern (275) werden alle zu Boden fallen, weil du nicht zu Herzen genommen hast Gottes heiliges Gesetz, sondern abirrend elenden Götzen gedient hast und nicht in Furcht den unsterblichen Gott, den Erzeuger aller Mensechen, ehren wolltest, sondern die Bilder von sterblichen Menschen verehrtest. (280) Dafür wird siebenmal zehn Jahre das fruchtbringende Land mitsamt den Wundern des Tempels ganz von dir verlassen sein". Das wird aber noch nicht das Ende sein, denn "das schließliche Gute erwartet dich und größte Herrlichkeit, wie dir der unsterbliche Gott (...) beschieden hat. Du aber warte, vertrauend auf die heiligen Gesetze des großen Gottes"; dann wird ein neuer König kommen und mit Hilfe der Perser den Tempel im alten Glanz wiederherstellen.

Dieses lange Zitat sollte hier buchstäblich angeführt werden. Dann zeigt sich ohne weiteres, daß der famöse Vers mit keinem Worte von einer gloriereichen Ausbreitung spricht, sondern im Gegenteil in einem Zusammenhang von Unheilsprophetie steht. Weil Israel Gottes Gesetz übertreten hat, wird es gestraft, und es ist klar, daß hier auf das babylonische Exil angespielt wird, aus dem das Volk nach 70 Jahren durch Kyros befreit wird. Die Restauration kommt, wenn die Israeliten wieder auf das Gesetz vertrauen (284). Es wird sich später zeigen lassen, daß in diesen Hexametern eine Paraphrase eines aus dem Alten Testament bekannten Geschichtsbildes gegeben wird.

Die vorchristliche Herkunft dieses Abschnitts der *Oracula Sibyllina* unterliegt keinem Zweifel[55]. Die Seherin kennt nur *eine* Verwüstung und *einen* Wiederaufbau des Tempels; sie

---

[55] Nikiprowetzky, *Troisième Sibylle* 195-225.

kennt nur *ein* Exil als Strafe, die Wegführung ins Land der Assyrer (= Babylonien, vgl. die Zusammenstellung in V.303: Βαβυλὼν ἠδ' Ἀσσυρίων γένος ἀνδρῶν). Damit verträgt sich V. 271 eigentlich schlecht, denn da ist plötzlich von der ganzen Zeit die Rede. Wahrscheinlich hat die Seherin—und das wird m.E. zur Sicherheit, wenn wir später die paraphrasierten Texte sehen werden—tatsächlich dabei auch die Diaspora im Auge. Aber es ist *luce clarius*, daß diese als eine Auswirkung der Strafe betrachtet wird, und es ist beachtenswert, daß hier gesagt wird: "jedermann wird sich stoßen an deinen Sitten" (272), weil sich, wie wir schon in unserer ersten Vorlesung bemerkten, auf diesem Gebiet Reibungen zwischen den Juden in der Diaspora und ihrer Umgebung vortaten. Obwohl hier also das Wort 'Diaspora' oder das Verbum—vielleicht *metri causa?*—nicht verwendet wird, ist es der Sache nach vorhanden und steht unter einem ausgesprochen ungünstigen Vorzeichen.

2) Bei *Ps. Sal.* 9:2, ἐν παντὶ ἔθνει ἡ διασπορὰ τοῦ Ἰσραὴλ κατὰ τοῦ ῥῆμα τοῦ θεοῦ, werden die letzte Worte von Schmidt gesperrt gedrückt und diese Hervorhebung besagt, wie Abel auch ausspricht, daß die Ausbreitung der Diaspora unter der gütigen Leitung Gottes zustande kam. Was besagt aber der Kontext? Dieser Psalm hebt so an:

> Da Israel in Verbannung in ein fremdes Land weggeführt
>   wurde
> (ἐν τῷ ἀπαχθῆναι Ἰσραὴλ ἐν ἀποικεσίᾳ εἰς γῆν ἀλλοτρίαν),
> weil sie vom Herrn, ihren Erlöser, abgefallen waren,
> da wurden sie von dem Erbe, das der Herr ihnen gegeben
>   hatte, verstoßen.
> Unter alle Heiden(völker, ἔθνη) wurde Israel zerstreut nach
>   dem Wort Gottes,
> damit du dich gerecht erzeigest, o Gott, bei unseren Sünden
>   nach deiner Gerechtigkeit".

Und der Psalm endet (Vv.6-11) mit einem Sündenbekenntniß, das mit Berufung auf die Erwählung und den Bund um Gottes Erbarmen fleht: "Wirst nicht ewig verstoßen"[56]. In

---

[56] Es gibt hier aber ein textkritisches Problem; siehe dazu die Bemerkung von S. Holm-Nielsen in *JSHRZ* IV 2 (1977) 84 Anm. 9b.

diesem Gebet klingen Reminiszensen an alttestamentliche
Bekentnisse an[57]. Das ῥῆμα τοῦ θεοῦ ist der göttliche Orakel-
spruch und ist in diesem Zusammenhang nicht eine allgemeine Andeutung, sondern ein deutlicher Verweis auf bestimmte Aussagen im Alten Testament, welche, wie wir
noch sehen werden, das Zerstreuen unter die Völker als Strafe
für Gesetzesübertretung ankündigen. Als also Israel in die
Fremde geführt wurde, ging das Gotteswort in Erfüllung.

Die Psalmen Salomos sind, wie bekannt, unter dem Eindruck der Eroberung Jerusalems, durch Pompeius gedichtet
worden. Hier wird daran gedacht, daß der Römer viele Juden
als Sklaven verkauft hat[58]. Aber das war nach dem Urteil des
Dichters nicht nur Kriegsgeschick, sondern eine Folge des
gerechten Gerichts Gottes, der in dieser Weise, wie durch
sein Wort angekündigt war, Strafe am sündigen Israel übte
durch die Vertreibung aus dem Erblande.

An diesen beiden Stellen zeigt sich also, daß die *diaspora*
nicht Grund zum Hochgefühl war und sein konnte, sondern,
ganz im Gegenteil, einen Vollzug des göttlichen Strafgerichts
offenbarte. War das eine Sondermeinung? Diese Texte deuten
jedenfalls an, daß dem nicht der Fall war, und es ist
merkwürdig, daß hier ein Zeugnis aus dem hellenistischen
Judentum (Sibylle) mit einem aus dem Heimatland zu-
sammenstimmt. Aber in beiden Texten handelt es sich
deutlich um eine gezwungene Deportation, um das Exil und
die Wegführung in die Sklaverei. Daß diese Ereignisse als
Unglück betrachtet wurden, ist selbstverständlich, aber besagt
das etwas über die Diaspora im weiteren Sinne, über das
Urteil aller Juden, die als freie Menschen in Alexandrien
oder Ephesus oder Rom lebten und webten?

Wir dürfen wohl schliessen, daß zwei wichtige Beleg-
stellen für die optimistische Beurteilung der Diaspora durch
Schmidt sich als nicht haltbar erwiesen haben, und da sie so
bedeutend für seine Beweisführung sind, wird das ganze

---

[57] Jer. 8:28; 11:3; 16:13; 22:26.
[58] Siehe Schürer, *History* I 240f.

Gebäude brüchig. Die Frage muß also aufs neue aufgerollt werden; dabei scheint es mir notwendig, mit dem Gebrauch des Wortes 'Diaspora' anzufangen und diesen etwas genauer zu betrachten.

Wir führen das Wort 'Diaspora' immer dann im Mund, wenn es sich um die Juden, die außerhalb Palästina lebten, handelt. Aber *woher* stammt dieser *griechische* Ausdruck, und weshalb wird er in diesem Zusammenhang auch von den Juden, wie wir sahen (2 Makk. 1:27; Ps. Sal. 9:2), gebraucht? Ist er ein Generalbegriff, der hier in einem Spezialfall angewandt wird oder liegt es doch anders? Es ist wohl an der Zeit, diese terminologische Frage einmal scharf zu stellen, denn es hat mit diesem Wort seine besondere Bewandtnis.

Das Wort 'Diaspora' wird in verschiedenen Verbindungen gebraucht. Wir wiesen schon darauf hin, daß nicht nur von einer jüdischen, sondern auch von einer evangelischen Diaspora und jetzt auch von einer katholischen und einer griechisch/russisch-orthodoxen Diaspora gesprochen wird. Aber damit sind die Anwendungsmöglichkeiten nicht erschöpft. Der berühmte Religionshistoriker des Synkretismus F. Cumont erwähnt die Diaspora der Mithrasreligion[59]. Einmal las ich von der "Diaspora der Zigeuner", und einer meiner Kollegen schrieb in einer Zeitschrift unserer Universität über ehemalige Utrechter Studenten als "Menschen in der Diaspora"[60]. Man kann also mit dem jetzigen Gebrauch vor Augen sagen, daß das Wort gebraucht wird für eine Minorität, oft geistiger Prägung, die als kleine Gruppe oder als Individuen in einer andersartigen Umgebung lebt, von der man sich durch andere Gewohnheiten unterscheidet, der man sich nicht assimilieren will, die oft als feindlich und bedrückend erfahren wird. So war es auch bei den Juden der Fall, wie in der ersten Vorlesung ausgeführt wurde. In dieser

---

[59] F. Cumont, *Les religions orientales dans le paganisme romain*, Paris 1929 (4. Aufl.), 129.
[60] H. Wagenvoort, Aan de Alumni der Utrechtse Universiteit in de Diaspora der kille maatschappij, *Post Iucundam Iuventutem* Febr. 1956.

Weise wird 'Diaspora' als eine geographisch-soziologische Kategorie betrachtet.

Es erhebt sich jetzt die Frage, ob diese Anwendung eine Begriffsbestimmung der modernen Wissenschaft ist, in der ein Wort aus dem Altertum aufgenommen und in einem anderen Sinne erweitert ist, wie z.B. Synkretismus und Gnosis, oder aber, ob es schon durch die antiken Autoren in diesem weiten Sinne gebraucht wurde. Ich muß bekennen, daß ich bis heute nicht habe ausfindig machen können, wann und durch wen das Wort in diesem allgemeinen, geographisch-soziologischen Sinne zum ersten Male angewandt ist. Es kann jedoch leicht gezeigt werden, daß das nicht im Altertum der Fall war. Wenn wir nämlich im griechischen, nicht von der Bibel beeinflußten, Sprachbereich umfragen, wartet eine doppelte Überraschung auf uns:

a) διασπορά wird in der griechischen geographischen Literatur, soweit diese bis jetzt bekannt ist, niemals als *terminus technicus* für derartige Bevölkerungsgruppen gebraucht.

b) Liddell-Scott-Jones und auch Schmidt geben nur eine Stelle mit διασπορά bei einem profanen Schriftsteller, nämlich Plutarch, *Non posse suaviter vivi secundum Epicurum* 27 [Moralia 1105A]; da wird gesprochen von der Seele, die aufgelöst wird, so daß sie nicht mehr Erfahrungen aufnehmen kann. Epikur macht es, so heißt es, in seiner Lehre noch schlimmer mit der Seele (ψυχή,) ἣν Ἐπίκουρος εἰς κένον καὶ ἀτόμους διασπορὰν ποιῶν ἔτι μᾶλλον ἐκκόπτει τὴν ἐλπίδα τῆς ἀφθαρσίας. Das Wort steht hier in einem philosophischen Kontext. Es bedeutet, daß die Seele durch Epikur in Nichts und Atome aufgelöst wird, also nicht weiter besteht; διασπορὰν ποιῶν = διασπείρων. Plutarch gibt hier also Epikurs Lehre wieder und zeigt die Konsequenz davon auf, nämlich den Verlust der Hoffnung auf Unsterblichkeit. Ist dieses Referat Plutarchs persönliches Eigentum oder ist es eine treue Wiedergabe der Worte Epikurs? Es zeigt sich, daß diese Formulierung aus Epikur stammt. Nach dessen Meinung ist die Seele ein σῶμα ... λεπτομερὲς παρ' ὅλον τὸ ἄθροισμα παρεσπαρμένον, also verbreitet durch das ganze ἄθροισμα, eine für Epikur eigentümliche Umschreibung des Körpers als die Sammlung der Atome[61]. Wenn er dann über den Tod spricht, sagt er: καὶ μὴν καὶ λυομένου τοῦ ὅλου ἀθροίσματος ἡ ψυχὴ διασπείρεται καὶ οὐκέτι ἔχει τὰς αὐτὰς δυνάμεις[62]. Die Gegensätze sind hier interessant: παρεσπαρμένον // διασπείρεται –λυομένου τοῦ ἀθροίσματος // διασπείρεται. Das Verbum hat also nicht einfach die Bedeutung von 'sich verbreiten, ausbreiten', sondern von 'zerstreuen, in seine einzelnen Glieder (Atome) aufgelöst werden' und hat eine ungünstige Nuance. Wenn nun Plutarch an Stelle von διασπείρεται das Aktivum—und zwar sehr prononciert: διασπορὰν ποιῶν—gebraucht, will er damit die bewußte Tat, die Epikur mit der Aufstellung seiner Lehre betreibt, unterstreichen. Das Substantiv scheint ihm also geläufig zu sein, denn er fügt kein Wort wie 'sozusagen' hinzu. Es geht aber auf Epikur zurück. Das zeigt sich auch in einem anderen Zitat desselben Philosophen, wo er über die erhitzende Kraft des Weins spricht und dafür verschiedene Gründe angibt, u.a. θλίψεις τε καὶ διασπορὰς ἀτόμων, ἑτέρων δὲ συμμίξεις καὶ παραζεύξεις αἰτιασάμενος ἐν τῇ πρὸς τὸ σῶμα καταμίξει τοῦ οἴνου[63]. Die physiologische Erklärung braucht uns hier nicht zu beschäftigen. Für die Semasiologie von διασπορά ist es interessant, die damit verbundenen Wörter und Gegensätze zu beachten: einige Atome werden mit einander eng zusammengebracht, andere dagegen auseinandergeschlagen, wie durch eine feindliche Macht bedrängt und zerstreut. Das Wort scheint also zur Schulsprache des Epikurs gehört zu haben und mit seiner Atomlehre verbunden gewesen zu sein. Διασπορά bedeutet dann: in seine letzten Einheiten aufgelöst, zusammenhangslos geworden sein. Hat Epikur das Wort geprägt? Wohl in seiner Anwendung, aber wahrscheinlich nicht als Wort, da es in regelmäßiger Weise vom Verbum διασπείρειν abgeleitet ist, wie σπορά von σπείρειν.

---

[61] *Epistula* I 63 (p. 19 ed. H. Usener, *Epicurea*, Leipzig 1887; p. 57 ed. G. Arrighetti, *Epicuro, Opere*, Turin 1960).
[62] *Epist.* I 65 (p. 21 ed. Usener; p. 59 ed. Arrighetti).
[63] Plutarch, *Adv. Coloten* 6, 1109F (p. 116 ed. Usener; pp. 181-2 ed. Arrighetti).

Philo Alexandrinus bringt einen Beleg, der ebenfalls nicht eine geographische Bedeutung von διασπορά voraussetzt; er soll wegen der speziellen Farbung später ausführlich untersucht werden[64], denn obwohl dieser jüdische Philosoph von einer "seelischen Diaspora" spricht, hat das mit epikuräischer Lehre nichts zu tun.

Ein vierter Text mit diesem Worte steht bei Clemens Alexandrinus, *Protrepticus* IX 88, 3, wo dieser so stark von der Bibelsprache beeinflußte Schriftsteller im Gegensatz zu anderen Christen dieses Wort nicht in dem Sinne wie die Heilige Schrift gebraucht. Er fordert zum Suchen der Einheit bei dem einen Logos auf und sagt dann: ἡ δὲ ἐκ πολλῶν ἕνωσις ἔκ πολυφωνίας καὶ διασπορᾶς ἁρμονίαν λαβοῦσα θεϊκὴν μία γίνεται συμφωνία. Hier steht *diaspora* also in einem musikalischen Zusammenhang. Ob es dort ein *terminus technicus* war, ist nicht klar, weil das weiter nicht belegt ist. Die Gegensätze zeigen, daß διασπορά hier ungünstig ist: die Einheit, die Symphonia mit der 'göttlichen Harmonie', ist das Ideal, zu dem man aus ihrem Gegensatz, der Vielheit, die hier so viel wie Kakophonie ist, kommen soll. Die 'Zerstreuung' (διασπορά) heißt soviel wie diffuse Klänge und hat etwas chaotisches an sich.

Bis heute sind diese Stellen, abgesehen von biblischer Sprache, die einzigen mir bekannten Texte aus der ganzen Literatur der vorkonstantinischen Zeit[65], in denen sich das Substantiv διασπορά findet. Das ist merkwürdig, zumal das Verbum διασπείρειν seit Herodot sehr verbreitet ist. Die Tatsache ist noch auffälliger, wenn man beobachtet, daß die Septuaginta das Wort 12 Mal gebraucht und daß auch im Neuen Testament und bei christlichen Autoren der Ausdruck geläufig ist. Welche Bedeutung hat *diaspora* hier?

Fangen wir mit den Kirchenvätern an[66], weil sie auch Griechen sind und man bei ihnen nicht mit Übersetzungs-

---

[64]   Siehe weiter unten im Text, S. 87f.
[65]   Für einige weitere Stellen siehe Appendix II.
[66]   G. W. H. Lampe, *A Patristic Greek Lexicon*, Oxford 1968, 359, erwähnt nur 9 Stellen.

griechisch zu rechnen hat. In der Besprechung sollen natürlich Zitate aus der LXX nicht behandelt werden, weil hier das
Zeugnis keinen selbständigen Wert hat.

Justinus Martyr diskutiert in seinem *Dialogus cum Tryphone
Judaeo* 117,2 die Exegese von Maleachi 1:10-12. Von seinem
jüdischen Gegner wird dieses Schriftwort so ausgelegt, daß
die Opfer der damals in Jerusalem lebenden Juden zwar
verworfen wurden, daß aber der Prophet gesprochen hat von
den Gebeten, die dargebracht wurden διὰ τῶν ἐν τῇ διασπορᾷ
τότε δὴ ὄντων ἀπὸ τοῦ γένους ἐκείνου ἀνθρώπων[67]. Justin
verwirft diese Auffassung, weil die Juden nicht in der ganzen
Welt wohnen, wie bei Maleachi angenommen wird, und in
der Zeit Maleachis "war Ihre Diaspora noch nicht in jedem
Land, wo Ihr jetzt seid" (117,5 οὐδέπω ἡ διασπορὰ ὑμῶν ἐν
πάσῃ τῇ γῇ, ἐν ὅσῃ νῦν γεγόνατε, ἐγεγένητο).

Bei Hippolyt, *De Antichristo* 53-54, ist einer der Züge des
Antichrists, daß er das ganze Volk ἐκ πάσης χώρας τῆς
διασπορᾶς zu sich rufen wird, um das alte Reich und den
Tempel wiederherzustellen. Hier wird vom Antichrist also
erwartet, was beständig ein Teil der jüdischen Zukunftser-
wartung war[68], und aus dem Zusammenhang ist auch klar,
daß hier das jüdische Volk gemeint ist. Nach der (syrischen)
Didascalia apostolorum 26 ist es den Juden, während sie "in der
Diaspora unter den Heiden (Völkern)" sind, unmöglich, die
Bestimmungen des Gesetzes zu erfüllen[69]. An all diesen
Stellen hat διασπορά deutlich eine geographische Bedeutung
und ist in Bezug auf den Juden gebraucht, die außerhalb ihres
Landes leben.

Sehr interessant ist Origenes. In seiner Auslegung von Joh.
11:48 sagt er, daß diese Worte durch das Auftreten der Römer
erfüllt worden sind: ἦραν δὲ καὶ τὸ ἔθνος, ἐκβάλλοντες αὐτοὺς

---

[67] E. J. Goodspeed, *Die ältesten Apologeten*, Göttingen 1915, 234.
[68] P. Volz, *Die Eschatologie der jüdischen Gemeinde im neutestamentlicher
Zeitalter*, Tübingen 1934, 344ff.
[69] Vgl. den griechischen Text in den *Constitutiones Apostolicae* VI
25,1: διὸ καὶ εἰσὶν ἐπικατάρατοι μὴ δυνάμενοι ποιεῖν τὰ διατεταγ-
μένα. (...) ἀδύνατον δέ ἐστιν ἐν διασπορᾷ μεταξὺ ἐθνῶν ὄντας πάντα
τὰ τοῦ νόμου ἐπιτελεῖν αὐτούς.

ἀπὸ τοῦ τόπου καὶ μόγις ἐπιτρέψαντες αὐτοῖς εἶναι ὅπου βούλονται καὶ ἐν τῇ διασπορᾷ[70]. Die Worte "selbst in der Diaspora" stehen in klarem Gegensatz zu "in ihrem eigenen Lande"; außerdem hat das Wort eine geographische Bedeutung. In *Contra Celsum* I 55 erwähnt er die jüdische Auffassung vom leidenden Gottesknecht in Jesaja 53: es sei das ganze jüdische Volk als Individuum betrachtet, das in die Diaspora kam und geschlagen wurde. Das Wort wird dann erläutert durch τὸ ἐπεσπάρθαι Ἰουδαίους τοῖς λοιποῖς ἔθνεσιν. Origenes kennt auch die messianische Sammlung der Israeliten aus der Diaspora[71]. Merkwürdig ist auch seine Auffassung vom Präskript des 1. Petrusbriefes, weil er die Worte τοῖς παρεπιδήμοις διασπορᾶς Πόντου, Γαλατίας κτλ. nicht auf Christen bezieht—wie man es in der modernen Exegese immer getan hat und bei der Vorliebe des Origenes für die Allegorese erwarten dürfte—sondern auf die Juden in diesen Provinzen Kleinasiens: τοῖς ἐν διασπορᾷ Ἰουδαίοις[72].

Eusebius teilt diese Meinung, wenn er sagt, daß Petrus in diesem Brief schrieb τοῖς ἐξ Ἑβραίων οὖσιν ἐν διασπορᾷ[73]. In seiner *Praeparatio Evangelica* I 3,13 legt Eusebius dar, wie die alttestamentlichen Weissagungen über Christus, seine Verwerfung durch die Juden und die darauf folgenden Kalamitäten im Jahre 70 eingetroffen sind; dabei nennte er die letzte Belagerung ihrer Metropolis die Vernichtung ihres Reiches αὐτῶν τε τὴν εἰς πάντα τὰ ἔθνη διασπορὰν καὶ τὴν ὑπὸ τοῖς ἐχθροῖς καὶ πολεμίοις δουλείαν[74]. Später, in der *Demonstratio Evangelica* I 3,1, führt er aus, daß das mosaische Gesetz mit seinen Vorschriften z.B. über die Festreisen nach Jerusalem nur bei den Einwohnern Palästinas durchgeführt werden konnte, aber nicht bei allen Juden, nämlich nicht bei denen, die die in der Diaspora sind; und daß mit einem Fluch alle die belegt sind, die die Gebote nicht in ihrer Ganzheit

---

[70] *In Johannem* XXVIII 12.
[71] *De oratione* XI 3.
[72] *Comm. in Genesim* (PG XII 92).
[73] Eusebius, *Hist. Eccl.* III 4,2.
[74] Vgl. auch die Parallele in seiner *Demonstratio Evangelica* I 1,7.

tun[75]. Daß die Diaspora schon von Moses angekündigt war, wird auch in der Pseudo-Klementinischen *Homilie* III 44,1 ausgesprochen, wenn es in einer Diskussion über die Vorhersage heißt: "Hat nicht auch Moses die Sünden des Volkes vorher angezeigt καὶ τὴν διασπορὰν τὴν εἰς τὰ ἔθνη προδηλοῖ;"

An Hand dieser Texte machen wir einige Beobachtungen: 1) das Wort ist immer im Singular[76] gebraucht von einer bestimmten Sache; 2) die Kirchenväter verraten nirgends, daß es ein nicht geläufiger Ausdruck ist, der einer besonderen Erläuterung bedürfte; 3) er wird immer in Zusammenhang mit den Juden gebraucht[77], die, aus ihrem Heimatland vertrieben, in der Diaspora leben; 4) dabei ist Diaspora entweder die Aktion des Zerstreuens oder geographisch die Lage des Zerstreutseins; 5) das Leben der Juden in der Diaspora wird im allgemeinen ungünstig als Strafe beurteilt[78].

Im Neuen Testament finden wir das Wort dreimal. Joh. 7:35 fragen die Juden sich, auf das Wort Jesu hin, daß er irgendwo hingehen werde, wohin sie nicht kommen könnten: μὴ εἰς τὴν διασπορὰν τῶν Ἑλλήνων μέλλει πορεύεσθαι καὶ διδάσκειν τοὺς Ἕλληνας; In der Zürcher Bibel ist das übersetzt mit den Worten: "Will er etwa zu denen gehen, die unter den Griechen zerstreut leben, und die Griechen lehren?" Es hat hier eine geographische Bedeutung und soll im Licht des üblichen Gebrauchs bei den Juden, das wir aus der LXX kennen, so interpretiert werden, wie es in der gegebenen Übersetzung geschieht. Wahrscheinlich ist der Genitiv 'der Griechen' hinzugefügt, weil es natürlich auch in Babylon und Ägypten eine Diaspora gab und weil der Verfasser des 4. Evangeliums für die erste besonderes Interesse hatte (vgl. 12:20).

Das Präskript des Jakobusbriefes nennt als Adressaten die zwölf Stämme ἐν τῇ διασπορᾷ. Weil es ein christlicher Brief

---

[75] Vgl. Gal. 3:10 = Deut. 27:26.

[76] Ausnahmen sind nur die Stellen, wo der LXX-Ausdruck τὰς διασπορὰς τοῦ Ἰσραήλ zitiert wird.

[77] Ausnahmen sind einige Stellen, wo διασπορὰ τῶν ἐθνῶν sich auf Gen. 11:8-9 bezieht; siehe App. II.

[78] Dazu auch das Material in App. II.

ist, sieht die Mehrheit der Ausleger hier eine Umschreibung der christlichen Kirche als des neuen Gottesvolkes Israel[79]. Ob das richtig ist, sei dahingestellt. Sicher ist jedenfalls, daß die Verbindung mit den zwölf Stämmen deutlich auf Herkunft aus dem Judentum hinweist.

Auch bei der Adresse des 1. Petrusbriefes παρεπιδήμοις διασπορᾶς wird, wie schon erwähnt, gemeinhin an Christen, die als das Volk Gottes in der Welt zerstreut leben, gedacht. Diese Exegese habe ich in meinem Aufsatz über "Diaspora und Kirche in den ersten Jahrhunderten" bestritten, vor allem mit der Begründung, daß im christlichen Vokabular das Wort *diaspora* niemals für die Kirche gebraucht wird und daß sowohl im Judentum als bei den kirchlichen Schriftstellern *diaspora* ein festgeprägter und theologische geladener Begriff war[80]. Mit dem Material aus LXX und dem nachbiblischen Judentum werden wir uns in den beiden nächsten Vorlesungen eingehend beschäftigen. Aber vorausgreifend auf diese Erörterungen sei hier bereits gesagt, daß διασπορά auch dort nur in Zusammenhang mit dem Judentum und entweder für die Aktion des Zerstreuens oder für die als Einheit zusammengefaßten Auslandsjuden verwendet wird. Schon in der Pentateuch-Übersetzung der LXX wird es so gebraucht (Deut. 28:25; 30:4).

Fassen wir unsere bisherige Beobachtungen zusammen, dann ergibt sich folgendes: Ein in griechischen Schriften erst ziemlich spät begegnendes Substantiv wird in der jüdischen und christlichen Literatur ziemlich oft in einem prägnanten Sinne gefunden. Das Wort kommt im profanen Gebrauch mit der Nuance von 'Auflösung' (in Atome) vor; aber da es so wenig Belege gibt, kann man natürlich noch nicht zuviel

---

[79] In den neueren englischsprachigen Kommentaren wird διασπορά meistens wieder auf die Juden bezogen.
[80] W. C. van Unnik, 'Diaspora' en 'Kerk' in de eerste eeuwen van het Christendom, in *Ecclesia. Een bundel opstellen aangeboden aan J. N. Bakhuizen van den Brink*, 's-Gravenhage 1959, 33-45, in englischer Übersetzung in W. C. van Unnik, *Sparsa Collecta* III, Leiden 1983, 95-105.

Gewicht darauf legen. Bei den christlichen Schriftstellern ist es (nahezu) ausschließlich von den Juden, die außerhalb Palästina leben (müßen), gesagt und dabei hat es bestimmt einen sehr ungünstigen Beigeschmack.

Ist diese Füllung des Wortes mit einem ungünstigen Beigeschmack eine christliche Zutat oder besser eine Gehässigkeit gegen das Judentum, wie z.B. Jules Isaac behauptet[81]. Bevor wir diese Frage sachgemäß zu beantworten in der Lage sind, soll erst das jüdische Textmaterial genauer untersucht werden. Wohl sei schon jetzt festgestellt, daß der im heutigen Sprachgebrauch übliche Bedeutungsinhalt (siehe oben) im Altertum nicht im Vordergrund steht; dort ist διασπορά auf das Judentum beschränkt und dann nicht von der Soziologie, sondern von der Theologie, wenn überhaupt, bestimmt[82]. Auch wird—das sei ausdrücklich bemerkt—das Wort auch von den Juden selbst gebraucht, wie aus der Wiedergabe bei Justin und Origenes (auch wohl aus Joh. 7:35) hervorgeht.

Weil das Wort διασπορά so typisch mit dem Judentum verbunden ist, wird es auch oft mit einem anderen gangbaren Ausdruck gleichgestellt, nämlich mit *galuth*, 'Exil'. Das liegt anscheinend auf der Hand. Seit Jahrhunderten wird in jüdischen Kreisen gesprochen und geschrieben von der *galuth*, wenn an die Verbannung Israels aus Palästina, an die Zustand des Volkes, das in vielen Ländern, fast über die ganze Welt, oft bedrängt und in sehr schwierigen Umständen zerstreut war und ist[83]. So sagt z.B. Billerbeck in seinem Kommentar zu Joh. 7:35 ganz einfach: "Dabei ist διασπορά = גולה, גלות, Aram. גלותא = Exil oder Exulanten"; dann gibt er einige Belegtexte, die das Wort *galuth* bieten und bemerkt schließlich noch, ohne damit irgendwelche Konzequenzen zu verbinden: "auch durch פזר wird das Zerstreuen Israels unter die Völker der Welt ausgedrückt, vgl. schon Esther 3:8"[84]. Schlatter hat noch etwas energischer das hebräische

---

[81] *L'enseignement du mépris*, Paris 1962, Kap. 1.
[82] Siehe unten, unsere Kapitel 3-5.
[83] H. H. Ben-Sasson, Galut, *Encyclopaedia Judaica* VII (1972) 275-294.
[84] [H. L. Strack-] P. Billerbeck, *Komm. z. N.T. aus Talmud und Midrasch* II, München 1924, 490.

und das griechische Wort gleichgeschaltet, denn mit Ausnahme von Ps. Sal. 8:34 sind alle seinen Parallelen in seinem Kommentar zu Joh. 7:35 nur Retroversionen, wobei er einfach גולה durch διασπορά übersetzt hat[85]. Ist das erlaubt?

Es mag so scheinen, denn *golah/galuth* ist der *terminus technicus* in der hebräischen-aramäischen Sprache des Judentums. So ist es noch heute. Das babylonische Exil ist das große und typische Vorbild für die Situation des Judentums, die nach 70 n. Chr. die gleiche ist wie sie es nach 586 v. Chr. war. Nun hat in der geschichtlichen Entwicklung das jüdische Volk schon vor 70 n. Chr. in die fremde Welt ziehen müßen, gezwungen oder freiwillig. Das hieß auf Griechisch διασπορά, und dieser Begriff hat sich auch in der wissenschaftlichen Sprache eingebürgert. So werden die Wörter auch von jüdischen Autoren in mir zugänglichen Schriften promiscue gebraucht. Amerikanische Reformjuden transkribieren das Wort *diaspora* auch ins Hebräische, weil sie des Wortes *golah* los werden möchten und *diaspora* ihrer Meinung nach einen nicht so elenden Klang hat wie *golah*. Die Frage, ob diese Auffassung richtig ist im Lichte der griechischen Sprache werden wir unten noch weiter prüfen. Wie dem auch sei, die Begriffe haben anscheinend in den beiden betreffenden Sprachen dieselbe Witrklichkeit und Sache im Auge, und deshalb scheint diese Gleichstellung gerechtfertigt. K. L. Schmidt schließt sich denn auch bei Schlatter und Billerbeck an und bemerkt: "Das hebräische Wort, das διασπορά entspricht, heißt גולה"[86].

Aber eigentlich ist diese Bemerkung Schmidts sehr befremdend. Teilt doch derselbe Verfasser in eben demselben Abschnitt mit, daß die LXX für den Stamm גלה und Derivata im hebräischen AT ganz andere Übersetzungen bietet, wie αἰχμαλωσία, ἀποικισμός, μετοικεσία, παροικία, und damit verbundenen Verba. Und auf derselben Seite hat er zuvor aus einem Vergleich von den Stellen, wo διασπορά sich in in der

---

[85]   A. Schlatter, *Der Evangelist Johannes. Wie er spricht, denkt und glaubt*, Stuttgart 1960 (3. Aufl.), 198.
[86]   *TWNT* II 99.

LXX findet, mit dem Grundtext den Schluß gezogen: "Unser Überblick über die LXX-Stellen zeigt, daß dem griechischen Wort διασπορά, das als terminus technicus ersichtlich ist, bei den Mas(oreten) *kein* entsprechender hebräischer Terminus gegenübersteht". Dieser Schluß ist ganz richtig, wie durch einen Blick in die Konkordanz von Hatch und Redpath bestätigt wird; er wird auch von anderen Gelehrten unterschrieben[87].

Was besagt dieser Sachverhalt? Er kann nicht dazu führen jetzt mit Schmidt die Frage zu stellen: "Wie ist es gekommen, daß die griechischen Juden immer mehr auf diese prägnanten Ausdrücke verzichtet und, wie LXX zeigt, διασπορά vorgezogen haben?"[88]. Denn das zeigt eben die LXX nicht! Von einem Vorziehen kann schwerlich die Rede sein; davon könnte man sprechen, wenn an bestimmten Stellen Worte, die vom Stamme גלה abgeleitet sind, mit διασπορά wiedergegeben wären, wobei dann andere Möglichkeiten übergangen wären. Das ist aber nirgendwo der Fall. Die Übersetzer haben nicht "auf diese prägnante Ausdrücke verzichtet", sondern sie immer treu verwendet, wenn גלה und Derivate in der Bedeutung 'ins Exil führen' im Grundtext stand. Dabei kann gefragt werden, weshalb sie in bestimmten Fällen das eine oder das andere Wort, wie z.B. αἰχμαλωσία oder ἀποικία, gewählt haben. Und es soll bemerkt werden, daß diese Wörter auch in den nur griechisch überlieferten Büchern nicht vermieden worden sind.

Was lehrt uns dieser Tatbestand? Erstens, daß διασπορά niemals Übersetzung von גלה und seinen Derivaten sind. D. h., während 'Exil' mit verschiedenen Worten wiedergegeben ist, hat man doch *niemals* διασπορά oder διασπείρω gebraucht. Ist das rein zufällig? *Oder soll man nicht vielmehr sagen, daß die Übersetzer hier bewußt differenziert haben, weil für ihr Verständnis ein sachlicher Unterschied vorlag?* M.E. ist es nicht zu kühn, diese

---

[87] Z.B. Dieter Sänger, διασπορά, *EWNT* I (1980) 749. A. Paul, Une voie d'approche du fait juif, in J. Doré et al. (edd.), *De la Tôrah au Messie. Mélanges Henri Cazelles*, Paris 1981, 369.
[88] *TWNT* II 99.

Frage zu bejahen. Vielleicht darf hinzugefügt werden, daß auch im späteren Judentum dieser Unterschied bewahrt ist, wie aus dem Musaph-Gebet am Neujahrs- und Freudenfest hervorgeht. Da wird gebeten:

> Stoß in die große Posaune zu unserer Befreiung,
> und erhebe Panier zu unserer Exilierten (גליותנו) Sammlung,
> und bringe herbei unsere Zerstreuten (פזורינו) aus den
>   Völkern,
> und unsere Verstreuten (נפוצותינו) sammle von den Enden der
>   Erde
> und bringe uns (zurück) nach Zion[89].

Vgl. auch die bekannte 10. Bitte im *Schmone Esre:* "Stoß in eine große Posaune zu unserer Befreiung, erhebe ein Panier zu unserer Exilierten (גליותינו) Sammlung, gepriesen seist du, Ewige, der da sammelt die Zerstreuten seines Volkes Israel (נדחי עמו ישראל)". Hier stehen deutlich גליותינו und פזורינו/נפוצותינו/נדחי in einem gewissen Parallelismus, aber doch unterschieden nebeneinander, und während גלה in der LXX niemals mit διασπορά/διασπείρω übersetzt wird, findet man diese griechischen Wörter eben als Wiedergabe von drei anderen[90]. Auch in Ps. Sal. 9:1-2 (s. oben) finden sich die Begriffe nebeneinander. Ihr semasiologisches Verhältnis braucht hier nicht untersucht zu werden; es genügt eben festzustellen, daß es einen Unterschied gibt, dessen man sich deutlich bewußt war.

Zweitens: diese LXX-Dolmetscher lasen in ihrem hebräischen Grundtext verschiedene, etymologisch nicht verbundene Wörter (an 10 Stellen nicht weniger als 7 verschiedene Substantive [2 nicht im MT]; 12 für das Verbum)[91], die sie alle unter dem einen Begriff διασπορά/διασπείρω zusammengefaßt haben. Mit dem Wort διασπορά haben sie dann ein in der griechischen Sprache nicht sehr geläufiges Wort aufgegriffen. An sich ist das Wort freilich, wie wir oben feststellten,

---

89   *The Hirsch Siddur,* Jerusalem-New York 1969, 644.
90   E. Hatch–H. A. Redpath, *A Concordance to the Septuagint,* Oxford 1897, I 310-1.
91   Hatch–Redpath, *ibid.* Siehe auch G. Quell, σπέρμα κτλ., *TWNT* VII 539-540.

gut griechisch. Die LXX-Übersetzer haben es in ihr Vokabular aufgenommen und in einen bestimmten Zusammenhang hineingestellt. *Während der Grundtext noch keinen feststehenden Begriff kennt, haben sie mit diesem Substantiv einen solchen Begriff geschaffen.* Das muß eine bewuste Tat gewesen sein, und man darf ruhig annehmen, daß die Juden in Alexandrien dazu kamen, weil sie in einer Situation standen, die die in Palästina lebenden alten Bibelschreiber noch nicht gekannt hatten. Eben in der 'Diaspora'. Sie haben damit die Lage ihres Volkes als etwas anderes als eine 'Gefangenschaft', ein 'Exil' oder eine 'Deportation' u.s.w. charakterisiert, Begriffe, die *auch* in der griechischen Geschichte und Sprache bekannt waren.[92] Sie wählten dieses etwas abseitige, besondere Wort, weil eben ihre Lage von solch anderer Art war, daß sie nicht in den bekannten Kategorien gefaßt werden konnte. Vielleicht hatte das den Nachteil, für Griechen nicht verständlich zu sein, oder hatte es auch einen anderen Effekt. Jedenfalls nahmen sie dafür ein griechisches Wort, das durch ihre Tat eine bestimmte Prägung bekam, weil es auf eben diese spezielle Situation angewendet wurde. *Und diese ihre Tat hat Geschichte gemacht, die noch immer fortdauert!*

Dieser Tatbestand zeigt m.E. deutlich, daß die Juden, die dieses Wort in ihre Übersetzung aufnahmen und ihm so eine Prägung gaben, indem sie es weiter zur Angabe ihrer Lage in der Welt außerhalb Palästinas verwendeten, *damit ihr Verständnis—also das Selbstverständnis der Diaspora—zum Ausdruck gebracht haben!* Sie haben ihre Lage nicht als 'Exil' beschrieben, sondern als etwas anderes. Was war dann dieses 'Andere'?

Bevor wir zur Beantwortung dieser Frage übergehen, wollen wir einmal das Verbum διασπείρειν etwas näher betrachten, zumal es, wie sich in der LXX zeigen wird, so eng mit διασπορά verbunden ist (siehe auch oben über Epikur und die Wiedergabe seiner Worte durch Plutarch) und weil διασπορά auch die Tat des διασπείρειν ausdrückt. Was bedeutet dieses Kompositum? Liddell-Scott-Jones geben verschiedene

---

[92] LSJ *s.vv.* αἰχμαλωσία, ἀποικισμός, φυγή, etc.

Möglichkeiten für διά + Verbum, nämlich "through, of space", "in different directions, asunder, at variance", "pre-eminence", "completion, to the end, utterly"[93]. In welcher Richtung sollen wir suchen? Moulton and Howard nehmen bei der Besprechung dieser Frage für διά die Bedeutung von "*dis*, between, to and fro" an[94]; also διασπείρειν = aussäen. Aber entscheidend ist immer die Satzzusammenhang. Welche Farben sind auf der Palette dieses Wortes? Ich habe eine Anzahl von Beispielen gesammelt, die natürlich bei weitem nicht vollständig, sondern hoffentlich doch einigermaßen representativ ist, jedenfalls vollständiger als das, was bis heute zusammengebracht ist[95]. Mir sind noch keine Texte mit buchstäblicher Bedeutung begegnet: das Aussäen der Saat durch den Bauer. Es wird gebraucht von 'verbreiten', z.B. eines Namens, einer Nachricht, der Natur, die sich auf verschiedenen Wesen ausgebreitet hat, der Sonnenstrahlen weit umher, der Baarthaaren auf der Backen[96]. Hier hat es kein besondere Nuance.

Bei den folgenden Beispielen, bei denen es sich um Soldaten handelt, die sich in einem Gebiet verbreiten, kann man fragen, ob hier ein einfaches Faktum mitgeteilt wird oder aber, ob hier nicht eine spezielle Schattierung mitspielt. In sehr vielen Fällen hat διασπείρειν eine ungünstige Bedeutung: in Teile auflösen, die keine Verbindung mitein-ander haben. Das zeigte sich schon in den Beispielen, die aus Epikur angeführt wurden. (s. oben). Aus derselben Schule stammt ein Wort von Demokrit (bei Plutarch, *Adv. Coloten* 8, 1110F-1111A)[97]: οὐσίας ἀπείρους τὸ πλῆθος ἀτόμους τε καὶ ἀδιαφθόρους, ἔτι δὲ ἀποίους καὶ ἀπαθεῖς ἐν τῷ κενῷ φέρεσθαι διεσπαρμένας, und wenn diese Atome sich sammlen, φαίνε-

---

[93] LSJ 389.

[94] J.H. Moulton–W.F. Howard, *A Grammar of New Testament Greek* II, Edinburgh: Clark, 1919, 300-303.

[95] Dieser Satz wurde geschrieben lange bevor die Möglichkeiten vom modernen 'word-search' durch den Ibycus mit dem TLG CD-Rom denkbar waren.

[96] LSJ *s.v.* διασπείρω.

[97] Nr. 68A57 in H. Diels–W. Kranz, *Die Fragmente der Vorsokratiker*, Berlin 1961 (10. Aufl.).

σθαι τῶν ἀθροιζομένων τὸ μὲν ὕδωρ, τὸ δὲ πῦρ, τὸ δὲ φυτόν, τὸ δ' ἄνθρωπον. Hier liegt die Schulsprache der Epikuräer vor, aber nicht nur diese. Der erste Autor, bei dem das Verbum bis heute nachgewiesen ist, liefert dafür einen interessanten Beleg. Herodotus III 68 erzählt, wie Otanes den Pseudo-Smerdis nicht vertraut; deshalb versucht er, sich durch seine Tochter bei Atossa zu erkündigen, aber das Mädchen sagt, daß sie mit der Königin-Mutter keine Kontakt habe, denn unmittelbar nach seiner Machtergreifung der Mann διέσπειρε ἡμέας ἄλλην ἄλλη τάξας. Bei Plato, *Leges* III 699d, wird gesagt: ἕκαστος σκεδασθεὶς ἄλλος ἄλλο διεσπάρη. Ein spätes Beispiel liefert Porphyrius, *Vita Pythag.* 58: nach dem Tode des Pythagoras wurden nur sehr wenige seiner Schriften bewahrt durch seine Anhänger, die auseinander flüchteten, μονωθέν-τες γὰρ ... διεσπάρησαν ἄλλος ἀλλαχοῦ, τὴν πρὸς ἀνθρώπους κοινωνίαν ἀποστραφέντες. Lukian, *Toxaris* 33, sagt von Gefangenen, die sich mit Gewalt befreit haben: ἔνθα ἐδύναντο ἕκαστος διασπαρέντες, ὕστερον συνελήφθησαν οἱ πολλοί. Sophokles und Thukydides verwenden διασπείρειν um Verschwendung von Kräften anzugeben. Andere Beispiele in dieser Anmerkung[98] zeigen dieselbe Bedeutungsschattierung: zerstreuen in einzelne Teile zur Vernichtung. Wer sich 'zerstreut', läuft Gefahr als Einzelner. Wenn also Epikur in seiner Lehre διασπορά von den Atomen gebrauchte, dann ist das kein ihm eigentümlicher Sprachgebrauch; vielmehr schließt er sich einer im Griechischen geläufigen Bedeutung des Wortes *in malam partem* an.

In dieser Übersicht habe ich keine Beispiele aus der jüdisch-hellenistischen Literatur aufgenommen, weil sie gesondert behandelt werden müßen, um festzustellen, wie sie sich zum Gebrauch im profanen Griechischen verhalten. Nur ein Zitat, das für die Synonymik besonders wichtig ist, weil es das Verhältnis von σπείρειν und διασπείρειν deutlich umschreibt, sei hier gegeben. Philon schreibt *De confusione linguarum* 196 folgendes: "Deshalb heißt es auch: 'Es zerstreute sie der Herr von dort' [Gen. 11:8], was soviel besagt als: er

---

98 Siehe Appendix II.

zersprengte, vertrieb, ließ schwinden, denn das Streuen bewirkt Gutes, *das Zerstreuen aber Böses*, jenes nämlich hat Zunehmen, Vermehrung und Wachstum des anderen zum Zwecke, *dieses dagegen Vernichtung und Auflösung*. Gott der Pflanzer will aber die Rechtschaffenheit in das All streuen, dagegen die verdammenswerte Unfrömmigkeit zerstreuen und aus dem Weltstaat verbannen, damit die tugendfeindlichen Sinnesarten endlich einmal aufhören, die Stadt und den Turm der Gottlosigkeit zu bauen"[99]. Wahrscheinlich hat Philon diesen Unterschied in der Schule des Grammatikers gelernt und von dorther übernommen. Es ist ganz eindeutig und klar: das Wort διασπείρειν hat eine ungünstige, unheilsvolle Bedeutung. Es ist pikant, daß wir diese schöne Erklärung des Verbums eben dem Diaspora-Juden Philon verdanken. Und wenn wir uns fragen, was die Andeutung 'Diaspora' für die Juden bedeutet hat, ist es gut zu wissen, welche Töne in διασπείρειν mitklangen.

---

[99] Der griechische Text in Appendix II.

III. "DIASPORA" IN DER GRIECHISCHEN ÜBERSETZUNG VON "GESETZ, PROPHETEN UND SCHRIFTEN"

Wenn wir uns jetzt der Frage zuwenden, wie das Judentum in der hellenistisch-römischen Zeit, so etwa zwischen 300 v. Chr. und 100 n. Chr., über die Diaspora gedacht hat, dann müssen zur Beantwortung dieser Frage nicht nur die Schriften, die in diesem Zeitraum entstanden sind, herangezogen werden, sondern auch die griechische Übersetzung von 'Gesetz und Propheten'. Mit Absicht wird hier nicht von der Septuaginta gesprochen, weil diese viele Schriften umfaßt, die eben in der Zeit, als die Diaspora, von der wir reden, schon eine Wirklichkeit war, entstanden sind. Vielmehr sind hier die Bücher gemeint, die schon früher, teilweise viel früher, entstanden waren und später im Judentum kanonisches Ansehen bekommen hatten. Obwohl das Problem der Kanonisierung des Alten Testaments noch in mancher Hinsicht nicht aufgehellt ist, so steht doch fest, daß um 200 v. Chr. 'Gesetz und Propheten' schon eine besondere Stellung im Judentum einnahmen. Spricht doch der Enkel des Jesus Sirach in seiner berühmten Vorrede von seinem Großvater als von einem Mann, "der sich sehr dem Lesen des Gesetzes, der Propheten und der anderen Bücher der Vorfahren gewidmet hat"[100]. Der Inhalt der letzten Kategorie ist ganz unsicher, aber dem Zeugnis des viel späteren Lukasevangeliums (24:44: "im Gesetz des Mose und in den Propheten und Psalmen") kann man entnehmen, daß die Psalmen und vielleicht auch die Sprüche und Prediger dazu gehörten.

Diese Bücher waren nicht 'historisch', gehörten nicht einer grauen Vergangenheit an; sie waren lebendige Worte Gottes. Sie wurden nicht gelegentlich gelesen, sondern regelmäßig. Das Gesetz Mosis insbesondere war auch in der Diaspora die Grundlage des jüdischen Lebens, die durch wochentliches Lesen und Studium der Tora fest eingeprägt

---

[100] Sir., Prolog 6-8.

wurde. Philon bezeugt das, wenn er schreibt: "So war es Augustus bekannt, daß sie [nämlich die Juden in Rom] Synagogen besassen und sich in ihnen versammelten, besonders am heiligen Sabbat, wenn sie öffentlich in der Philosophie ihrer Väter unterwiesen wurden"[101]. Und Lukas läßt den Jakobus sagen: "Moses hat von alten Zeiten her in allen Stätten die ihn verkündigen, indem er in den Synagogen an jedem Sabbat gelesen wird" (Apg. 15:21). Diese Schriften waren nicht Zeugen der Vergangenheit, sondern richtungweisend für Gegenwart und Zukunft.

Wir brauchen uns hier nicht mit der verwickelten Entstehungsgeschichte der griechischen Übersetzung zu befassen; es genügt festzustellen, daß schon um 130 v. Chr. eine Übertragung von allen drei Gruppen von Schriften vorlag, wie der Siracide berichtet[102]. Wahrscheinlich hatte man schon früh, Anfang des 3. Jahrhundetrts v. Chr., mit einer Übersetzung des Gesetzes begonnen. Wie immer auch die Septuaginta entstanden sein mag[103], sie zeugt von der Weise, in der das Wort Gottes in der Diaspora gelesen und verstanden wurde. Und als solche ist sie als Quelle zur Kenntnis des hellenistischen Judentums zu verwerten, auch in den Partien, wo sie reine Übersetzung älterer, vorexilischer Schriften ist. In seiner Vorrede, einem höchst interessanten Dokument antiker Übersetzungsarbeit, wies der Siracide auch auf einen Unterschied hin: "Denn nicht hat es ganz den gleichen Sinn, wenn etwas ursprünglich hebräisch ausgedrückt ist und dieses dann in einer anderen Sprache übertragen wurde; ... auch das Gesetz selbst, die Weissagungen und die übrigen Schriften lauten ganz anders in ihrer ursprünglichen Fassung".

Wir bemerkten schon vorher, daß διασπορά eine Wiedergabe sehr verschiedener hebräischer Wörter ist. Ob die

---

[101] *Legatio ad Gaium* 156.
[102] Sir., Prolog.
[103] E. g. O. Eissfeldt, *Einleitung in das Alte Testament*, Tübingen 1964 (3. Aufl.), 951-971; S. Jellicoe, *The Septuagint and Modern Study*, Oxford 1968, 29-73; M. Harl, G. Dorival, O. Munich, *La Bible grecque des Septante*, Paris 1988, 39-82; E. Tov, *Biqqurat nusach hamiqra*, Jerusalem 1989, 106-118.

Diaspora-Juden sich dessen bewußt waren, kann dahingestellt bleiben; sicher ist es, daß sie in ihrer Bibel nicht diese Vielfalt hörten, sondern nur das eine Wort 'Diaspora' an allen Stellen. Somit werden wir in unseren Betrachtungen von den LXX-Texten ausgehen. Auch werden wir die Stellen, wo das Verbum διασπείρω gebraucht ist, mit in Betracht ziehen. Karl Ludwig Schmidt hat das unterlassen und dadurch, wie sich zeigen wird, bedeutende Teile der Diasporavorstellung außer Acht gelassen.

Anhand der Texte wollen wir jetzt prüfen, welches Urteil das Judentum in seiner heiligen Schrift vorfand. Besteht hier die Zweiteilung zurecht, die F. Rendtorff, dem K. L. Schmidt sich fast ganz angeschlossen hat, mit folgenden Worten beschrieb: "Die jüdische Diaspora erscheint im Lichte des prophetischen Urteils (Jes. 35:8; Jer. 23:24; Ezech. 22:15) als Auswirkung göttlicher Strafgerichte und darum als Fluch, und *erst hellenistischer Optimismus* beurteilt die D. anders (...). So hat auch die Septuaginta (...) den furchtbaren Ernst aller jener hebräischen Ausdrücke, die das göttliche Zerstreuungsgericht über Israel schonungslos aufdecken, *mit dem Schleier des Wortes* διασπορά *verhüllt*"[104]. Hier wird also zwischen der Zeit der Propheten und der Septuaginta, zwischen einer Auffassung von 'Diaspora' als Gericht und als einer Ursache zu Optimismus unterschieden. Ist diese Beurteilung des Sachverhaltes richtig? Zwei Randbemerkungen zu dieser Ansicht Rendtorffs dürfen wir gleich anschließen:

a) Worauf stützt sich die Meinung, daß διασπορά eine verschleiernde Wiedergabe ist? Sprachliche Beweise werden nicht beigebracht, so daß nicht deutlich wird, woher diese Interpretation stammt. Wenn man den griechischen Sprachgebrauch im Auge behält, dann wäre es doch wohl angebracht gewesen, an einigen Beispielen zu zeigen, daß die LXX den gewöhnlichen Bedeutungsinhalt umgebogen habe. Wahrscheinlich hat Rendtorff nicht gewußt, welche Gedankenassoziationen mit dem Wort διασπείρειν verbunden waren, und so hat er seine 'neutrale' Auffassung auch für die

---

[104] RGG I² 1918.

griechische gehalten. Dazu darf auch gefragt werden, wieso dieser 'hellenistische Optimismus' so plötzlich als Erklärung auftreten kann. War der Hellenismus ohne weiteres optimistisch?

b) Weil Rendtorff also zu schnell über eine Seite seines Schemas und Gegensatzes (Propheten<>Septuaginta) gesprochen hat, ist es sehr fraglich, ob diese zu Recht besteht. Wenn wir nun die Septuaginta befragen, wollen wir den methodischen Fehler, der durch dieses historische Schema nahegelegt wird, vermeiden. Die Juden, die die LXX lasen, haben ihre Heilige Schrift nicht historisch in unserem Sinne, geschweige denn historisch-kritisch gelesen. Sie wußten nicht von Pentateuchkritik und Traditionsgeschichte. Für sie waren nicht die Propheten die ersten und vornehmsten Gotteszeugen, sondern erst kam das Gesetz in seiner Ganzheit der fünf Bücher Mosis, und dann nachher, in der Nachfolge des Gesetzes, die Propheten auch als Einheit. Man war nicht darum bemüht, festzustellen, ob ein Wort aus dem 10., dem 8. oder dem 6. Jahrhundert stammte, ob es vor- oder nachexilisch war, 'echt' oder 'unecht' war, sondern man las es als Gottes Wort mit vielleicht sonderbaren Exegesen, aber doch als Einheit von Genesis 1:1 an. Für ein richtiges Verständnis der Auffassung von διασπορά sollten wir also dasselbe tun und mit dem Gesetz anfangen.

a) *Im Gesetz*

1) Gen. 9:19, nach Aufzählung der Söhne Noachs: ἀπὸ τούτων διεσπάρησαν ἐπὶ πᾶσαν τὴν γῆν, als Subjekt ist wohl anzunehmen 'die Menschen'.

2) Gen. 10:18, nachdem erzählt ist, welche Leute von Kanaan gezeugt waren, μετὰ τοῦτο διεσπάρησαν αἱ φυλαὶ τῶν Χαναναίων. Im nächsten Vers werden dann die Grenzen genannt. Also: die Stämme verbreiteten sich im Lande Kanaan.

3) Gen. 10:32, am Ende der Völkertafel; die Nachkommen Noachs sind aufgezählt - ἀπὸ τούτων διεσπάρησαν νῆσοι τῶν ἐθνῶν ἐπὶ τῆς γῆς, nach der Sintflut. Die Lesung νῆσοι ist

hier eine Besonderheit der LXX, denn der masoretische Text liest: "und von diesen an verzweigten sich die Völker auf der Erde". Vgl. V.5 "Von ihnen haben sich die Inselvölker abgezweigt", wo LXX ἀφωρίσθησαν νῆσοι τῶν ἐθνῶν liest, aber im MT genau derselbe Ausdruck wie in V.32 vorliegt. Vielleicht war das auch der Fall in der Vorlage.

In diesen drei Stellen hat das Wort an sich und auch in dem Zusammenhang keine ungünstige Bedeutung; es ist gleich: sich verbreiten. Aber im nächsten Kapitel ist es anders:

4) Gen. 11:4, die Turmbauer von Babel planen, eine Stadt und einen Turm zu bauen, und sie sagen zueinander: ποιήσωμεν ἑαυτοῖς ὄνομα πρὸ τοῦ διασπαρῆναι ἐπὶ προσώπου πάσης τῆς γῆς. N.B.: LXX πρό anstelle von "damit nicht".

5) Gen. 11:8, Gott verwirrt ihre Pläne und Sprache, καὶ διέσπειρεν αὐτοὺς κύριος von dort über die ganze Erde.

6) Gen. 11:9, die Stadt heißt Babel, weil der Herr da selbst die Lippen aller Welt verwirrte καὶ ἐκεῖθεν διέσπειρεν αὐτοὺς κύριος ὁ θεὸς ἐπὶ πρόσωπον πάσης τῆς γῆς. Hier wird nicht einfach die Ausbreitung geschildert, sondern die Strafe Gottes, weil die Leute bis zum Himmel vordringen wollten. Der Text von V. 4 suggeriert, wie Philon ausführt[105], daß sie ihre Strafe schon im voraus geahnt haben.

7) Gen. 49:7, Fluchwort über Simeon und Levi: διαμεριῶ αὐτοὺς ἐν Ἰακώβ καὶ διασπερῶ (A: διασκορπιῶ) αὐτοὺς ἐν Ἰσραήλ.

8) Ex. 5:12, die Israeliten sind gezwungen, neben ihrer gewöhnlichen Sklavenarbeit auch noch Stroh zu sammeln: "καὶ διεσπάρη ὁ λαός im ganzen Land Ägypten, um Stroh zur Häckerling zu sammeln". Hier bedeutet es: nach allen Seiten ausschwermen, aber zugleich ist es eine Strafmaßnahme Pharaos.

9) Lev. 26:3-13 beschreibt den Segen, den der Herr geben wird, wenn Israel seine Gebote hält, und dann Vv. 14-39 den Fluch, der kommen wird, wenn das Volk Gottes Gebote nicht hält und den Bund bricht. Dieser Fluch vollzieht sich in

---

[105] Philo, *De confusione linguarum* 118-121.

verschiedenen Phasen, die immer schwerer werden, wenn
das Volk sich durch die erste Züchtigung nicht bekehrt: erst
Krankheiten und Niederlage; dann: keine Ernte wegen
Dürre; danach: Pest, Feinde, Hungersnot; dann: Kannibalis-
mus und Verwüstung ihrer Städte und Heiligtümer durch
Gottes Hand. Vv. 32-3: "Ich selbst werde das Land verwüsten,
so daß eure Feinde, die es in Besitz nehmen, sich darüber
entsetzen. (33) Καὶ διασπερῶ ὑμᾶς εἰς τὰ ἔθνη und das
Schwert wird ausgehen und euch verzehren und ihr Land
soll zur Wüste werden". Die Herzen von denen, die im
Feindeslande übriggeblieben sind, werden voller Angst sein,
"und ihr werdet unter den Heiden umkommen und das Land
eurer Feinde wird euch verzehren" (38). Die Übriggebliebenen werden im Lande der Feinde wegen der Sünden
vermodern. Aber wenn das Volk sich unter den Züchti-
gungen bekehrt, werden sie zwar die Strafe für ihre Sünden
erleiden, aber Gott wird des Bundes mit den Erzvätern
gedenken. "Doch auch dann, wenn sie im Lande ihrer
Feinde sind, verwerfe und verabscheue ich sie nicht so, daß
ich sie ganz vertilge" (44).

Das fundamentale Verhältnis zwischen Gott und Israel, der
Bund, steht in diesem großen Kapitel im Mittelpunkt. Es
werden hier die Folgen der Treue, bzw. Untreue Israels
vorhergesagt. Bei den angedrohten Strafen kommt als letzte
Phase die Zerstreuung durch Gottes eigenes Eingreifen
(διασπερῶ): sie werden aus ihrem Lande vertrieben werden
und umkommen im Lande der Feinde. Es ist hier also nicht
von einer allgemeinen Ausbreitung die Rede, sondern von
einer letzten Strafe; Zerstreuen ist nicht eine Tat der Feinde,
sondern Gottes; es ist nicht Rettung, sondern die Einleitung
zum Untergang. Ja, es gibt am Ende noch eine Aussicht, aber
nur nach Umkehr und Abtragung der Schuld, denn Gott
bleibt der Gott des Bundes. Hier sind mit διασπείρω die
trübsten Aussichten des letzten Strafgerichtes verbunden.

10) Deut. 4, in einer Ermahnung zur Gesetzestreue wird
gesagt, daß, wenn Israel in Kanaan den Götzen dienen sollte,
sie gänzlich vertilgt werden sollen. V.27, καὶ διασπερεῖ Κύριος

ὑμᾶς ἐν πᾶσιν τοῖς ἔθνεσιν, καὶ καταλειφθήσεσθε ὀλίγῳ ἀριθμῷ ἐν τοῖς ἔθνεσιν εἰς οὓς εἰσάξει Κύριος ὑμᾶς ἐκεῖ. Dort werden sie auch den Götzen dienen müßen. Dann folgt ein Aufruf, Gott zu suchen und sich zu Ihm zu wenden, denn Er ist barmherzig: Er wird sie weder verlassen noch sie verderben; er vergißt seinen Bund nicht. In diesem Kapitel wird stark die Güte, die der Herr Israel bewiesen hat, hervorgekehrt. Die einzige Strafe, die erwähnt wird, ist eben die Zerstreuung, die Gott wieder selbst ausführt: Er tut es und nur wenige bleiben übrig.

11) In Deuteronomium 28 werden wieder bei einer zweiten Bundesschließung im Lande Moabs (V. 69) dem Volke Segen (Vv. 1-14) und Fluch (Vv. 15-68) vorgestellt. Obwohl in der Formgebung anders, erinnert der Inhalt stark, zuweilen mit wörtlichen Parallelen, an Lev. 26. Unter den Strafen, die das ungehorsame Volk bedrohen, wird zweimal von Zerstreuung gesprochen. V. 25 wird gesagt, wie der Herr sie schlagen wird vor ihren Feinden; sie werden auf sieben Wegen, in alle Richtungen, flüchten, und dann fährt die LXX-Text fort: καὶ ἔσῃ ἐν διασπορᾷ ἐν πάσαις ταῖς βασιλείαις τῆς γῆς. Das ist einer besondere Lesart oder Deutung der LXX, die διασπορά liest an Stelle von "Schreckensbild" im MT. Ist das eine Verschleierung? Wohl kaum, weil unmittelbar hinzugefügt wird: "ihre Leichen werden ein Fraß sein". Sie werden flüchten müßen und überall in der Welt zerstreut sein, was auf griechisch nicht anders verstanden werden konnte als: aufgelöst werden (S. oben S. 80). Man muß sagen, daß die LXX die Sache persönlicher gemacht hat: das Los von Israel ist nicht eine Ursache des Entsetzens für die Völker, vielmehr empfinden die Israeliten selbst es so. Man kann nicht übersehen, wie hier von εἶναι ἐν διασπορᾷ die Rede ist. Das lasen eben die Menschen, die selbst außerhalb Palästinas "in allen Königreichen der Erde" lebten!

Am Ende des Kapitels kehrt der Gedanke wieder: wenn das Volk nicht alle Worte des Gesetzes erfüllt, so wird der Herr sie mit ausgesuchten Plagen heimsuchen (Vv.58ff); es werden nur wenige übrigbleiben. V.63 wird gesagt: "So wird der Herr dann seine Lust daran haben, euch zu vernichten und euch zu vertilgen, so daß ihr herausgerissen werdet aus dem Lande, in das du ziehst, um es zu besitzen"; und dann verfolgt V.64: καὶ διασπερεῖ σε Κύριος ὁ θεός σου εἰς πάντα τὰ ἔθνη ἀπ' ἄκρου τῆς γῆς ἕως ἄκρου τῆς γῆς. Dort werden sie fremden Göttern dienen; ohne Ruhe werden sie dort in Angst leben (Vv. 65-67). Inhaltsschwer und vielbesagend ist dann das Ende: "Der Herr wird dich wiederum zu Schiff nach Ägypten bringen und auf dem Wege, von dem ich gesagt habe, daß du ihn nicht mehr sehen solltest, und ihr werdet dort als Sklaven und Sklavinnen verkauft werden" (V.68). Auch hier ist die Zerstreuung in alle Welt wieder eine Strafe, die Gott selbst ausführt und die das Volk ins Elend bringen wird. Hier wird nicht am Schluß, wie in Lev. 26, eine Aussicht auf Wiederkehr nach Buße gegeben. Doch fehlt dieser Gedanke in Deuteronomium nicht.

12) In Deut. 30:1ff. heißt es: "Und es wird geschehen, wenn alle diese Worte über dich kommen, der Segen und der Fluch, ..., und du nimmst sie dir zu Herzen unter allen Völkern, οὗ ἐάν σε διασκορπίσῃ Κύριος ἐκεῖ, (2) und bekehrst dich zum Herrn, deinem Gott, und hörst auf seine Stimme ... von ganzem Herzen, (3) so wird der Herr deine Sünden genesen und sich deiner erbarmen (ἐλεήσει σε) und wird dich wieder sammeln (συνάξει) aus allen Völkern, εἰς οὓς διεσκόρπισέν σε Κύριος ἐκεῖ, (4) ἐὰν ᾖ ἡ διασπορά σου ἀπ' ἄκρου τοῦ οὐρανοῦ ἕως ἄκρου τοῦ οὐρανοῦ, ἐκεῖθεν συνάξει σε Κύριος ὁ θεός σου, ... (5) und der Herr dein Gott wird dich führen in das Land, das deine Väter als Erbbesitz hatten". Dann werden sie dort gesegnet werden, und der Fluch wird sich gegen ihre Feinde kehren. Gott wird ihr Herz reinigen, um Ihn zu lieben.

Dieser wichtige Passus verspricht also die Wiederkehr ins Land durch Gottes Wirken, wenn das zerstreute Volk sich bekehrt zum Gehorsam. 'Diaspora' ist hier soviel wie: "Alle Leute, die in der Zerstreuuung leben"; sie sind in diesen Zustand durch ihre Sünde und Gottes Tat, die hier mit διασκορπίζειν übersetzt ist, geraten. Im MT steht in V.1 das

Verbum נדח und in V.3 פזר, während διασπορά Wiedergabe von נדח ist. Auch anderswo im AT ist διασκορπίζειν ein Synonym von διασπείρειν. Später werden wir noch darüber zu sprechen haben. Man bemerke die weite Ausbreitung: 'vom einen bis zum anderen Ende des Himmels'.

13) Schließlich kommt das Verbum noch Deut. 32:8-9 vor: ὅτε διεμέριζεν ὁ ὕψιστος ἔθνη, ὡς διέσπειρεν υἱοὺς ᾽Αδάμ, ἔστησεν ὅρια ἐθνῶν κατὰ ἀριθμὸν ἀγγέλων θεοῦ (9) καὶ ἐγενήθη μερὶς Κυρίου λαὸς αὐτοῦ ᾽Ιακώβ. Die Formulierung mit ihrem Parallelismus erinnert an Gen. 49:7, wo sie ungünstig ist (oben S. 93), und Gen. 11:9, ebenfalls eine Strafe. Die Völker sind den Engeln unterstellt; demgegenüber tritt die Auserwählung Israels umso herrlicher ans Licht. Obwohl man diesen Text auch als eine faktische Information auffassen kann, weisen sowohl Formgebung als Inhalt auf etwas ungünstiges, das den Söhnen Adams widerfahren ist.

14) In demselben Lied des Mosis wird gesprochen, jetzt nicht als Möglichkeit, sondern als Tatsache, von Israels Treulosigkeit seinem Gott gegenüber durch Abgötterei. Deshalb sendet Gott allerhand Unglück (Hunger, Fieberglut, Pest, wilde Tiere, das Schwert). Deut. 32:28: εἶπα· Διασπερῶ αὐτούς, παύσω δὴ ἐξ ἀνθρώπων τὸ μνημόσυνον αὐτῶν. Diese letzte Strafe aber hat Gott nicht ausgeführt, damit die Heiden sich nicht rühmen. Hier wird deutlich auf Deut. 28 zurückgegriffen, aber das Letzte hat Gott nicht getan. Die Feinde sind hier wohl Instrument des Strafvollzugs, aber der Herr selbst ist der Strafende.

Fassen wir das bisher in den Torahstellen Gefundene zusammen, dann stellen wir fest: 1) in drei Texten hat das Wort eine 'neutrale' geographische Bedeutung, "sich ausbreiten"; 2) zweimal verbindet sich damit ein Nebenton von Strafe; 3) in den übrigen 9 Fällen ist das Zerstreuen die große endgültige Strafe Gottes. Sie stehen in markanten Zusammenhängen: Gen. 11 ist das Kapitel von der menschlichen Hybris, die durch Gott mit der Zerstreuung über die Erde bestraft wird; in Lev. 26 und Deut. 28 und 30 handelt es sich um das für Israels Existenz grundlegende Datum des Bundes zwischen

Gott und seinem Volk. Dabei sind fünf Momente konstitutiv: a) die Zerstreuung ist die *ultima ratio* der Drohungen Gottes um Israel bei der Bundestreue zu behalten; b) wenn Israel Gottes Gebotte übertritt und den Bund bricht, tritt der Fluch in Wirkung; c) Gott persönlich tut es, und nicht die Feinde; d) das Volk wird unter den Völkern und außerhalb des gelobten Landes im Elend leben und dahinschwinden; e) da Gott den Bund hält und barmherzig ist, wird er, falls das Volk sich bekehrt, es wieder ins Land der Väter zurückführen. In diesem Gebrauch von διασπείρειν und διασπορά als Unglück oder Auflösung finden sich dieselbe Bedeutungsschattierungen, die uns im profanen Griechisch begegneten. Hier ist das Wort aber in Verbindung mit dem Verhältnis zwischen Jahweh und seinem Volk gebracht. In der Diaspora wirkt sich der Fluch Gottes aus; nur Wiederkehr ins Land und dabei der Gehorsam bringt Segen.

b) *Bei den Propheten*
In den *Königsbüchern* wird διασπείρειν in verschiedenen Zusammenhängen gebraucht:

1) I Kön. 14:23 und 2 Kön. 18:8 von einem Kampf, der sich auf ein weites Gebiet ausbreitet.

2) I Kön. 14:34 von Botschaftern, die sich unter dem Volk in verschiedenen Richtungen ausschwärmen.

3) Wenn das Volk, das zusammen war, wieder nach Hause geht, so I Kön. 13:8: Saul wartet vergebens auf Samuel, und nach sieben Tagen verließ ihn sein Volk und "zerstreute sich": διεσπάρη ὁ λαὸς αὐτοῦ ἀπ' αὐτοῦ. So auch in 13:11; und sehr deutlich in II Kön. 20:22: nachdem der Krieg beendet ist, διεσπάρησαν ἀπὸ τῆς πόλεως ἀνὴρ εἰς τὰ σκηνώματα αὐτοῦ, und III Kön. 12:24: wenn man Rehabeam nicht als König anerkennen will, διεσπάρη πᾶς ὁ λαὸς ἐκ Σικίμων καὶ ἀπῆλθεν ἕκαστος εἰς τὸ σκήνωμα αὐτοῦ.

4) Von einem Heer, das geschlagen worden ist und flüchtet; so in I Kön. 11:11 von den Ammonitern, in deren Lager Saul eingedrungen ist: οἱ ὑπολελειμμένοι διεσπάρησαν καὶ οὐχ ὑπελείφθησαν ἐν αὐτοῖς δυὸ κατὰ τὸ αὐτό, ein interessanter

Zusatz, der das Zerstreuen gut erklärt. Ebenso IV Kön. 25:5 = Jer. 52:8: König Zedekia wird gefangen genommen und sein ganzes Heer διεσπάρη ἐπάνωθεν αὐτοῦ. In diesen Zusammenhang gehört auch III Kön. 22:17 = II Paral. 18:16, die Unglücksprophetie des Micha ben Jimla: "Ich sah ganz Israel διεσπαρμένον auf den Bergen wie eine Herde, die keinen Hirten hat"; da sie keinen Herrn haben, soll jeder in Frieden wieder heimkehren (V.18). Der letzte Vers erinnert an Texte, die oben besprochen sind; hier ist aber διασπείρειν deutlich vom Wiederheimkehren unterschieden; es ist gleich ein "zielloses Umherirren" mit dem sicheren Untergang vor Augen.

Das Verbum 'zerstreuen' wird an diesen Stellen also nicht in einem religiösen Zusammenhang gebraucht. Aber diese Texte zeigen klar, daß es die Bedeutung hat "in kleinste Teile auflösen" und dann oft in ungüstigem Sinne von einem zerschlagenen Heer, das auseinander fällt, wobei die einzelnen Krieger sich zu retten suchen.

Wenden wir uns jetzt den Schriftpropheten zu, und fangen wir mit Jesaja an.

Jes. 11:12 sagt, daß der Herr den Rest seines Volkes aus Assyrien, Ägypten und anderen Ländern werde loskaufen. "Er wird den Völkern ein Panier aufrichten καὶ συνάξει τοὺς ἀπολομένους Ἰσραὴλ καὶ τοὺς διεσπαρμένους Ἰούδα συνάξει ἐκ τῶν τεσσάρων πτερύγων τῆς γῆς. Der Parallelismus von 'Verlorene' und 'Zerstreute' ist hier vielsagend; es wird hier die Wiederkehr des zerstreuten Volkes angekündigt, die durch den Herr in der messianischen Zeit bewirkt wird.

In dem Anfang der Apokalypse Jes. 24:1 wird angekündigt, daß der Herr die Einwohner der Oikumene zerstreuen werde; es drückt das dritte Unheil aus nach 'verderben' und 'veröden'.

Der Text von Jes. 32:6 ist nich sicher überliefert; in der Lesung bei Rahlfs[106] wird der Tor bedenken τοῦ διασπεῖραι hungrige Seelen, eine sehr ungewöhnliche Redensart (Kodex A hat hier διαφθεῖραι, wohl Korrektur).

---

[106] Auch bei J. Ziegler, *Isaias* (Septuaginta XIV), Göttingen 1983, 236.

In Jes. 33 wird um Gottes Erbarmen gebetet; durch seine Stimme sind die Völker entsetzt und zerstreut.

Bei der Beschreibung von Israels Heimkehr in Kap. 35 sagt die LXX, daß die διεσπαρμένοι auf dem heiligen Weg gehen werden und nicht irregehen. Hier ist also namentlich an die Heimkehr der Diaspora gedacht, die jetzt gereinigt ist, eine bestimmte Interpretation, wie der Vergleich mit dem Grundtext zeigt. Im Hintergrund steht hier natürlich der Gedanke von Diaspora als Strafe, die in der eschatologischen Zeit wieder rückgängig gemacht wird.

Dem erlösten Volk wird 41:16 zugesagt, daß die Hügel wie Spreu gewannt werden sollen und daß der Sturmwind sie zerstreuen (διασπερεῖ αὐτούς) werde. Hier ist es nicht von Menschen gesagt; das Bild aber zeigt deutlich, welche Vorstellungen mit dem Wort verbunden werden konnten.

Das Substantiv διασπορά wird 49:6 verwendet: der Knecht des Herrn ist dazu geschaffen, um Jakob und Israel zu sammeln, συναγαγεῖν πρὸς αὐτόν (V.5); in V.6 wird das umschrieben mit den Worten τοῦ στῆσαι τὰς φυλὰς Ἰακὼβ καὶ τὴν διασπορὰν τοῦ Ἰσραὴλ ἐπιστρέψαι. Das Wort 'Diaspora' ist hier Interpretation der LXX (MT hat 'Geretteten'). Die Sache ist also bewußt auf eine bestimmte Situation angewendet. Gemeint sind hier die Israeliten, die in der Diaspora leben; sie kehren durch die Arbeit des Knechtes des Herrn wieder heim, wobei ἐπιστρέψαι hier die Rückreise ins gelobte Land bedeutet, die jedoch nur nach geistlicher Umkehr möglich ist.

Der Gedanke, daß Gott die Zerstreuten sammelt, ist hier solch ein fester Bestandteil der Zukunftserwartung, daß der Herr Jes. 56:8 ὁ συνάγων τοὺς διεσπαρμένους genannt wird.

In diesen Jesaja-Texten, die durch die Leser in der griechischen Welt nicht einem Deutero- oder Tritojesaja zugeschrieben wurden, wird das Volk nicht mit einer Strafe der Zerstreuung bedroht, sie hat sich bereits vollzogen und ist vorausgesetzt. Zum eisernen Bestand der Eschatologie gehört die Sammlung der Zerstreuten, die Rückkehr nach Jerusalem[107]. Nur die Oikumene wird mit Zerstreuung bedroht. Das διασπείρεσθαι ist wie Spreu weggeblasen werden.

Ist bei Jesaja das Zerstreutsein des Volkes Voraussetzung seiner Predigt, so steht bei Jeremia die drohende Ansage im Vordergrund. Zwar wird das Wort in 47[40]:15 in einem profanen Zusammenhang gebraucht, von Leuten, die sich um Gedalyahu gesammelt haben und nach dessen Tod zerstreut werden und zugrunde gehen, aber in allen anderen Texten ist es eine Gottestat zur Bestrafung. Weil das Volk sich nicht bekehren kann, da es das Schlechte gelernt hat, sagt der Herr (13:24): "So will ich sie zerstreuen (διασπερῶ) wie Stroh, das zerstiebt vor dem Wüstenwind"; das ist ihr Los und Teil. Dasselbe Bild 18:17: "Wie ein Sirocco will ich sie vor dem Antlitz ihrer Feinde zerstreuen (διασπερῶ); ich werde ihnen den Tag ihres Verderbens zeigen", weil sie Gott vergessen haben. Auch Jer. 14 wird das Urteil durch Tod (Pest?), Schwert, Hunger und Exil angezeigt. Gott wird sie wegen der Sünden Manasses allen Königreichen der Erde übergeben. Das Volk hat sich von Gott abgewendet; er wird sie verderben: καὶ διασπερῶ ἐν διασπορᾷ (15:7). Dies ist eine typische LXX-Übersetzung, denn MT liest: "Ich worfelte sie mit der Worfel". Das Wort hat der griechische Übersetzer also viel direkter auf die bekannte Vorstellung der Zerstreuung bezogen und mit dem ἐν διασπορᾷ für Leute, die dort lebten, noch unterstrichen. Sehr klar kommt das auch zum Ausdruck in 41[34]:17: das Volk hat die Sklavenfreilassung rückgängig gemacht und deshalb Gottes Namen entweiht; dann spricht der Herr mit starker Ironie: "So rufe ich nun Freilassung für euch aus ... zum Schwert, zum Tode (Pest?), zum Hunger, καὶ δώσω ὑμᾶς εἰς διασπορὰν πάσαις βασιλείαις τῆς γῆς. Das Hebräisch hat hier ein Wort für 'Entsetzen', aber die LXX sagt, daß als letzte Strafe die Diaspora kommen wird; in dieser Aufzählung erinnert vieles an Lev. 26 und Deut. 28. Über die ganze Erde wird diese Zerstreuung sein. Die Änderung in der LXX an diesen beiden Stellen ist sehr

---

[107] G. von Rad, *Theologie des Alten Testaments* II, München 1987 (9. Aufl.), 289ff.

markant und für Leute, die das Gotteswort nur im griechischen Gewand lasen, unzweideutig. Aber bei Jeremia las man auch ein Wort der Hoffnung und der Zusage in 39[32]:37: über die Stadt, von der man sagt "daß sie durch Schwert, Hunger und Wegsendung[108] in die Hand des Königs von Babel gegeben sei" sagt Gott: ἰδοὺ ἐγὼ συνάγω αὐτοὺς ἐκ πάσης τῆς γῆς οὗ διέσπειρα αὐτοὺς ἐκεῖ ἐν ὀργῇ μου καὶ ἐν θυμῷ μου καὶ ἐν παροξυσμῷ μεγάλῳ, καὶ ἐπιστρέψω αὐτοὺς εἰς τὸν τόπον τοῦτον. Dann wird die rechte Beziehung zwischen Gott und Volk wiederhergestellt werden. Die bekannten Worte 'versammeln' und 'wiederbringen' klingen hier nach den bekannten Termini der Bedrohung. Die Zerstreuung ist weitverbreitet (ἐκ πάσης τῆς γῆς = aus jedem Land, oder: aus der ganzen Welt). Schließlich ist noch bemerkenswert, daß bei Jeremia nicht nur Israel, sondern auch Elam und Ammon mit dieser Strafe bedroht werden.

Zusammenfassend stellen wir fest, daß bei Jeremia die Vorstellung auch ist, daß Diaspora eine, ja die letzte Strafe Gottes ist, eine Zerstreuung wie von Spreu; daß die Sünde sie veranlaßt hat, aber daß die Möglichkeit der Wiederkehr besteht. In der LXX ist durch die zugespitzte Übersetzung dieses Element der Diasporastrafe noch verstärkt.

Bei Ezechiel wird das Verbum viermal in Drohworten gegen Ägypten, dessen Macht gebrochen werden soll, gebraucht: in 29:12, 30:23.26 sagt Gott διασπερῶ Αἴγυπτον ἐν τοῖς ἔθνεσιν καὶ λικμήσω εἰς τὰς χώρας, und in 32:15: "Wenn ich Ägypten ins Verderben gebe und das Land verwüstet ist mit seiner Fülle, wenn ich all seine Einwohner zerstreue (διασπείρω), dann werden sie erkennen, daß ich der Herr bin". An der letzten Stelle steht im MT 'schlage', die LXX-Lesung zeigt also eine Änderung, die das Element der Zerstreuung als Strafe unterstreicht, vielleicht als Erinnerung an die anderen Drohworte gegen den Pharao und sein Land. In allen anderen Texten richtet das Wort sich gegen Israel,

---

[108] Das Wort ἀποστολή wird hier in sehr negativer Bedeutung verwendet.

mit einer Ausnahme, Kap. 34, wo die unglückliche Situation des Volkes, das keinen guten Hirten hat, beschrieben wird: V.5, "so zerstreuen sich (διεσπάρη) meine Schafe, weil kein Hirte da war, und wurden allem Getier des Feldes zum Fraße. (V.6) Auf allen Bergen und auf jedem hohen Hügel waren meine Schafe zerstreut (διεσπάρη), über das ganze Land waren meine Schafe zerstreut (διεσπάρη); doch es war niemand, der nach ihnen fragte, niemand, der sie suchte". Aber der Herr als der gute Hirte sucht seine Schafe auf und "wird sie von jedem Orte, wohin sie zerstreut wurden (διεσπάρησαν), weg-führen" (V.12). Gott wird sie aus den Völkern herausführen und sammeln (συνάξω) und sie wieder auf den Bergen Israels unter seiner Fürsorge weiden (V.13). Hier ist die Zerstreuung also die Schuld der Führer; aber es ist mehr als ein Bild; die Zusage der Rückführung durch Gott zeigt, daß hier der bekannte Gedanke von Zerstreuung und Wiederkehr vorliegt. Dieser ist auch bei Ezechiel bekannt. So in Ez. 11:16-17: "So spricht der Herr: ἀπώσομαι αὐτοὺς εἰς τὰ ἔθνη καὶ διασκορπιῶ αὐτοὺς εἰς πᾶσαν τὴν γῆν. (17) Ich werde sie aus den Völkern annehmen und sie sammeln (συνάξω) aus den Ländern οὗ διέσπειρα αὐτοὺς ἐν αὐταῖς", und danach wird eine geistige Erneuerung des Volkes stattfinden. Hier steht διασπείρω also parallel mit διασκορπίζω und 'verstoßen'. Der Prophet weiß, daß das Drohwort schon in Erfüllung gegangen ist und er verspricht im Namen des Herrn, daß Er, der zerstreut hat, auch zurückführen wird ins alte Land ein neues Volk. In Kap. 12 wird angekündigt, daß Jerusalem ins Exil und in die Gefangenschaft gehen wird; die Helfer des Königs wird Gott in alle Winde zerstreuen (διασπερῶ) "und sie werden erkennen, daß ich der Herr bin ἐν τῷ διασκορπίσαι με αὐτοὺς ἐν τοῖς ἔθνεσιν καὶ διασπερῶ αὐτοὺς ἐν ταῖς χώραις" (V.15). Einige wird Gott übrigbleiben laßen vor dem Schwert, dem Hunger und dem Tod (Pest), damit sie von den Ungerechtigkeiten erzählen. Eine teilweise Parallele dazu ist 17:21. In dem Zerstreuen wirkt sich der Zorn Gottes aus; Israel erleidet dasselbe wie Ägypten. Dadurch wird die Unreinheit weggenommen: καὶ διασκορπιῶ σε ἐν τοῖς ἔθνεσιν καὶ διασπερῶ σε ἐν ταῖς χώραις καὶ ἐκλείψει ἡ ἀκαθαρσία σου ἐκ σου (22:15; wieder die Parallelie mit διασκορπίζειν). Nach 20:23 hatte Gott schon in der Wüste dieses Urteil angesagt: "Ich erhob meine Hand gegen sie τοῦ διασκορπίσαι αὐτοὺς ἐν τοῖς ἔθνεσιν καὶ διασπεῖραι αὐτοὺς ἐν ταῖς χώραις", weil sie Gottes Gebote nicht getan haben. Hier findet sich also eine Bezugnahme auf Traditionen wie in Lev. 26 und Deut. 28, die für Leute, die "Gesetz und Propheten" lasen, unmißverständlich war. Auch bei Ezechiel findet sich das Schema der Zerstreuung durch Gottes Tat als Strafe für die Sünden des Volkes und der Zurückführung. Aber bei ihm ist es nicht nur eine Drohung; diese ist auch schon in Erfüllung gegangen.

Im *Dodekapropheton* steht nur ein Text, der in diesem Zusammenhang von Bedeutung ist. Joel 4(3):2 sagt: Gott wird die Völker sammeln im Tale Josaphats und sie richten um was sie getan haben an Israel, οἱ διεσπάρησαν ἐν τοῖς ἔθνεσιν (durch ihre Hand)[109]. Das ist also etwas Schreckliches, das sie dem Volke Gottes angetan haben. Die Völker sind offenbar nicht erlaubt, das zu tun. Man vergleiche damit andere Texte, wie Lev. 26 und Deut. 28, wo Gott selber das Volk zerstreut.

c) *In den übrigen Schriften*
Psalm 43(44):12: "Du gabst uns hin wie Schafe zum Fraß καὶ ἐν τοῖς ἔθνεσιν διέσπειρας ἡμᾶς". Dieser Text zeigt die aus Gesetz und Propheten bekannte Vorstellung (vgl. auch V.10 ἀπώσω καὶ κατήσχυνας ἡμᾶς). Gott hat sie zum Spott und zur Schmach und zu einem Sprichwort unter den Völkern gemacht, was sehr ausführlich beschrieben wird. Um Erlösung wird gebetet.

Psalm 146(147):2: Gott wird jauchzend gepriesen; er baut Jerusalem auf καὶ τὰς διασπορὰς Ἰσραὴλ ἐπισυνάξει—dieses Futurum ist neben dem Präsenz des vorhergehenden οἰκοδομῶν und des nachfolgenden ἰώμενος auffallend; die Sammlung ist also eine zukünftige Tat. Auch dieser Gedanke

---

[109] Dazu H. W. Wolff, *Dodekapropheton 2: Joel und Amos* (BK XIV 2), Neukirchen 1975 (2. Aufl.), 92.

ist uns schon bekannt. Interessant ist auch der Plural τὰς διασπορᾶς, also in vielen Ländern[110].

In Esther 3:8 wird das jüdische Volk durch den Erzfeind Haman mit diesen Worten beschrieben: "Es gibt ein Volk διεσπαρμένον ἐν τοῖς ἔθνεσιν ἐν πάσῃ τῇ βασιλείᾳ σου· Ihre Gesetze sind anders als die aller übrigen Völker, und die Gesetze des Königs halten sie nicht". Das ist der Anfang des Pogroms. Deutlich wird hier der Unterschied gekennzeichnet: sie halten andere Gesetze. Das Wort "zerstreut" kann hier rein geographisch verstanden werden, aber für einen, der Gesetz und Propheten kannte, ist die Verbindung "zerstreut unter allen Völkern" deutlich: es ist ein Zeichen von Gottes Strafgericht. Zugleich wird hier die heikle Lage in dieser Zerstreuung gezeichnet. Nur durch Gottes wunderbare Eingreifen bleiben sie am Leben.

In Nehemia 1 (2 Esdras 11) spricht Nehemia ein Bußgebet. Er wendet sich an Gott, "der den Bund und das Erbarmen bewahrt denen, die ihn lieben und seine Gebote halten" (V.5); er bekennt die Schuld der Sünden des Volkes. Dann fleht er Gott an (Vv.8-9): "Gedenke doch des Wortes, das du deinem Knecht Mose aufgetragen hast: Wenn ihr mir die Treue brecht, ἐγὼ διασκορπιῶ ὑμᾶς ἐν τοῖς ἔθνεσιν. Wenn ihr euch aber mir wieder zuwendet und meine Gebote treulich erfüllt, ἐὰν ᾖ ἡ διασπορὰ ὑμῶν ἀπ' ἄκρου τοῦ οὐρανοῦ, ἐκεῖθεν συνάξω αὐτούς". In diesem Gebet wird also an Gottes Zusage appelliert, und nicht im allgemeinen, sondern wie sie durch Moses gegeben ist: es liegt hier ein Zitat aus Deut. 30:4 vor. Das zeigt, wie stark die Worte aus Deuteronomium lebendig waren und auf die Lage Israels im Exil angewendet wurden, weil es auch gehörte zu dem allumfassenden Versprechen: "auch wenn ihre Diaspora wäre vom einen Ende des Himmels bis zum anderen, ..."[111].

---

[110] H.-J. Krauss, *Die Psalmen* 2 (BK XV 2), Neukirchen 1972, 956.

[111] Gut dazu R. Schnackenburg, Gottes Volk in der Zerstreuung: Diaspora im Zeugnis der Bibel, in seinen *Schriften zum Neuen Testament*, München 1971, 323: "Für das alte, in Palästina ansässige Israel bleibt die Diaspora so sehr Fluch und Strafe Gottes, daß die Heimführung der Zerstreuten zum beherrschenden Zug der eschatologischen Erwartung

Hier beschließen wir unsere Übersicht über die Weise in der in 'Gesetz und Propheten und übrigen Schriften' über das *Zerstreuen* gesprochen wird. Mit Absicht haben wir alle Stellen wiedergegeben, damit ein richtiges, nicht schiefes Bild entstehen konnte. Das Bild ist sehr eindrucksvoll. Neben ganz wenigen Texten, wo eine Verbreitung im allgemeinen angedeutet wird, steht eine überwältigende Mehrheit, wo διασπείρω - διασπορά in einem ungünstigen Sinne gebraucht wird: auseinandergestoßen werden, aufgelöst werden in einzelne Teile, ganz wie im Profangriechischen, so von Soldaten, die fliehen müßen, vom Volk, das jeder Mann für sich nach Hause zieht. Aber—und das ist das Auffallende hier—in den meisten Texten wird es in Bezug auf die Beziehung zwischen Gott und Menschen angewendet: einige Malen in Drohworten gegen fremde Völker, aber meistens gegen Israel. Dabei steht es im Zusammenhang mit dem Bund Gottes mit seinem Volk. Die Zerstreuung unter den Völkern ist die letzte Strafe für den Ungehorsam; sie ist ein großes Unglück, das der Vernichtung fast gleich kommt. Nur wenn das Volk, die Übriggebliebenen, sich bekehren, wird der barmherzige Gott, des Bundes eingedenk, sie wieder zurückführen ins gelobte Land, wie er sie einst zerstreut hatte. Bemerkenswert ist, wie oft Gott als sprechendes Subjekt von διασπερῶ eingeführt wird.

Der Alttestamentler mag sich fragen, welche Bedeutungen die verschiedenen hebräischen Wörter hatten, die alle mit diesem Verbum und Substantiv wiedergegeben sind, und wann dieser Gedankenkomplex entstanden ist; für unsere Untersuchung ist das jedoch nicht wichtig. In der hellenistischen Zeit lag das alles schon als Teil von 'Gesetz und Propheten' vor. Dann ist von Bedeutung zu sehen, was man

---

wird. In der nachexilischen Prophetie, die von der geschichtlichen Wirklichkeit nach der Rückkehr aus der Gefangenschaft enttäuscht war, wird die völlige Sammlung des Gottesvolkes die große Hoffnung". Eine gute Übersicht über das LXX-Material auch bei L. Clerici, *Einsammlung der Zerstreuten. Liturgiegeschichtliche Untersuchung zur Vor- und Nachgeschichte der Fürbitte für die Kirche in Didache 9,4 und 10,5*, Münster 1966, 67-75.

im Worte Gottes in seinem griechischen Gewand zu hören bekam. Hier wurde mit διασπείρω das Urteil Gottes angesagt über die Sünden: Schwert, Hunger, Pest und Zerstreuung!

Nur wenn man den griechischen Usus nicht kennt und die Textzusammenhänge im Alten Testament nicht gelesen hat, kann man sagen, daß in der LXX 'hellenistischer Optimismus' den fürchterlichen Ernst der prophetischen Drohung verschleiert hat. Nein: auch in griechischer Sprache kam sie ungeschminkt zu Worte. Aber wurde das doch vielleicht in der hellenistischen Zeit umgedeutet und abgeschwächt? Dieser Frage wenden wir uns im nächsten Kapitel zu.

IV. "DIASPORA" IN DER JÜDISCHEN LITERATUR DER HELLENISTISCHEN UND RÖMISCHEN ZEIT

In diesem Kapitel werden wir uns mit der Frage befassen, wie über die Erscheinung der Diaspora gedacht und geschrieben wurde, und zwar von Leuten, die eben zu der Zeit lebten, da diese Lage des jüdischen Volkes nicht eine drohende Gefahr, sondern eine bestehende Wirklichkeit war, als die Diaspora ihre—man möchte fast sagen "klassische"—Form angenommen hatte und die Juden tatsächlich in fast allen Ländern der damaligen Welt zu finden waren. In erster Linie kommen dabei natürlich Philon und Josephus in Betracht; sie waren, wie bekannt, persönlich und existenziell mit dieser Lage ihres Volkes vertraut. Neben ihnen sind die anderen jüdisch-griechischen Schriftsteller nicht so ergiebig, wobei wir natürlich bedenken sollen, wie trümmerhaft die Überlieferung eigentlich ist. Von dem Verfasser (den Verfassern) der Sibyllinen ist zwar ziemlich viel bewahrt, aber er greift das Heidentum an und meditiert nicht so sehr über die Lage des Volkes; sein bedeutendes Zeugnis haben wir schon früher besprochen (siehe oben) und gezeigt, wie er die Verbreitung Israels als eine Strafe betrachtet. Aber auch die anderen Autoren, deren Schriften unter den Namen 'Apokryphen und Pseudepigraphen' zusammengefaßt werden, dürfen nicht außer Acht gelassen werden. In der Verwendung dieser Bücher begegnen uns gewisse Schwierigkeiten, denn teilweise sind sie schwer zu datieren, und soweit sie nach allgemeiner Annahme in Palästina entstanden sind und uns jetzt manchmal nur noch in Übersetzung vorliegen, wissen wir nicht bestimmt, ob sie schon von Juden übertragen worden sind und in der Diaspora bekannt waren. Doch dürfen wir wohl auf guten Gründen annehmen, daß das tatsächlich der Fall war: Judith wird z.B. vom Verfasser des 1. Klemensbriefes (55:4-5) neben Esther angeführt, und das war doch wohl keine christliche Erfindung; so könnten noch andere Hinweise erwähnt werden. In einigen Fällen sind diese

Schriften christlich überarbeitet oder mit Hilfe jüdischen Materials von Christen verfaßt worden. Das berühmteste Beispiel ist in dieser Hinsicht das Buch der *Testamente der zwölf Patriarchen*. Dadurch ist eine richtige Auswertung oft nicht einfach. Jedenfalls lohnt es sich zu fragen, welche Gedanken mit διασπείρω und διασπορά verbunden sind, denn dabei kann sich zeigen, ob sich eine Änderung in der Auffassung volzogen hat. W. S. van Leeuwen erklärte: "Das die Diaspora großen Einfluß auf das jüdische religiöse Leben hat, zeigt sich darin, daß die Diaspora religiös verarbeitet ist. In denjenigen Stücken, die Ergänzungen zu der LXX sind, wird die Diaspora nicht mehr als Strafe für die Sünde gesehen, sondern als eine Erniedrigung, die durch Erhöhung, Rettung gefolgt wird"[112]. Ist das richtig oder nicht? Van Leeuwen hat genaue Stellenangaben unterlassen, nur diese allgemeine Andeutung gegeben. Deshalb ist es nötig, die Texte zu Wort kommen zu lassen. Dabei können wir wegen der oben erwähnten Schwierigkeit nicht einer chronologischen Entwicklungslinie folgen. Nur wenn eine Fixierung möglich ist, wird diese in Rechnung gebracht werden, während Philon und Josephus am Ende behandelt werden, weil sie sehr typische Besonderheiten zeigen.

Wenig, viel weniger als man erwarten möchte, wird im Buch der *Jubiläen* über die Diaspora gesprochen. In der Einleitung, in der sich Gott an Moses offenbart und über die künftige Sündenhaftigkeit des Volkes spricht, sagt Er: "Ich werde mein Angesicht vor ihnen verbergen und werde sie in die Hand der Heiden überliefern zur Gefangenschaft, zum Prahlen und zur Vernichtung; ich werde sie aus dem Lande vertreiben und unter die Heiden zerstreuen" (1:13). ... "Und danach werden sie sich aus der Mitte der Heiden zu mir wenden mit ihrem ganzen Herzen und mit ihrer ganzen Seele und mit all ihrer Kraft. Und ich werde sie sammeln aus

---

[112] W. S. van Leeuwen, De Septuaginta, in J. H. Waszink, W. C. van Unnik, Ch. de Beus (edd.), *Het oudste christendom en de antieke cultuur* I, Haarlem 1951, 580.

der Mitte aller Heiden. (...) Und ich werde ihnen viel Heil in Gerechtigkeit offenbaren" (1:15)[113]. Danach wird beschrieben, wie die einzig richtige Beziehung zwischen Gott und Volk wiederhergestellt wird. Hier werden bekannte Töne laut. Was in Lev. 26 und vor allem in Deut. 28 ausgesprochen ist, wird hier wiederholt. Der Verfasser fällt nicht aus seiner Rolle und hat die Drohung als solche, als Zukunftserwartung bestehen lassen. Wie er über Diaspora als Tatsache dachte, wird nicht sichtbar, aber man kann dessen sicher sein, daß auch für ihn die Zerstreuung eine Strafe und die Sammlung durch Gott nach Buße die Hoffnung ist.

Im 1.*Henoch-Buch* wird auch sehr wenig über die Diaspora gesprochen. Die sogenannte Zehnwochenapokalypse erwähnt am Ende der sechsten Woche die Verbrennung des Tempels und "in ihr wird das ganze Geschlecht der auserwählten Wurzel zerstreut werden" (93:8)[114], womit wohl das Exil gemeint ist, obwohl es merkwürdig ist, daß hier nicht von 'Gefangenschaft' gesprochen wird. Weiter wird darüber nichts gesagt. Etwas anders ist es am Ende des zweiten Traumgesichts. Zum Hause Gottes kommen "alle, die umgekommen und die zerstreut waren, und alle wilden Tiere und alle Vögel des Himmels versammelten sich in jenem Haus; und der Herr der Schafe war von großer Freude erfüllt, denn sie waren alle gut und waren zu seinem Haus zurückgekehrt" (90:33). Hier wird also neben der Auferstehung auch die Rückkehr der Diaspora als Anfangszeichen des eschatologischen Reiches betrachtet. Auch in Kap. 57 ist diese 'Heimkehr der Diaspora' mit einer Schar von Wagen beschrieben[115]. Die Diaspora ist hier wohl vorausgesetzt; sie ist ein Zustand, der ein Ende finden soll, aber die Kreise, aus denen das Henochbuch hervorkam, hatten drängerende Probleme zu bewältigen als diese, und auch im großen Traumgesicht von Israels Geschichte wird mehr die bedrängte Lage

---

113 Übersetzung nach K. Berger, *Das Buch der Jubiläen*, JSHRZ II 3, Gütersloh 1981, 316-7, mit geringen Änderungen.
114 Übersetzung nach S. Uhlig, *Das Äthiopische Henochbuch*, JSHRZ V 6, Gütersloh 1984, 712.
115 See M. Black, *The Book of Enoch or 1 Enoch*, Leiden 1985, 223-224.

des Volkes als Ganzes beschrieben als das spezielle Geschick der Diaspora.

Das Buch *Tobit* ist für unser Thema von besonderer Wichtigkeit, weil allgemein angenommen wird, daß es in der (östlichen?) Diaspora entstanden ist, wohl etwa um 200 v.Chr[116]. Das Gebet in Kap. 3 spiegelt die Gefühle wieder. Darin wird Gott als der Gerechte (3:2), dessen Gerichte wahrhaftig sind (3:5), angeredet; er wird um Gnade angefleht: "Straf mich nicht für die Sünden und Fehler, die ich und meine Väter dir gegenüber begangen haben. Sie haben nicht auf deine Gebote gehört. Darum hast du uns der Plünderung, der Gefangenschaft und dem Tod preisgegeben; bei allen Völkern, unter die wir zerstreut worden sind, hast du uns zum Gespött gemacht" (3:3-4)[117]. Hier wird zwar nicht διασπείρω, sondern διασκορπίζω gebraucht, aber diese beide Verba sind Synonyma[118]. Hier wird deutlich auf Deut. 28:37, I Kön. 9:7 und Jer. 24:9 angespielt[119]; die Drohungen haben sich erfüllt und es zeigt sich, daß die Leute, die in der Diaspora lebten, vielen Schmähungen ausgesetzt waren. Aber nicht nur das; es war schwierig, am Gesetz festzuhalten, und viele kamen zum Abfall, wie Kap. 1 zeigt. Tobit betet um Erlösung durch den Tod. Hier ist merkwürdig, wie das persönliche Schicksal mit dem des Volkes verwoben ist. Dennoch: Gott ist gerecht—ein Thema, das immer angeschlagen wird—und die Diaspora mit ihren Leiden ist Strafe für die Sünden.

Noch bedeutsamer sind die beiden Schlußkapitel, Tobits Lobsang und Prophezeiung beim Lebensende. Zimmermann datiert sie nach 70 n.Chr. und betrachtet sie als spätere Ergänzungen[120]. Er steht aber, soweit ich sehe, mit dieser

---

[116] Siehe z.B. M. Schumpp, *Das Buch Tobias*, Münster 1933, XLVII-LI, und O. Eißfeldt, *Einleitung in das Alte Testament*, Tübingen 1964 (3. Aufl.), 793.

[117] Übersetzung nach H. Groß, *Tobit. Judit* (Neue Echter Bibel), Würzburg 1987, 22.

[118] Siehe G. Heine, *Synonymik des neutestamentlichen Griechisch*, Leipzig 1898, 187, und J. P. Louw and E. A. Nida, *Greek-English Lexicon of the New Testament Based on Semantic Domains*, New York 1988, 200 (no. 15.136).

[119] Siehe Schumpp, *Tobias* 57.

[120] F. Zimmermann, *The Book of Tobit*, New York 1958, 112.

Meinung ganz allein. Für unseren Zweck ist diese Frage der Datierung nicht sehr wichtig, weil es sich zeigen wird, daß die hier vorgetragene Auffassung der Diaspora nur eine Wiederholung der alttestamentlichen ist, die wiederum neu aufklingt. Das müssen wir beweisen, denn Joachim Jeremias hat eben das 13. Kapitel als einen Aufruf zur Mission angeführt: "die Zerstreuung Israels unter die Völker wird aus einem Gericht Gottes zu einer gottgeschenkten Gelegenheit, Ihn unter den Heiden zu preisen in den Versen 3-6"[121]. Diese Auffassung ist schon in der Vulgata klar ausgesprochen, aber nicht ohne gewisse Änderungen[122]. Ist diese Interpretation richtig? Der Text (13:3-6) lautet in Codex Sinaiticus wie folgt[123]: ἐξομολογεῖσθε αὐτῷ, οἱ υἱοὶ Ἰσραήλ, ἐνώπιον τῶν ἐθνῶν, ὅτι αὐτὸς διέσπειρεν ἡμᾶς ἐν αὐτοῖς. (4) καὶ ἐκεῖ ὑπέδειξεν ὑμῖν τὴν μεγαλωσύνην αὐτοῦ, καὶ ὑψοῦτε αὐτὸν ἐνώπιον παντὸς ζῶντος, weil er unser Herr ist (...). (5) Er wird uns züchtigen wegen unserer Ungerechtigkeit und sich wiederum über euch allen erbarmen aus allen Völkern, ὅπου ἂν διασκορπισθῆτε ἐν αὐτοῖς· (6) ὅταν ἐπιστρέψητε πρὸς αὐτὸν von ganzem Herzen und von ganzer Seele, dann wird Er sich zu euch wenden und sein Angesicht sicher nicht mehr vor euch verbergen". Eine Textvariante in V.4 ist für die Interpretation von Bedeutung: anstelle von ὑπέδειξεν ὑμῖν lesen Codex Alexandrinus (A) und Codex Vaticanus (B) ὑποδείξατε, wodurch also zum Verkündigen aufgerufen wird[124]. Es ist schwierig, ohne weiteres die richtige Lesart zu bestimmen. Die eigentliche Frage hier ist: Was bedeutet ὅτι in V.3? Soll man es verbinden mit ἐξομολογεῖσθε oder mit ἐθνῶν, und

---

[121] J. Jeremias, *Jesu Verheissung für die Völker*, Stuttgart 1956, 12.

[122] Hieronymus übersetzt folgendermaßen: (3) *confitemini Domino filii Israhel et in conspectu gentium laudate eum* (4) *quoniam ideo dispersit vos inter gentes quae ignorant eum et vos narretis mirabilia eius et faciatis scire eos quia non est alius Deus omnipotens praeter eum* (5) *ipse castigavit nos propter iniquitates nostras et ipse salvabit nos propter misericordiam suam* (6) *aspicite ergo quae fecit vobiscum et cum timore et tremore confitemini illi regemque saeculorum exaltate in operis vestris* (nach R. Weber, *Biblia Sacra iuxta vulgatam versionem* I, Stuttgart 1969, 689).

[123] Nach R. Hanhart, *Tobit* (Septuaginta VIII 5), Göttingen 1983, 166.

[124] Schumpp, *Tobias* 239.

übersetzen: "denn dazu eben hat er uns zerstreut", oder: "denn er hat uns unter sie zerstreut"? Viel hängt auch davon ab, wie man das Wort ἐξομολογεῖσθε übersetzt, denn dieses Verbum ist vieldeutig: danken, preisen, bekennen[125]. Nun wird es auch an anderen Stellen in Tobit gebraucht und hat dann die Bedeutung 'zur Ehre Gottes vor anderen Menschen von seinen Taten sprechen'[126]. Das paßt hier ausgezeichnet, zumal im jetzigen Aufriß des Buches Kap. 13 die Antwort des Tobias auf dem Befehl des Raphael in 12:20 ist. Es ist auch klar, daß in Vv. 5-6 die Anschauung der Diaspora, die uns aus Gesetz und Propheten bekannt ist, vorliegt: Zerstreuung als Strafe für die Sünden, Umkehr zu vollständiger Gehorsamkeit, und Wiederkehr durch Gottes Erbarmen. Dieses Lied des Tobit preist Gott, "denn er züchtigt und erbarmt sich, er führt hinab in die Unterwelt und führt herauf aus dem großen Verderben" (13:2, mit Reminiszensen an Deut. 32:39 und I Kön. 2:6). Das zeigt sich eben in Israels Geschick: sie werden zerstreut, aber Gott hat ihnen seine Größe gezeigt, nämlich durch die Erlösung. Der Parallelismus zwingt zur Annahme, daß die Lesung ὑπέδειξεν ὑμῖν die richtige ist. Immer, auch in der Strafe, bleibt er Israels Herr, Gott und Vater. Die große Taten seines Gottes soll Israel vor den Heidenvölkern aussprechen, wozu auch in den Psalmen aufgerufen wird (Ps. 96:3; 105:1). Wenn man diesen Lobpreis überschaut, kann man nicht sagen, daß die Anschauung der Diaspora sich geändert hat. Sie ist Züchtigung, einem Niedergang in die Unterwelt gleich; aber dabei zeigt sich auch Gottes Erbarmen und Erlösung. Am eigenen Beispiel kann Israel die Größe seines Gottes zeigen, auch vor den Heiden. Die Auffassung der Diaspora hat sich nicht geändert, wohl aber ist ein Nebeneffekt entdeckt worden: die Verkündigung der Majestät Gottes an die Heiden. Aber das ist nur Folge von dem, was für Israel selbst Unglück war, durch die eigene Sünde herbeigeführt.

---

[125] Siehe W. Bauer, K. und B. Aland, *Griechisch-deutsches Wörterbuch zum Neuen Testament*, Berlin-New York 1988, 560-1, und O. Hofius, ἐξομολογέω, in: *Exegetisches Wörterbuch zum Neuen Testament* II, Stuttgart 1981, 20-23.
[126] Tob. 11:17; 12:6-7,20,22; *et al.*

Auch im weiteren Fortgang dieses Liedes wird der Wiederaufbau Jerusalems als der Stadt der Endzeit besungen: nicht in der Diaspora liegt das Heil, sondern im neuen Jerusalem, wohin die Völker mit ihren Geschenken kommen (V.11, vgl. Jes. 2:3). Der Verfasser singt in der Gefangenschaft (V.8), und in V.10 werden die 'Gefangenen' in Parallelie mit den 'Betrübten' (ταλαίπωροι) gesetzt, die erst wieder in Jerusalem Freude finden werden[127].

Auch im 14. Kapitel liegt das bekannte Schema vor. Tobit fordert seinen Sohn auf, nach Medien zu fliehen, und weissagt weiter: "Unsere Brüder, die im Lande Israel wohnen, werden alle zerstreut und in Gefangenschaft geführt werden (διασκορπισθήσονται καὶ αἰχμαλωτισθήσονται) aus dem guten Lande" (V.4); Israel, Samaria und Jerusalem werden verödet werden und der Tempel verbrannt bis zu einer gewissen Zeit. "Dann wird sich Gott wieder ihrer erbarmen und sie zurückführen in das Land" (V.5); der Tempel wird wieder aufgebaut werden, aber nicht im früheren Glanz "bis zur Zeit, da sich erfüllt die Weltzeit". Dann werden alle aus der Gefangenschaft heimkehren und Jerusalem herrlich restaurieren, wie die Propheten gesagt haben. Alle Heiden werden sich von ihrem Götzendienst bekehren. "Alle Söhne Israels, die in jenen Tagen gerettet werden und Gottes in Wahrheit gedenken, werden gesammelt werden. Sie werden nach Jerusalem kommen und sicher wohnen auf ewig im Lande Abrahams" (V.7). Sünde und Ungerechtigkeit wird es nicht mehr geben. Deshalb ruft Tobit seine Kinder auf, Gott zu dienen und zu tun, was Ihm wohlgefällig ist. Obwohl es nicht ausdrücklich gesagt wird, darf man wohl annehmen, daß in dieser Weise an der Vorbereitung der Endzeit mitgearbeitet wird, denn nur in der Gehorsamkeit kann die Heimkehr stattfinden. Dieses 'Testament Tobits' schaut zurück auf das babylonische Exil und die teilweise Restoration mit der Erwartung und der Gottesherrschaft. Die Rückkehr unter Ezra und Nehemja ist das Präludium; aber das Eschaton, von dem

---

[127] Hier und im folgenden wird der Text immer nach Codex Sinaiticus zitiert, der stark von A und B abweicht.

die Propheten gesprochen haben, steht noch aus. In diesem
Passus werden Zerstreuung und Gefangenschaft nebeneinander gebraucht, aber unterschieden. Sie gehören zum Elend,
das Israel trifft, und wie diese Situation war, zeigt sich in der
Andeutung der Heimkehr: sie werden *gerettet*. In dieser
Abschiedsrede wird nicht vor den Sünden gewarnt, und die
Zerstreuung wird nicht als eine Bedrohung erwähnt; sie ist
eine Tatsache, und der fromme Diaspora-Jude spricht sein
unerschütterliches Vertrauen in Gottes künftige Wendung
von Israels Schicksal aus.

Sehr merkwürdig wird das Schema 'Zerstreuung-Wieder-
kehr' im Buch *Judith* verwendet. Auf die Frage des Holophernes, der ergrimmt ist, weil Israel es wagte, sich ihm zu
widersetzen, und wissen möchte, was dies für ein Volk ist,
antwortet Achior, der Anführer der Ammoniter, mit einer
Übersicht über Israels Geschichte. Darin sagt er: "Solange sie
nicht sündigten vor ihrem Gott, war das Glück mit ihnen,
denn mit ihnen ist ein Gott, der Unrecht haßt. Als sie aber
von dem Wege abwichen, den er ihnen gewiesen hatte,
wurden sie in vielen Kriegen gar sehr vernichtet und als
Gefangene in ein fremdes Land verschleppt, der Tempel
ihres Gottes wurde dem Erdboden gleichgemacht und ihrer
Städte bemächtigten sich ihre Feinde. Jetzt, nachdem sie zu
ihrem Gott zurückgekehrt sind, sind sie aus dem Land der
Zerstreuung, in das sie zerstreut waren, heraufgekommen,
und haben Jerusalem, wo ihr Heiligtum ist, wieder in Besitz
genommen" (5:17-19)[128]. Deshalb rät er Holophernes, zu
untersuchen, wie es mit der Sünde in Israel steht; falls sie
gegen Gott sündigen, können sie überwunden werden, falls
sie keine Ungesetzlichkeit begehen, wird Gott sie beschützen.
Holophernes läßt sich in seinem Hochmut nicht raten und
geht seinem Untergang entgegen. Das Bemerkenswerte ist
hier, daß das Schema feststeht, aber jetzt von einem Gegner
gebraucht wird. Alles dreht sich hier um die Frage der
Sündhaftigkeit des Volkes; nicht Gottes Tat des Erbarmens

---

[128] Übersetzung nach E. Zenger, *Das Buch Judit*, JSHRZ I 6, Gütersloh
1981, 473-4.

wird erwähnt, sondern Israels Bekehrung ermöglicht die Wiederkehr (ἀνέβησαν). Das Schema steht so fest, daß es als Probe funktionieren kann: Sünde führt zur Zerstreuung, Sündlosigkeit zum Schutz Gottes. Das war so, das wird so sein. Die Diaspora wird hier als Folge der Kriegsgefangenschaft gesehen und nicht günstig beurteilt.

Das große Sündenbekenntnis in *Daniel* 9 erinnert an Neh.1. Hier wird zu Gott gebetet, der den Bund hält und Barmherzigkeit beweist denen, die ihn lieben und seine Gebote halten (V.4). Er ist gerecht (Vv. 7, 14), aber Israel hat seine Gebote übertreten und nicht auf die Stimmen der Propheten geachtet (*passim*). Deshalb ist über sie der Fluch, der im Gesetz Mosis geschrieben steht, gekommen (Vv.12-13). Ganz Israel steht mit Scham da, "die Männer Judas und die Bewohner Jerusalems und alle Israeliten, sie seien nah oder fern ἐν πάσῃ τῇ γῇ οὗ διέσπειρας αὐτοὺς ἐκεῖ ἐν ἀθεσίᾳ αὐτῶν (V.7)[129]. Deshalb wird Gott um Gnade angefleht. Dieses Gebet zeigt in seiner Formensprache einen stark geprägten, liturgischen Charakter und spiegelt wohl die Gebetspraxis wieder[130]. Die Diaspora-Anschauung ist die, welche im Gesetz (Lev. 26 und Deut. 28), auf die hier *expressis verbis* verwiesen wird, vorgefunden wird: Gott hat zerstreut der Sünden wegen. Diese Sache hängt mit dem Bundesgedanken zusammen. Die Diaspora ist nicht auf ein Land beschränkt, sondern in der weiten Welt ausgebreitet.

Die LXX-Überlieferung von Dan. 12:2 bietet auch das Wort διασπορά, aber das hat keine Entsprechung im hebräischen Grundtext oder in der Übersetzung Theodotions. Bei der Auferstehung findet die große Scheidung statt: die einen gehen ein zum ewigen Leben, die anderen zur Schmach, wieder anderen εἰς διασποράν und zur ewigen Schande. Hier hat διασπορά nichts mit der Volksgeschichte zu tun; es ist gebraucht von Auflösung im Sinne Epikurs (siehe oben, Kap.

---

129 Zitiert wird hier der Theodotiontext nach der Ausgabe von J. Ziegler, *Susanna. Daniel. Bel et Draco* (Septuaginta XVI 2), Göttingen 1954, 184.
130 Siehe L. F. Hartman and A. A. di Lella, *The Book of Daniel* (Anchor Bible), Garden City 1978, 248.

2). Wie diese hier so plötzlich in der LXX auftaucht, läßt sich nicht sagen. Wohl ist die Notlage der Diaspora deutlich im Azarja-Gebet (Dan. 3:26ff.) geschildert. Das Wort 'zerstreuen' fehlt zwar, aber auch hier wird Gottes Gerechtigkeit gepriesen, die alles über das Volk wegen seiner Ungehorsamkeit und Sünde gebracht hat. Er hat es in die Hände der Feinde übergegeben und sie sind Schmach und Schande, unterdrückt auf der ganzen Erde. Da es keine Opfer zur Versöhnung gibt, appelliert man mit zerbrochenen Herzen an Gottes Erbarmen: "Errette uns nach deinen Wundertaten!" (3:43).

Das große Bußgebet in *Baruch* 1:15-3:8 ist vielleicht abhängig von Daniel 9[131], obwohl es m.E. auch nicht ausgeschlossen ist, daß nicht eine direkte, sondern eine indirekte Verwandtschaft besteht in dem Sinne, daß beide aus derselben liturgischen Praxis stammen. Es ist interessant, daß jedenfalls der Mann, der die verschiedenen Teile des Buches zusammenstellte, davon gewußt hat, daß dieses Gebet an bestimmten Tagen des Festkalenders gelesen werden sollte[132]. Das Gebet umfaßt genau alle bekannten Elemente: Gott ist gerecht in seinen Urteilen (1:15, 2:6); Israels Geschichte ist die eines fortwährenden Sündigens; verwiesen wird auf Gottes Fluch, durch Moses angekündigt (Lev. 26 und Deut. 28, in 1:20, 2:2, 2:29f.); Israel hat auch die Warnungen der Propheten nicht angenommen (2:20ff. mit Zitaten aus Jeremia); Gott hat seinen Zorn über das Volk ausgegossen; in dieser verzweifelten Lage berufen sie sich ausdrücklich auf Gottes Zusage in Lev. 26:40ff. (auch im dritten Makkabäerbuch zitiert, siehe unten), daß sie sich bekehren werden und daß Gott sie zurückführen werde in das gelobte Land und einen neuen Bund mit ihnen schließen will. In tiefster Reue bekennt man die Schuld und betet um Erlösung, weil man sich von den Sünden verabschiedet hat. Verschiedene Male

---

[131] B. Wambacq, Les prières de Baruch (I 15–II 19) et Daniel (IX 5-19), *Biblica* 40 (1959) 463-475; auch G. Vermes und M. Goodman in Schürer, *History of the Jewish People* IIIb (1987) 735-6.
[132] Schürer, *History* IIIb, 739f. Für eine Rekonstruktion der hebräischen Vorlage des Gebets siehe E. Tov, *The Book of Baruch Also Called I Baruch (Greek and Hebrew)*, Missoula 1975, 15-21.

kehrt das Motiv des Zerstreuens wieder: 2:4[133] Gott "lieferte sie
allen Königreichen rings um uns her aus zur Schmach und
zum Entsetzen unter allen Völkern (λαοῖς) ringsum, οὗ
διέσπειρεν αὐτοὺς Κύριος ἐκεῖ"—2:13 "Es wende sich doch
dein Zorn von uns ab, denn von uns sind nur wenige unter
den Völkern (ἔθνη), οὗ διέσπειρας ἡμᾶς ἐκεῖ, übriggeblieben"—2:29 "Wenn ihr nicht auf meine Stimme hören
werdet, so wird fürwahr diese große, zahlreiche Menge zu
einem kleinen Häuflein unter den Völkern werden, wohin
ich sie zerstreuen werde (διασπερῶ)".—Im Land der Verbannung (ἀποικισμός) werden sie umkehren und Gott preisen
(2:30,32).—3:8 "Siehe, wir sind heute noch in unserer Verbannung (ἀποικία, auch 3:7), οὗ διέσπειρας ἡμᾶς ἐκεῖ εἰς
ὀνειδισμὸν καὶ εἰς ἀρὰν καὶ εἰς ὄφλησιν für alle Missetaten
unserer Väter, die von dem Herrn, unserem Gott, abfielen".
Die hier und anderswo zurückkehrende Formel οὗ διέσπειρας
ἡμᾶς ἐκεῖ weist auf eine semitische Vorlage[134] aber das Gebet
ist deutlich von einem Mann verfaßt, der in der Diaspora lebte
und diese als Strafe für die Sünden der Väter empfand. Man
rechnet mit längerem Aufenthalt dort (2:14). Im Mittelpunkt
steht die Umkehr des Volkes; die Rückkehr nach Palästina
wird erwähnt, aber nur als Aussicht am Rande. Durch die
Bewahrung Israels auch in der Zerstreuung wird bei aller
Welt bekannt, daß der Herr Israels Gott ist. Man beruft sich
nicht auf Verdiensten, sondern man fleht, daß die Rückkehr
geschehen möge um Gottes Namens willen. In diesem
eindringlichen Gebet zeigt sich klar vom Anfang bis Ende,
wie diese ganze Anschauung am Bild des Gesetzes und der
Propheten orientiert ist, und zugleich, wie diese Ankündi-
gung der Heiligen Schriften eine existenzielle Predigt
geworden war, die nicht eine Möglichkeit sichtbar machte,
sondern zur Aktualität geworden war.

In den *Testamenten der Zwölf Patriarchen* kommt das Thema

---

133 Übersetzung von A. H. J. Gunneweg, *Das Buch Baruch*, JSHRZ III
2, Gütersloh 1975, 173f.
134 Siehe die Retroversion von Tov: אשר הדחתנו שם. Für das gramma-
tikalische Phänomen siehe z.B. F. Blaß, A. Debrunner, F. Rehkopf,
Grammatik des neutestamentlichen Griechisch, Göttingen 1976, §297,1.

immer wieder vor, so daß M. de Jonge in seiner Dissertation von einem "Sin-Exile-Return pattern" gesprochen hat[135]. Das ist richtig, obwohl es mir besser scheint, von 'scattering' als von 'exile' zu sprechen. De Jonge hat auch richtig gesehen, daß dieses Schema nicht eine Erfindung des Verfassers der Testamente gewesen ist, sondern aus dem Alten Testament stammt, und er hat darauf hingewiesen, wie in der jetzt vorliegenden Fassung dieses Buches das Schema durch einen christlichen Autor oft antijüdisch verwendet ist[136]. Aber diese antijüdische Spitze ist nicht überall bemerkbar, und die Stellen, wo sie am klarsten hervortritt, scheinen mir doch Interpolationen zu sein[137]. Ein sehr deutliches Beispiel von dem Thema haben wir in *Naphtali* 4: da wird die Sünde des Volkes beschrieben; dann bringt der Herr Gefangenschaft (αἰχμαλωσία), "und dort werdet ihr euren Feinden dienen und mit aller Drangsal und Not zusammenwohnen, bis der Herr euch alle vernichten wird. Aber gering geworden, werdet ihr umkehren (ἐπιστρέψετε) und den Herrn, euren Gott, erkennen. Und er wird euch in euer Land zurückbringen (ἐπιστρέψει) nach seinem großen Erbarmen. Und es wird geschehen, wenn sie in das Land ihrer Väter kommen werden, werden sie erneut den Herrn vergessen und gottlos handeln; καὶ διασπερεῖ αὐτοὺς Κύριος ἐπὶ προσώπου πάσης τῆς γῆς ἄχρις οὗ ἔλθῃ τὸ σπλάγχνον Κυρίου (4:2-5)[138]. De Jonge sagt hierüber: "The two exiles in this chapter can

---

[135] *The Testaments of the Twelve Patriarchs. A Study of Their Text, Composition and Origin*, Assen 1953, 83-86.

[136] Siehe nun auch M. de Jonge, The Future of Israel in the Testaments of the Twelve Patriarchs, in seinem Aufsatzband *Jewish Eschatology, Early Christian Christology, and the Testaments of the Twelve Patriarchs*, Leiden 1991, 168-173, *et aliter*.

[137] M. de Jonge bestreitet die Interpolationsthese in vielen Veröffentlichuungen, siehe z.B. The Main Issues in the Study of the Testaments of the Twelve Patriarchs, *ibid.* 160-163.

[138] Übersetzung nach J. Becker, *Die Testamente der zwölf Patriarchen*, JSHRZ III 1, Gütersloh 1974, 102, leicht geändert; in der neuen Textausgabe von M. de Jonge, *The Testaments of the Twelve Patriarchs*, Leiden 1978, 118, lautet der zitierte griechische Text: καὶ διασπείρει αὐτοὺς Κύριος ἐπὶ προσώπου πάσης τῆς γῆς ἄχρις τοῦ ἐλθεῖν τὸ σπλάγχνον Κυρίου.

hardly be explained otherwise than as the Babylonian exile and the dispersion after the capture of Jerusalem by Titus"[139]. Diese Exegese ist meines Erachtens unhaltbar, auch wenn man die Version in der christlichen Fassung sieht, denn das würde heissen, daß die Diaspora schon dem Kommen des Christus vorangegangen sei (ἄχρις οὗ !). De Jonge hat die Terminologie nicht richtig festgehalten und 'Gefangenschaft' und 'Diaspora' beide gleichgeschaltet als 'Exil'; diese werden jedoch immer unterschieden. *Test. Napht.* 4 spricht erst von der babylonischen Gefangenschaft, dann von der Wiederkehr unter Esra, erneutem Abfall und danach von 'Zerstreuung' = Diaspora der hellenistischen Zeit, die dauern wird bis zum Kommen des Erbarmens Gottes. Ein christlicher Autor kann hierbei an die Erscheinung Jesu gedacht haben, aber das ist nicht notwendigerweise die einzig mögliche Erklärung. In vielen Texten ist uns schon der Gedanke begegnet, die Barmherzigkeit Gottes werde der Zerstreuung ein Ende machen. Auch im *Test. Asser* 7 werden nicht zwei Zerstreuungen genannt, sondern dort wird in V.6 durch Wiederholung das Vorhergesagte noch einmal eingeschärft. In 7:2 ist deutlich das Urteil ausgesprochen: "Ich weiß, daß ihr sündigen werdet und (darum) in die Hände eurer Feinde ausgeliefert werden werdet; und euer Land wird verwüstet werden (...) und ihr werdet zerstreut werden in die vier Ecken der Erde (καὶ ὑμεῖς διασκορπισθήσεσθε εἰς τὰς τέσσαρας γωνίας τῆς γῆς). Und ihr werdet in der Zerstreuung sein (καὶ ἔσεσθε ἐν διασπορᾷ), verachtet wie unbrauchbares Wasser". Am Ende (V.7) wird die Hoffnung ausgesprochen: "Aber der Herr wird euch sammeln in Treue aufgrund seiner Barmherzigkeit und um Abrahams und Isaaks und Jakobs willen".

Neben den übrigen Stellen (*Issachar* 6, *Zebulon* 9, *Dan* 5) möchte ich noch besonders auf *Test. Levi* 10:4 hinweisen: καὶ διασπαρήσεσθε αἰχμάλωτοι ἐν τοῖς ἔθνεσιν καὶ ἔσεσθε εἰς ὄνειδος καὶ εἰς κατάραν ἐκεῖ[140], wo eine Verbindung mit

---

[139] *Testaments* 85.
[140] In De Jonges Textausgabe: καὶ ἔσεσθε εἰς ὀνειδισμόν, καὶ εἰς κατάραν, καὶ εἰς καταπάτημα.

Schmach und Fluch gefunden wird, wie sie uns öfters begegnet[141]. Die 'Gefangenschaft' braucht nicht mit dem babylonischen Exil identisch zu sein, denn in *Test. Issachar* 6, *Zebulon* 9, *Dan* 5 gilt das für die Endzeit. Aber überall wird Wiederkehr nach Umkehr in Aussicht gestellt. Daß die Zerstreuung nicht auf einen Ort beschränkt ist, sondern sich über die ganze Welt erstreckt, ist in den Visionen *Test. Naphtali* 6:7 (καὶ διεσπάρησαν πάντες εἰς τὰ πέρατα τῆς γῆς)[142] und *Test. Joseph* 19:2 (καὶ διεσπάρησαν εἰς πᾶσαν τὴν γῆν)[143] ausgesprochen. Art und Aufriß dieses Themas ist ganz in Übereinstimmung mit der Anschauung in anderen jüdischen Quellen und gehörte so sehr zur jüdischen Geschichtsparänese, daß wir diesen Teil der *Testamente* hier behandelt haben, wie immer man auch über die Entstehung dieses Buches als solches (jüdische Grundschrift mit christlicher Überarbeitung oder christliche Schrift mit jüdischen Materialen)[144] urteilen mag.

In den *Makkabäerbüchern* spielt die Diaspora keine bedeutende Rolle. Aus dem Schreiben der Römer in *I Makk.* 15:16-24 läßt sich für unsere Frage nichts entnehmen, denn dort handelt es sich um Völker, mit denen Rom verbunden ist, und diese werden gewarnt, nicht gegen die Juden zu kämpfen[145]. Das Gebet in *II Makk.* 1:27 wurde oben schon erwähnt (S. 65). Man findet es in einem der zwei Briefe, die am Anfang dieses Buches stehen und vielleicht aus der Zeit um 100 v.Chr. stammen[146]. In diesem Gebet, das angeblich in der Zeit Nehemjas verfaßt wurde, wird Gott u.a. als der

---

[141] Siehe die Liste von Parallelen in H. W. Hollander und M. de Jonge, *The Testaments of the Twelve Patriarchs. A Commentary*, Leiden 1985, 160.

[142] De Jonge: διεσπάρημεν οὖν οἱ πάντες ἕως εἰς τὰ πέρατα.

[143] De Jonge: καὶ διεσπάρησαν τῇ γῇ.

[144] Für einen forschungsgeschichtlichen Überblick siehe M. de Jonge, The Testaments of the Twelve Patriarchs: Christian and Jewish. A Hundred Years after Friedrich Schnapp, in seinem *Jewish Eschatology* ... 233-243.

[145] Siehe über dieses Dokument J. A. Goldstein, *I Maccabees* (Anchor Bible), Garden City 1976, 496-500.

[146] Dazu ausführlich J. A. Goldstein, *II Maccabees* (Anchor Bible), Garden City 1983, 143-151 und 157-167.

Gerechte und Barmherzige angeredet; Er rettet Israel aus allem Übel. Er wird gebeten, sein Erbteil zu bewahren und zu heiligen. Dann geht es wie folgt weiter: "Sammle unsere Diaspora, mache die frei, die in Knechtschaft unter den Heiden sind. Die Verachteten und Verabscheuten sieh gnädig an, auf daß die Heiden erkennen, daß du unser Gott bist"[147]. Kommentar ist hier überflüssig! Es ist ganz klar, wie hier über die Diaspora geurteilt wird und wie der ganze Vers in der Form eines Gebets die Gedanken ausspricht, die immer mit dem Diasporaschema verbunden sind.

Das Gebet um die Sammlung der Diaspora wird auch in den *Psalmen Salomos* laut. Allgemein wird angenommen, daß diese Lieder ungefähr 50 v.Chr. unter dem frischen Eindruck der Eroberung Jerusalems durch Pompeius (63 v.Chr.) gedichtet sind. Viele Juden sind damals als Kriegsgefangenen verschleppt und als Sklaven verkauft worden[148]. *Ps. Sal.* 8 spricht von der Unreinigkeit, die die Israeliten getan haben, und von der Gerechtigkeit Gottes:

26b   Du bist der Gott der Gerechtigkeit, der Israel mit
       Züchtigung richtet.
27   Wende, o Gott, deine Barmherzigkeit zu uns
       und erbarme dich über uns;
28   *sammle Israels Diaspora mit Barmherzigkeit und Güte,*
       denn deine Treue ist mit uns.
29   Wir machten unseren Nacken steif,
       du aber bist unser Zuchtmeister.
30   Unser Gott, übersieh uns nicht,
       damit die Heiden uns nicht verschlingen, als gäbe es
       keinen Erlöser[149].

Obwohl hier die Töne der Buße nicht so stark und innig sind wie in den Gebeten bei Daniel und Baruch, sind die Motive, die mit dem Wort 'Diaspora' verbunden sind, dieselbe.

---

[147] Goldstein *ad locum* (179) weist darauf hin, daß hier gebetet wird um die Erfüllung von Jes. 49:6-7, und daß Aquila, Symmachus und Theodotion in ihren Übersetzungen von Jes. 49:6-7 genau dieselben Wörter verwenden wie dieser Vers in II Makk.
[148] E. M. Smallwood, *The Jews Under Roman Rule*, Leiden 1976, 27-28. Schürer, *History* I (1973) 240-241.
[149] Übersetzung nach S. Holm-Nielsen, *Die Psalmen Salomos*, JSHRZ IV 2, Gütersloh 1977, 81, leicht geändert.

Über *Ps. Sal.* 9 haben wir schon ausführlich im 2. Kapitel gesprochen und das braucht hier nicht wiederholt zu werden. Aber jetzt sehen wir desto besser, wie auch dieser Psalm sich ganz in die Diaspora-Terminologie einfügt. Hier wird nicht der Sammlung gedacht; der Dichter appelliert in der gerechten Strafe der Zerstreuung an Gottes Erbarmen, daß Er Israel nicht für ewig verstoßen möge (9:9).

In *Ps. Sal.* 11 wird die Hoffnung auf Israels Wiederaufrichtung in Worten ausgesprochen, die stark an Deutero-Jesaja erinnern[150]: gewünscht wird, daß die Verheissungen in Erfüllung gehen werden und Jerusalem sehen wird, wie ihre Kinder von Ost und West von dem Herrn zusammengebracht werden (V.2).

In dem berühmten messianischen *Ps. Sal.* 17 wird gesagt, wie die Frommen "irrten in der Wüste, damit ihre Seelen vom Unheil gerettet werden könnten (...). Über die ganze Erde erfolgte ihre Zerstreuung (σκορπισμός) durch die Gesetzlosen" (Vv.17-18), denn in Jerusalem herrscht bei allen von hoch bis niedrig die Sünde. Aber wenn der Sohn Davids kommen wird, dann wird die heilige Stadt gereinigt werden; dann wird er ein heiliges Volk zusammenbringen, das er mit Gerechtigkeit regiert (V.26).

In 4 *Esra* wird das Thema kurz angeschlagen. Nach der Einnahme Jerusalems (70 n.Chr.) wird der Seher von der Frage gequält: "Weshalb hast du das Eine den vielen ausgeliefert, ... in Schande gebracht und dein einziges unter die vielen zerstreut? Die, die deinen Verheissungen widersprachen, haben die zertreten, die deinen Bündnissen vertrauten" (5:28-29)[151]. Hier ist die Zerstreuung also auch ein Schrecken, aber zugleich ein unbegreifliches Rätsel; die Sünde Israels wird nicht genannt, denn das Volk hat an Gottes Bündnisse geglaubt[152].

---

[150] Siehe die Anmerkungen bei Holm-Nielsen, *ibid.* 86.
[151] Übersetzung nach J. Schreiner, *Das 4. Buch Esra*, JSHRZ V 4, Gütersloh 1981, 327.
[152] Siehe dazu M. E. Stone, *Fourth Ezra*, Minneapolis 1990, 24-28, 126-127, 131-132.

Die *syrische Baruchapokalypse* fängt an mit der Proklamierung des bevorstehenden Untergangs Jerusalems: wegen ihrer Sünde "werde ich Unheil über diese Stadt und ihre Bewohner bringen, und es (das Volk) soll für einen (bestimmten) Zeitraum aus meiner Gegenwart entfernt werden. Und ich werde dieses Volk unter die Völker zerstreuen, daß es den Völkern wohl ergehen [oder: wohltun?] werde; mein Volk wird aber gezüchtigt werden"[153]. Charles glaubte, daß hier an Proselytenwerbung gedacht ist, mit Verweis auf 42:5[154]. In Hinsicht auf 13:10ff. scheint mir diese Exegese nicht richtig; dort dient Israels Züchtigung zur Entsündigung; die Heiden sind zeitweilig mächtig, haben aber die Güte Gottes verachtet und werden dann dafür gestraft.

In dem Brief an die neun-und-einhalb Stämme (Kap. 78ff.) tröstet der Verfasser die Leser mit dem Gedanken, daß sie jetzt eine zeitlang zu ihrem Heil leiden, damit sie den Götzendienst verwerfen, weswegen sie vertrieben sind; "denn wenn ihr diese Dinge also tut, gedenkt Er eurer ohne Unterlaß, der stets für uns denen verheißen hat, die trefflicher waren als wir, er wolle nicht für immer unsere Nachkommenschaft vergessen oder sie im Stich lassen; er wolle vielmehr alle die wieder sammeln, die zerstreut gewesen sind" (78:7). Die Leser werden auch daran erinnert, "daß Mose einst den Himmel und die Erde gegen euch als Zeugen anrief, als er sagte: 'Habt ihr das Gesetz übertreten, so sollt ihr zerstreut werden; und wenn ihr es bewahren werdet, so sollt ihr eingepflanzt werden'" (84:2). Weil sie gesündigt haben, ist Unheil über sie gekommen; deshalb müssen sie des Gesetzes gedenken. Die hier ausgesprochenen Gedanken sind nicht vom Verfasser in bewußter Abänderung von Deut. 31:28-9 formuliert. Sie sind Gemeingut der jüdischen Theologie, wie

---

153 Übersetzung nach A. F. J. Klijn, *Die syrische Baruch-Apokalypse*, JSHRZ V 2, Gütersloh 1976, 123; in Anm. 4d gibt Klijn an, daß die Übersetzung des Satzes "daß es den Völkern ..." sehr unsicher und umstritten ist.
154 R. H. Charles, *The Apocrypha and Pseudepigrapha of the Old Testament* II, Oxford 1913, 481, note *ad loc.* Er übersetzt: "... that they may do good to the Gentiles".

wir in diesem Kapitel immer wieder gesehen haben. Das Zitat aus Moses ist nicht eine Besonderheit Baruchs, sondern kehrt seit Nehemja 1:9 immer wieder; es ist nicht wortwörtlich zitiert oder geändert worden (cf. auch Deut. 30:19), sondern es ist eine kurze Zusammenfassung von Bundessegen und -fluch in Deut. 28ff. (dort in 30:1ff. auch die Wiederkehr, die nicht vom Verfasser des syrischen Baruch aufgrund von schmerzlichen Erfahrungen bedacht worden ist)[155].

Diese Übersicht über die Beurteilung der 'Zerstreuung', die in den Schriften aus der Zeit zwischen etwa 300 v.Chr. und 100 n.Chr. gegeben wird, zeigt immer wieder, wie die Diaspora als ein Unglück gefürchtet oder angesehen wurde, denn sie ist eine Sündenstrafe, die als Drohung und Wirklichkeit von Gott verhängt wurde. Eine Änderung in der Grundhaltung läßt sich der LXX gegenüber nicht wahrnehmen, und deshalb muß die These von Van Leeuwen (siehe oben S.109) als unrichtig zurückgewiesen werden. Aber ist dies alles nur fromme und blasse Theorie?

Wir haben schon gelegentlich gesehen, z.B. bei Tobit, wie die Lage des jüdischen Volkes in der Diaspora empfunden wurde. Ein anderes Zeugnis, wahrscheinlich aus dem Ende des 1. Jahrhunderts v.Chr., nämlich das sogenannte 3. *Makkabäerbuch*, kann hinzugefügt werden. Zwar wird dort weder διασπορά noch das Verbum διασπείρειν gebraucht, aber in dieser Legende spiegelt sich sehr gut die heikle Lage, in die man in der *apoikia* durch ziemlich zufällige Umstände geraten konnte. Die Maßnahmen, die gegen den Juden

---

[155] Heutzutage wird bisweilen angenommen, daß der Baruchbrief (Kap. 78-87) nicht zum ursprünglichen Textbestand der Baruchapokalypse gehört. Ein arabisches Manuskript gibt nach Kap. 77 ein Kolophon und präsentiert danach den Brief als ein neues und separates Dokument; siehe P. Sj. van Koningsveld, An Arabic Manuscript of the Apocalypse of Baruch, *JSJ* 6 (1975) 205-207. Siehe weiter A. F. J. Klijn, 2 (Syriac Apocalypse of) Baruch, in J. H. Charlesworth (ed.), *The Old Testament Pseudepigrapha* I, Garden City 1983, 615-616; T. W. Willett, *Eschatology in the Theodicies of 2 Baruch and 4 Ezra*, Sheffield 1989, 79-80; I. Taatz, *Frühjüdische Briefe*, Fribourg-Göttingen 1991, 59-76. Für das Thema unserer Untersuchung hat das jedoch keine Konsekwenzen.

vorgenommen werden, rufen Erinnerungen an die Nazi-Zeit wach; auch hier werden Leute, die die Juden zu beschützen geneigt sind, mit Martern bedroht. Zwar scheint es, als ob nur einige Bösewichten die Sache anzettelten und die Juden einen guten Ruf in der Umwelt genoßen, aber in 4:1 sind es die Heiden im allgemeinen, die sich darüber freuten, daß die Juden verfolgt werden. Der Unterschied zwischen Juden und Heiden wird in der Gottesverehrung gesehen, die revolutionär heißt, sowie in den Speisegesetzen, wodurch die Juden sich von ihrer Umgebung absonderten (3:4ff.)[156]. Als die Juden in äußerster Not sind, betet der Priester Eleasar zum allmächtigen Gott, der voller Erbarmen die Welt regiert: "Siehe auf den Samen Abrahams, ..., das Volk, das dein geheiligtes Erbteil ist und nun fremd in fremdem Land ungerechterweise zu Grunde geht" (6:3); dan folgen Beispiele, wie Gott in der Vergangenheit gerettet hat, und es heißt dann: "Erscheine eilends denen, die von Israels Geschlecht sind, aber von den abscheulichen, gottlosen Heiden mißhandelt werden. Wenn aber unser Leben infolge des Aufenthalts in der Ferne in Gottlosigkeiten verstrickt worden ist, so rette uns aus der Feinde Hand und vernichte uns, Herr, durch einen Tod, wie es dir beliebt, damit nicht die auf Eitles Sinnenden den eitlen Götzen danksagen (...) und sprechen: 'Nicht einmal ihr Gott rettet sie!'" (6:9-11). Das Gebet wird abgeschloßen mit der Bitte: "Möge allen Heiden offenbar werden, daß du mit uns bist, o Herr, und dein Antlitz nicht von uns abgewendet hast; sondern wie du gesagt hast: 'Auch wenn sie sich im Land ihrer Feinde befinden, übersehe ich sie nicht', das mache nur wahr, o Herr" (6:15). Dieses Zitat aus Lev. 26:44 LXX, das auch bei Baruch (oben, S.117) angeführt wird, zeigt, wie stark die in diesem biblischen Kapitel ausgedrückten Gedanken lebendig waren. Die Legende erzählt dann weiter, wie dieses Gebet in wunderbarer Weise erhört wird und zu

---

[156] Für heidnischen Reaktionen auf jüdische Absonderung bei Mahlzeiten siehe M. Stern, *Greek and Latin Authors on Jews and Judaism* II, Jerusalem 1980, 39-40 (*ad* Tacitus, *Hist.* V 5,2); G. Delling, *Die Bewältigung der Diasporasituation durch das hellenistische Judentum*, Berlin 1987, 9-18, spez. 12f.

einem Fest Veranlassung gibt. Das ist ein 'happy ending'; dennoch vermögen wir nicht zu vergessen, daß dieses Buch gewiß zum Trost derer, die in gleicher Situation verkehrten, geschrieben wurde, um zu zeigen, daß Gott nicht nur in der Vergangenheit, sondern auch in der Gegenwart sein bedrücktes Volk, das treu an seinen Gesetzen festhält, sieht und retten will.

Tcherikover meint, dieses Buch sei die Reaktion bestimmter Kreise in Alexandrien, die sich gegen eine z.B. von Philon repräsentierten Gruppe hellenisierender Juden auflehnten[157]. Inwieweit das der Fall gewesen ist, läßt sich m. E. schwer sagen. Natürlich war Philon nach Ausweis seiner Schriften stark für die hellenistische Kultur aufgeschloßen, aber er hat doch immer versucht, den Gott der Väter und seine Offenbarung den Griechen bekannt zu machen. Er lebte nahe an der Grenze, die Juden und Hellenen von einander schied, aber immer an der jüdischen Seite. Es war nicht umsonst, daß er, als die Lage der Juden in Alexandrien unter Caligula sehr prekär war, von seinen Religionsgenossen zum Mitglied der Gesandtschaft nach Rom gewählt wurde[158]. Seine Sendung war ein Zeichen des Vertrauens.

Wie hat *Philon* über die Diaspora geurteilt? Das ist für uns in diesem Zusammenhang die wichtige Frage. Oben stellten wir schon fest, daß er manchmal als Kronzeuge für eine günstige Auffassung angeführt wird (S.54): mit Stolz soll er von der Ausbreitung seines Volkes gesprochen haben. Und wenn solch eine repräsentative Figur das tat, dann ist das doch wohl bezeichnend für die Mehrheit. Meistens wird zum Beweis dieser Auffassung auf Texte hingewiesen, die die weite Expansion der Juden und die Anziehungskraft ihrer Gesetze und ihre Proselyten erwähnen. Dieser Anschauung darf noch als Komplement hinzugefügt werden, daß es sehr bezeichnend ist, daß das Schema der Diaspora, wie es bei

---

[157] V. A. Tcherikover, in *Corpus Papyrorum Judaicarum* I, Cambridge (Mass.) 1957, 74-75.

[158] Philo, *Legatio ad Gaium*. Siehe die ausführliche Einleitung zu diesem Traktat in der Ausgabe von A. Pelletier, *Legatio ad Gaium* (Les oeuvres de Philon d'Alexandrie 32), Paris 1972.

anderen jüdischen Schriftstellern gefunden wird (siehe
oben), bei Philon m.W. fast nicht ausgesprochen ist. Gegen
diesen schwarzen Hintergrund kontrastiert stark der philoni-
sche Kosmopolitismus. Selbstverständlich: er hat die Wirren
in Alexandrien um 38 n.Chr. miterlebt, aber sie waren für
ihn mehr ein Ausbruch des Pöbels und wurden durch den
tiefen Wahnsinn des Individuums Gaius verursacht, waren
aber nicht eine permanente Gefahr. Jedenfalls, das gibt er vor.
Bei genauer Untersuchung zeigt sich jedoch, daß seine
Haltung doch viel komplizierter ist als man meistens denkt.

Philons politische Ansichten im allgemeinen bleiben hier
unbesprochen[159]. Wir fragen nur, was sich für die Diaspora-
frage seinen Schriften entnehmen läßt. Dann müßen wir mit
einer interessanten, obwohl negativen Tatsache anfangen:
unser "Leitfossil", das Substantiv 'Diaspora', wird von ihm
nicht als Andeutung für die geographische Verbreitung
seines Volkes in der Welt verwendet. Wie dieses Faktum zu
deuten ist, kann nur nach einer weiteren Umschau klar
gemacht werden.

Es ist gewiß, daß Philon sich der großen Ausbreitung des
jüdischen Volkes in seiner Zeit bewußt war. Sehr breit läßt er
den Agrippa in einem Schreiben an Caligula die Länder
aufzählen, wo sich Juden befinden, die alle miteinander und
mit Jerusalem verbunden sind wie Kolonien mit der Metropolis (*Legatio ad Gaium* 281-2). Das wird aber nicht mitgeteilt,
um zu zeigen, wie herrlich weit sich das jüdische Volk
ausgebreitet habe, sondern es soll darauf hinweisen, daß eine
Gunst an Jerusalem erwiesen auch in vielen anderen Städten
als solche empfunden würde. Dabei soll auch bedacht werden, daß eben derselbe Agrippa nach der Abfassung seines
Briefes in Angst und Unruhe ist vor "einer Gefahr, die
Vertreibung, Versklavung, völlige Vernichtung bedeutete,
nicht allein für die Bewohner des heiligen Landes, sonder für

---

159 Siehe E. R. Goodenough, *The Politics of Philo Judaeus: Practice and
Theory*, New Haven 1938; H. A. Wolfson, *Philo; Foundations of Religious
Philosophy in Judaism, Christianity and Islam*, Cambridge Mass. 1947
(1968[4]), 332-438; R. Barraclough, Philo's Politics: Roman Rule and
Hellenistic Judaism, in *ANRW* II 21,1, Berlin-New York 1984, 417-553.

die Juden überall in der Welt" (*Legatio* 330). Und am Ende derselben Schrift fragt Philon sich ängstlich: "Falls Gaius unseren Feinden Recht gab, welche andere Stadt würde ruhig bleiben? Welche wird ihre jüdischen Mitbürger nicht angreifen? Welche Synagoge wird unbehelligt bleiben? Welches politische Recht wird nicht umgestürzt werden gegen die, die ihr Leben nach jüdischer Vätersitte gestalten?" (§371). Daran halten sich die Juden und deshalb sind sie in Gefahr. Die Verfolgung in Alexandrien würde sich bald ausbreiten, weil das Judentum so verbreitet war. Die Lage war explosiv auf beiden Seiten, denn dem römischen Befehlshaber Petronius "ging es durch den Kopf, welche große Menschenzahl dem jüdischen Volk angehöre, daß (...) über die Kontinente und allen Inseln verstreut ist", und er fragt sich ängstlich, "ob es nicht höchst bedenklich wäre, sich die Feindschaft solcher Massen zuzuziehen" (*Legatio* 214-5). Wenn diese Ausbreitung für Philon also Grund zum Stolz wäre, dann soll dabei auch gesagt werden, daß er sich bewußt war, daß sie eine Quelle von Gefahren war. Er berichtet, daß Augustus dem jüdischen Volk freundlich gesinnt war, obwohl er von dessen besonderen Sitten wußte (*Legatio* 55-6), weiß aber auch, daß die Stadtbevölkerung Alexandriens sehr antijüdisch war, "weil ihnen die uralte Feindschaft gegen die Juden eingeboren war" (*In Flaccum* 29; vgl. auch die Fortsetzung).

Rühmend hebt Philon die Anziehungskraft der jüdischen Gesetze in *De vita Mosis* II 20 hervor: "Sie locken alle an sich und wissen sie zu gewinnen, Barbaren, Hellenen, Bewohner des Festlandes, Inselbewohner, Völker des Orients und des Okzidents, Europa, Asien, die ganze bewohnte Welt von einem Ende bis zum anderen". Aber ist dieses Zeugnis viel mehr als eine Erklärung eines Panegyrikers? Philon hat hier stark übertrieben, denn in demselben Passus (§17) sagt er, daß "die Gesetze zu aller Zeit streng beobachtet sind", eine Aussage, die sich im Lichte des Alten Testaments schwer aufrechterhalten läßt, und er fährt fort, daß "nicht nur Juden, sondern auch fast alle übrigen, und vor allem die, die besonders Gewicht auf Tugend legen, sich für ihre Hochschätzung und Verehrung geheiligt haben", womit er bestimmt—gelinde gesagt—stark generalisiert hat. Eben am diesen Punkt, dem treuen Festhalten an den jüdischen Gesetzen, wurde immer wieder die unüberbrückbare Kluft zwischen dem Judentum und seiner heidnischen Umwelt sichtbar. Und das bedeutete Gefahr für die Juden in ihrer Minoritätsposition. Philon gab seiner Angst darüber Luft (oben S.128–9; und vgl. auch die Schriften *In Flaccum* und *Legatio* passim), und Petronius wußte, daß die Juden zum Todeskampfe bereit waren, um dem Gesetz zu gehorchen (*Leg.* 209). So war die konkrete Lage! Wie schön Philon auch über die Nachkommen Israels, des 'Gottesschauers', reden mag, wenn er 'down to earth' kommt, erweist sich die Lage für Abrahams Söhne als nicht sehr angenehm. So erklärt er in *De vita Mosis* II 43-4: "So erweisen sich die Gesetze als eifrig begehrt ... und das, trotzdem seit langer Zeit das Volk nicht glücklich ist. ... Wenn aber erst für dieses Volk der Beginn eines glänzerendes Loses eintrete!" In *De specialibus legibus* IV [=De *justitia*] 179 heißt das jüdische Volk im Vergleich mit allen anderen "verwaist", denn diese helfen einander, das jüdische Volk dagegen hat keinen Helfer, "weil es seinen besondere Gesetze hat". Am Ende des für unser Thema sehr wichtiges Buches *De praemiis et poenis* spricht er von den Feinden, "die ihre [der Juden] Klage verspottet und ihre Unglückstage als Volksfeste zu feiern beschlossen hatten, die ihre Trauer zum Anlaß von Schmausereien nahmen und überhaupt glücklich waren über das Unglück anderer" (§171). Hier zeigt sich also deutlich, daß für Philon die gegenwärtige Lage des jüdischen Volkes weniger als angenehm war. Er drückt sich ganz anders aus als die Apokalyptiker, aber auch er sieht sehnsüchtig nach einer wirklich glücklichen Zukunft aus.

Jetzt müssen wir uns einem anderen Aspekt der Sache zuwenden. Philon kennt das Verbum διασπείρω sehr gut. Es war doch gerade Philo, der uns die schöne Definition dieses Verbums gegeben hat (oben S.87–8). Für ihn war das nicht ein neutrales Wort, sondern mit Unheil beladen. Das zeigt sich auch in *De confusione linguarum* 118, wo er aus der LXX-

Lesung von Gen. 11:4—"bevor wir zerstreut werden" anstelle von "damit wir nicht ..."—ableitet, daß diese Turmbauer "den eigenen Untergang anscheinend nicht nur ahnen, sondern sogar klar voraussehen". Er nennt die Unvernünftige, die Strafe kennen und doch sündigen, und sagt: "alle ganz Bösen sind sich bewußt, daß ihre Missetaten der Gottheit nicht verborgen bleiben und daß sie nicht für die Dauer imstande sein werden, die Abbüssung der Strafe von sich fern zu halten" (§119). Diese Auslegung von Gen. 11:4 verrät deutlich, dass mit dem 'Zerstreuen' Unglück und Strafe für die Bösewichter verbunden sind.

Auch in *De congressu eruditionis* gratia 56ff. wird die Sinndeutung dieses Verbums klar umschrieben. Philon erklärt den Namen Eliphas (Gen. 36:12) als "Gott hat mich zerstreut"[160] und sagt dann u.a.: "Die ungerechte und gottlose Seele treibt er dagegen weit von sich fort und zerstreut sie über die Gefilde der Lüste, Begierden und Freveltaten" (§57)[161]. Dann zitiert er Deut. 32:8-9 mit der Erläuterung: "Da vertrieb er alle erdgebundenen Naturen (= die Kinder Adams gegenüber Israel), die sich nicht darum bemüht hatten, ein himmlisches Gut zu erblicken[162] und machte sie zu Haus- und Heimatlosen und wahrhaft Zerstreuten"[163].

Derselbe Text aus Deut. 32:8-9 wird auch in sehr aufschlußreicher Weise in *De plantatione Noe* 59-60 kommentiert: "..., daß sie zerstreut, zersprengt und zusammengewürfelt werden und nur ein wirrer Haufen aus ihnen wird. ... In Wahrheit ist ja die Ursache der Eintracht und Einheit die Tugend, die Ursache der Auflösung und Trennung der gegensätzliche

---

[160] Siehe L. L. Grabbe, *Etymology in Early Jewish Interpretation. The Hebrew Names in Philo*, Atlanta 1988, 154-155.

[161] Philon leitet Eliphas offensichtlich von 'el (Gott) und *puts* (zerstreuen) ab; dazu Grabbe, *Etymology* 155.

[162] Philon spielt hier wieder auf die Bedeutung des Namens Israel, 'der Mann, der Gott sieht', an; siehe dazu Grabbe, *Etymology* 172-173.

[163] Deut. 32:8-9 lautet nach der LXX: "Als der Allerhöchste die Völker verteilte, als Er die Söhne Adams zerstreute, setzte er die Grenzen der Völker fest entsprechend der Zahl der Engel Gottes. Das Anteil des Herrn wurde sein Volk Jakob, Israel das Ihm zugemessene Erbe".

Zustand"[164]. Der ganzen Tendenz seiner Auslegungsarbeit
gemäß hat Philon die Texte hier natürlich psychologisierend
und ethisierend interpretiert, aber es ist doch ohne weiteres
klar, wie stark negativ der Inhalt von 'zerstreuen' für ihn war:
aus der Heimat vertreiben, auflösen. Wir brauchen also nicht
zu zweifeln, welche Gedanken Philon gehabt hat, als er in der
Heiligen Schrift von 'zerstreuen' las! Und auch das Thema
der Wiederkehr klingt in diesem Zusammenhang auf:
"Denn sind diese [die Turmbauer] zerstreut, werden diejeni-
gen, die einst vor der Gewaltherrschaft der Unvernunft geflo-
hen sind, durch einen Erlaß die Rückkehr erlangen, da Gott
den Erlaß ausgefertigt und bestätigt hat" (*Conf. ling.* 197), und
dann wird sogar das Wort von der Zusage des Wiederkehrs
aus Deut. 30:4 zitiert!

Philon hat seine Lehre in den Form von Schriftkommen-
taren vorgetragen und er hat dafür das Gesetz Mosis durch-
geackert. Deshalb erhebt sich jetzt die Frage, ob er auch Lev.
26 und Deut. 28, die, wie wir oben sahen, so stark von diesem
Diaspora-Thema sprechen und die so tief das nachbiblische
Judentum in dieser Hinsicht beeinflußt haben, seine Aufmerksamkeit zugewandt hat. Das ist tatsächlich der Fall.
Philon erwähnt diese Kapitel nicht beiläufig, sondern hat
ihnen eine besondere Schrift gewidmet. In einem Teil von *De
praemiis et poenis* werden auch nacheinander "die Segnungen
und die Flüche" behandelt, so wie sie im Judentum zusam-
menstehen: die ersten sind "für die Tugendhaften und die
Gesetze treu beobachtenden Menschen"; die letzteren sind
"gegen die gesetzlosen Frevlern gerichtet" (*De praemiis et
poenis* 126). In breiter Darlegung folgt Philon in §§ 127-152 den
genannten Kapiteln auf dem Fuße und beschreibt die auf
einander folgenden Strafen bis zu der Flucht aus dem Lande.
Jedoch nicht weiter. Und dann heißt es: "Wenn so die Städte
wie vom Feuer verzehrt sein werden und das Land entvölkert,
dann wird endlich einmal das Land aufatmen und sich zu
erholen beginnen" in einer Sabbatruhe (§153ff.). Wenn man
nun diese Predigt Philons mit dem Bibeltext vergleicht, dann

---

164 Vgl. *De post.* 89-91.

fällt es einem auf, das gerade das Wort Lev. 26:33, "euch aber will ich unter den Heiden zerstreuen", hier nicht einmal erwähnt wird, während doch die Verse Deut. 28:66-67 paraphrasiert werden. Diese letzte Strafe wird eben nicht genannt. Ist das zufällig? Aber mit dieser Sabbatruhe ist der Traktat nicht zu Ende. Philon hat noch etwas überaus wichtiges mitzuteilen. Es heißt in §162-6: Ich habe nun, ohne irgend etwas zu verschweigen [sic!], die Flüche und Strafe dargelegt, die von denen erduldet werden sollen, welche die heiligen Gesetze der Gerechtigkeit und Frömmigkeit mißachten und sich von den götzendienerischen Anschauungen haben verführen lassen. ... (163) Wenn sie ... mit ganzer Seele sich bekehren ... und ihre Sünden laut bekennen werden ..., dann werden sie Vergebung erlangen bei dem hilfreichen und gnädigen Gott [Deut. 30:1-3]... (164) Und selbst wenn sie an den äußersten Enden der Erde als Knechten bei den Feinden dienen werden, die sie kriegsgefangen weggeführt haben, sollen sie wie auf *eine* Verabredung alle an *einem* Tage frei werden (Deut. 30:4), weil ihre völlige Bekehrung zur Tugend ihren Herren Schrecken einjagen wird.: sie werden sie freilassen, weil sie sich scheuen über Bessern zu herrschen. (165) Wenn sie aber die so unerwartete Freiheit erlangt haben, werden die vorher in Hellas und im Barbarenland, auf den Inseln und auf den Festländern Zerstreuten (σποράδες) mit *einem* Male sich erheben und von allen Seiten nach *einem* ihnen angewiesenen Orte hineilen, geleitet von einer göttlichen, übermenschlichen Erscheinung, ... unterstützt von drei Helfern", nämlich der Milde und Güte Gottes, der Frömmigkeit der Erzväter, und "der Besserung der zum Frieden und zur Versöhnung mit Gott Zurückgeführten" (§166).

Wir haben diesen Text hier wortwörtlich angeführt, weil er einer der wenigen, vielleicht der einzige in Philons Schriften ist, wo die eschatologische Erwartung deutlich sichtbar wird, einschließlich ein persönlicher Messias und die Verdienste der Patriarchen[165]. In philonischem Vokabular

---

[165] Siehe R. D. Hecht, Philo and Messiah, in J. Neusner, W. S. Green, E. Frerichs (edd.), *Judaisms and Their Messiahs at the Turn of the*

134 DAS SELBSTVERSTÄNDNIS DER JÜDISCHEN DIASPORA

hört man hier genau dieselbe Hoffnung, die überall im Judentum lebt: die Wiederkehr und Sammlung des Volkes, das sich von ganzem Herze zu Gott bekehrt hat. Auf einige Punkte müßen wir dabei die Aufmerksamkeit lenken: 1) es ist merkwürdig, daß auch hier Deut. 30:4 mit seinem διασπορά nicht zitiert wird und daß nicht Gott sammelt, sondern daß die Gefangenen durch ihre Tugend ihren Herren Schrecken einjagen; 2) es wird hier ein Unterschied zwischen den Kriegsgefangenen und den in Hellas und im Barbarenland Zerstreuten gemacht; bei den Ersten fängt die Befreiung an, die Letzten schließen sich denen an, aber gehen auch mit nach einem Orte, d.h. Jerusalem; 3) es wird nicht gesagt, wie diese *sporades* nach Hellas u.s.w. gekommen sind; sie waren schon da, nur die Kriegsgefangenen sind von dem Fluch betroffen; aber das Leben in Hellas und im Barbarenland ist doch nicht so, daß man dort zu bleiben wünschte; in der messianischen Zeit kehren alle zurück.

Wie sich Philon die Sache genau vorgestellt hat, bleibt unklar. Der ganze Abschnitt über die Flüche wird als Zukunftserwartung gegeben, als eine Drohung gegen die Abtrünnigen. Aber die leben vorerst noch im Lande, aus dem sie nachher vertrieben werden. Ist die Warnung nur gegen die Bewohner Palästinas gerichtet? Weil Philon sich an den Bibeltext hält, entsteht hier eine Unklarheit. Und wie ist es mit diesen Zerstreuten in Hellas und im Barbarenland bestellt, denn dort gab es doch auch wohl Übertreter des Gesetzes? Wie dem auch sei, es steht außer Zweifel, daß Philon das Schema von Sünde—Strafe der Verschleppung— Buße und Wiederkehr gekannt und persönlich geteilt hat. Aber es ist merkwürdig, daß er die Wortgruppe διασπορά— διασπείρειν hier nicht gebraucht. Man möchte fragen: hat er sie mit Vorbedacht vermieden?

Denn Philon kennt das Substantiv 'Diaspora'. In *De praemiis*

Christian Era, Cambridge 1987, 139-168, speziell 153-158; Y. Amir, Philon und die jüdische Wirklichkeit seiner Zeit, in ders., *Die hellenistische Gestalt des Judentums bei Philon von Alexandrien*, Neukirchen 1983, 31-37.

et poenis 115 sagt er: "Deshalb ergeht die Mahnung an alle, die diese weisen und wunderbar schönen Muster [d.i. den Weise] nachahmen wollen, die Hoffnung nicht aufzugeben, daß sie die Wandlung zum Besseren (τὴν ἀμείνω μεταβολήν) und die Rückkehr sozusagen aus der seelischen Zerstreuung (τὴν ὥσπερ ἐκ τῆς διασπορᾶς ψυχικῆς ἐπάνοδον), die das Laster zuwege gebracht hat, zur Tugend und Weisheit finden werden; denn wenn Gott gnädig ist, geht alles leicht". Im Lichte der vorhergehenden Diskussion können wir jetzt diesen Text verstehen. Bei der Interpretation dieser wichtigen Stelle muß man auf zwei Punkte achtgeben: a) hier wird ὥσπερ gebraucht; b) es wird von einer διασπορὰ ψυχική gesprochen. Das Wort διασπορά kann hier nicht im Sinne Epikurs (oben, S.74–5) verwendet sein, denn das wäre hier unmöglich, weil Epikur eine Wiederkehr nicht kennt. Wenn wir an das Schema 'Diaspora—Buße—Wiederkehr' denken, wird die ganze Ausdrucksweise klar: auch hier hat Philon wieder wie sonst die Sache in die ethisch-moralische Sphäre gezogen und deshalb spricht er von der "seelischen Diaspora". Hier verrät der alexandrinische Philosoph wieder, daß die in der jüdischen Glaubenslehre feststehende Vorstellung ihm bekannt war. Das Zeugnis ist auch deshalb von Bedeutung, weil es durch der Ausdruck "Rückkehr aus der Diaspora" zeigt, daß 'Diaspora' auch für Philon bereits eine geographische Nuance hatte[166].

Aber obwohl er das Wort so kannte, hat er es nie zur Beschreibung der Lage der Juden gebraucht, sondern nur hier, psychologisch übertüncht und verharmlost, angewendet. Wenn er von der konkreten Situation redete, schilderte er diese anders, wie aus der berühmten Stelle *In Flaccum* 45-46 hervorgeht: zum Beweis, daß der Angriff auf die Juden in Alexandrien eine Rückwirkung auf ihre Volksgenossen an anderen Orten haben werde, schrieb er dort: "Denn da es so viele Juden gibt, reicht ein einziges Land für sie nicht aus. Deswegen wohnen sie in den meisten und reichsten

---

[166] Dazu auch J. J. Collins, *Between Athens and Jerusalem. Jewish Identity in the Hellenistic Diaspora*, New York 1986, 115-117.

Ländern Europas und Asiens, auf Inseln und auf dem Festland, und als Mutterstadt betrachten sie die heilige Stadt, wo der heilige Tempel des höchsten Gottes steht. Was sie aber von ihren Vätern, Groß- und Urgroßvätern und den Voreltern noch weiter hinauf als Wohnsitz übernommen haben, das halten die einzelnen für ihr Vaterland, wenn sie dort geboren und aufgewachsen sind; in einige Gebiete kamen sie auch als Kolonisten (ἀποικίαν στειλάμενοι) gleich bei deren Besiedlung, den Gründern zu gefallen". In diese Beleuchtung rückt Philon hier die Lage: die Juden im Ausland sind eine Kolonie im griechischen Sinne, eine Auswanderung wegen der Größe der Bevölkerung[167]; Jerusalem ist Metropolis wie das auch von vielen Städten Griechenlands gesagt wurde. Ἀποικία hat hier die gemeingriechische Bedeutung und wird nicht mit der Vorstellung von Exil verbunden, wie in der LXX. Soweit ich weiß, ist dies die einzige Stelle, wo die Diaspora so dargestellt wird. Ein gewisser Stolz ist hier unverkennbar, aber man soll nicht die Tatsache übersehen, daß Philon hier als Apologet schreibt. Hier war er natürlich dazu gezwungen, gute Miene zum bösen Spiel zu machen. Hier hätte er doch nicht sagen können: wir Juden leben unter ihnen als Leute, die von ihrem Gott mit der Zerstreuung gestraft sind! Erstens hätte er dann seinen Gegnern die Karte in die Hand gespielt, und zweitens wäre das für die Nicht-Juden, die die Heilige Schrift nicht kannten, unverständlich gewesen. Und natürlich darf man auch ruhig annehmen, daß Philon persönlich die Lage gerne so sehen möchte. Inwiefern seine Ansicht durch die Mehrheit geteilt wurde, läßt sich nicht sagen.

Wenn wir das Gesamtbild bei Philon überschauen, müssen wir folgern, daß er die Eigenart seiner Volksgenossen und seine eigenen Gesetze kennt und weiß, wie diese zu schweren Kämpfen um ihre Aufrechterhaltung führen können; daß er das Verbum διασπείρω in ungünstiger Bedeutung ausgezeichnet kennt; daß er die Vorstellung einer messianischen Wiederkehr mit seinen Religionsgenossen teilt; daß er

---

[167] Siehe A. Mannzmann, Apoikia, *Der Kleine Pauly* I (1975) 434-5, und F. M. Heichelheim, Kolonisation, *ibid.* III (1975) 273-5.

als Apologet jedoch die Diaspora als eine Kolonisation dar-
stellt. Was überwiegt bei ihm: der Kosmopolitismus oder die
Zukunftserwartung einer messianischen Zeit mit der Rückkehr? Mit Hilfe der Psychologie kann ich mir die Sache nur
so verständlich machen, daß er die Verbindung von Zerstreuung mit der konkreten Situation, in der er lebte, 'verdrängt'
hat; daß aber auch für ihn das Wort der Schrift und die
Erwartung seines Volkes dann und wann überwältigend war.
Er versuchte die Diaspora-Theologie zu vergessen, aber sie war
zu tief in der Schrift verwurzelt. Es ist jedoch meiner
Meinung nach nicht möglich, Philon ohne weiteres zum
Kronzeugen einer optimistischen, stolzen Betrachtung der
Diaspora zu machen. Und auch dann ließe sich noch fragen,
ob er in dieser Hinsicht als Vertreter der Mehrheit seiner
Religionsgenossen gelten könnte.

Bei *Josephus* drängen sich analoge Fragen auf. Dieser
Historiker ist auch ein Apologet, und seit den Tagen Philons
hat sich die Notwendigkeit einer guten Darlegung und
Verteidigung des Judentums noch mehr geltend gemacht, da
die Lage des Volkes und ihre Beurteilung durch die Nicht-
Juden sich seit dem Krieg in Palästina und der Verwüstung
des Tempels im Jahre 70 verschlimmert hat. Natürlich geht
Josephus in seinen historischen Schriften anders als der
alexandrinische Philosoph vor, aber auf verschiedener Ebene
besteht doch ein gewisser Parallelismus.

Adolph Schlatter hat in seinem bedeutenden Buch *Die
Theologie des Judentums nach dem Bericht des Josefus*[168] richtig
bemerkt, daß dieser Autor das Wort 'Diaspora' niemals
gebraucht, aber es läßt sich doch fragen, ob Schlatters Wiedergabe des Sachverhaltes richtig ist. Er schreibt nämlich: "Bei
der Freude, mit der J. auf die Größe der auswärtigen Judenschaft sieht, die ihm als eine wesentliche und wertvolle
Vermehrung der jüdischen Macht gilt, ist es nicht auffällig,
daß J. die Formel "Diaspora", die die Ansiedlung in Palästina
als den vom Gesetz gewollten Zustand des Volkes beschreibt,

---

[168] Gütersloh 1932 (in der Reihe: Beiträge zur Förderung
christlicher Theologie, 2. Reihe, 26. Band).

vermieden hat"[169], und dann fügt er zwei Texte, wo das Verbum gebraucht wird[170], hinzu. Es sei hier gleich bemerkt, daß diese Umschreibung von 'Diaspora' höchst sonderbar und falsch ist, weil sie dem Sprachbefund ganz entgegenläuft. Man muß also eine andere Erklärung suchen.

Es ist tatsächlich auffallend, daß das Substantiv 'Diaspora' bei Josephus nicht vorkommt, während er doch das Verbum διασπείρω mehrmals verwendet und zwar in verschiedenen Bedeutungsschattierungen. Diese decken sich mit denjenigen, die uns aus der griechischen Literatur bekannt sind. So wird z.B. gesprochen von Pferden, die in verschiedenen Dörfern untergebracht sind (*Ant.* VIII 41), und von einem Gerücht, das verbreitet wird (*Ant.* IX 175; XVI 273). Wie in der profangriechischen Sprache und in der LXX hat es auch bei Josephus meistens eine negative Nuance. Die Asche von verbrannten Götzenbildern wird "zerstreut" (*Ant.* X 65), ebenso der Staub des zermahlten Bildes von Nebukadnezar (*Ant.* X 207). Hier sieht man deutlich, wie das Wort gemeint ist: auflösen in die kleinste Teile und auseinandergeschlagen werden. So wird es in einem Zitat aus Menander[171] von Schiffen gebraucht, die außerhalb ihres Flottenverbandes als einzelne Schiffe sehr leicht angegriffen und vernichtet werden konnten (*Ant.* IX 286). Wenn es von Menschen gebraucht wird, bedeutet es: sich einzeln in verschiedene Richtungen begeben: so *Ant.* XIV 271 τῶν ἐν τέλει πάντων ἐπὶ στρατιᾶς συλλογὴν ἄλλου ἄλλη διεσπαρμένων (vgl. auch XII 199) oder *Ant.* X 137 von den Freunden des gefangenen Zedekias καταλιπόντες αὐτὸν διεσπάρησαν ἄλλος ἀλλαχοῦ. In Zusammenhang mit einer Flucht wird es oft gebraucht (*Ant.* IX 40, IX 200; *Bell.* II 491); so auch in der Paraphrase von 2 Reg. 18:17 ("Ganz Israel aber floh, ein jeder nach seinem Hause"), wo Josephus schrieb: ὁ μὲν λαὸς εἰς τὰ οἰκεῖα διεσπάρη (*Ant.* VII 244). Leute, die vom Gesetz abgefallen sind und sich der

---

169 *Theologie* 87.
170 *Ant.* VIII 271; *C. Ap.* I 33.
171 Der Menander, den Josephus hier zitiert, ist der Historiker Menandros von Ephesos, der eine phönikische Geschichte schrieb (in F. Jacobys *Fragmente der griechischen Historiker* Nr. 783).

Strafe durch die Makkabäer zu entziehen versuchen, διεσπάρησαν εἰς τὰ πέριξ ἔθνη (*Ant.* XII 278).

Noch einige Texte dürfen gesondert besprochen werden:

a) *Ant.* VIII 404: Paraphrase von 3 Reg. 22:17 (oben S.99;
LXX διεσπαρμένους), wo Josephus schreibt, daß der Prophet
sagte, wie Gott ihm zeigte τοὺς Ἰσραηλίτας φεύγοντας ... καὶ
διωκομένους ὑπὸ τῶν Σύρων καὶ διασκορπιζομένους ὑπ' αὐτῶν
εἰς τὰ ὄρη καθάπερ ποιμένων ἠρημωμένα ποίμνια. Hier sieht
man auch wieder deutlich, daß διασπείρω und διασκορπίζω
Äquivalente sind.

b) *Ant.* XI 212, die Klage Hamans gegen Mordechai; das
Wort ist der LXX entlehnt (oben, S.105); die Geschichte
Esthers ist sehr breit von Josephus wiedergegeben worden,
weil sie natürlich für ihn eine Beispielsgeschichte war für
was den Juden dort in der Fremde erleben könnten und wie
Gott seine Rettung geben würde.

c) Sehr merkwürdig ist *Contra Apionem* I 33 von den
jüdischen Priestern, die nach Jerusalem schreiben um ihre
Genealogie rein erhalten zu können; sie leben nicht in
Palästina, sondern in Ägypten und Babylonien καὶ εἴ που
τῆς ἄλλης οἰκουμένης τοῦ γένους τῶν ἱερέων εἰσί τινες
διεσπαρμένοι. Hat das Wort hier eine neutrale Bedeutung, wie:
in der weiten Welt irgendwo lebend, oder steckt doch etwas
von der 'Zerstreuung' im spezifischen Sinne dahinter? Aber
dann hat Josephus es so harmlos gebraucht, daß es schwerlich
auffält, daß dabei etwas los ist. Man muß das Wort hier m.E.
so interpretieren, daß die Priester als einzelne hier und dort
leben, ohne den Zusammenhang mit der Priesterschaft als
Ganzheit zu haben. Wie sich diese Lage für sie auswirkte,
wird nicht gesagt, und mit einer 'Zerstreuung' nach dem
Falle Jerusalems und einer Beendigung des Tempelkultes
wird—bewußt?—nicht gerechnet.

d) Von größtem Interesse ist eine Hinzufügung zu der Prophetie des Propheten Achia gegen das Haus Jerobeams (3 Reg.
14:7ff.) in *Ant.* VIII 271. Dort wird gesagt, daß nicht nur das
Königshaus, sondern auch das Volk, das dem König in seiner
Abgötterei gefolgt ist, durch Verbannung gestraft werden

wird: μεθέξει δὲ τῆς τιμωρίας καὶ τὸ πλῆθος ἐκπεσὸν τῆς ἀγα-
θῆς γῆς καὶ διασπαρὲν εἰς τοὺς πέραν Εὐφράτου τόπους. Hier
kennt also Josephus den Zusammenhang von grober Sünde
und Diaspora, die Zerstreuung ist nämlich Strafe für die
Sünde. Er sagt aber nicht, wie im Alten Testament, daß Gott
selber dies tun wird. Wir kommen darauf später noch zurück.

Diese Übersicht zeigt, daß Josephus das Verbum διασπείρω
gut kennt und in einem überwiegend ungünstigen Sinn
verwendet. Aber nur im letzterem Falle (*Ant.* VIII 271) ist es
verbunden mit dem Gedanken einer Bestrafung des Volkes,
und auch hier betrifft es nur einen Teil des Volkes. Das
Komplement dazu, nämlich die messianische Wiederkehr,
findet sich, soweit ich sehen kann, bei ihm nicht. Am
nächsten kommt noch seine Betrachtung der Verwüstung
Jerusalems (*Ant.* XX 166). Er spricht dort über die Meuchel-
mörder in Jerusalem, die auch nicht den Tempel geschont
haben, und sagt dann: "Deshalb hat auch Gott, weil er, wie
ich meine, ihre Gottlosigkeit haßte, sich von unserer Stadt abgewendet und deshalb hat er, da er den Tempel nicht als eine
heilige Wohnung für sich anerkennen konnte, die Römer
über uns gebracht, die Stadt dem reinigenden Feuer (καθάρσιον
πῦρ) übergeben und uns mit Frauen und Kindern in die
Sklaverei geführt, da er uns durch dieses Unglück zu besseren
Gedanken bringen wollte" (σωφρονίσαι ταῖς συμφοραῖς βουλό-
μενον ἡμᾶς). Die lodernden Flammen des brennenden
Tempels sind also eine Läuterung; dadurch und durch die
Sklaverei soll die Sünde gebüßt und das σωφρονίζειν—hier
griechischer Ausdruck für μετάνοια—gefördert werden. Aber
was wird danach geschehen? Darüber sagt Josephus nichts,
ebensowenig wie über die messianische Hoffnung überhaupt[172]. Wahrscheinlich wäre das zu gefährlich gewesen.

---

172 Vgl. was W. S. Green im von J. Neusner u.a. herausgegebenen
Sammelband *Judaisms and Their Messiahs* sagt: "The messiah is absent
from Josephus' description of Judaism in both *Antiquities* and *Against
Apion*" (3). Auch im von L. H. Feldman angefertigten General Index im
letzten Band der Loeb Classical Library Ausgabe von Josephus finden
sich die Stichworte 'Return' und 'Messiah' nicht (abgesehen vom
Testimonium Flavianum).

Dabei ist es auch wichtig auf das Ende von *Ant.* IV 314 hinzuweisen, wie auch Schlatter kurz getan hat[173]. Noch besser ist es, den ganzen Passus ins Auge zu fassen (§§312ff.), weil Josephus hier eine Paraphrase der für unser Thema so wichtigen Kapitel Lev. 26 und Deut. 28 gibt: Gott hat durch Moses offenbart, daß die Juden nach Übertretung seiner Religionsvorschriften viel Unheil empfinden würden: Besetzung des Landes durch Feinde, Vernichtung ihrer Städte, Verbrennung des Tempels, Sklaverei unter erbarmungslosen Herren; Bekehrung würde ihnen nichts nützen; dennoch werde Gott ihnen ihre Städte und Tempel zurückgeben; "und dieser Verlust werde nicht einmal, sondern mehrfach geschehen" (ἔσεσθαι δὲ τὴν τούτων ἀποβολὴν οὐχ ἅπαξ ἀλλὰ πολλάκις). Man sieht hier, daß Josephus die Flüche sehr kurz zusammengefaßt hat; es war ihm nicht möglich, sie zu übergehen. Natürlich war es mit Rücksicht auf die Propaganda nicht nützlich, hier mehr zu sagen. Auch hat Josephus die Worte aus der Sphäre der warnenden Prophetie mit der Aufeinanderfolge von Strafen und Möglichkeit zur Rückkehr herausgeholt und in eine sich öfters wiederholende Geschichte transplantiert. So hat er wahrscheinlich auch die Eroberung Jerusalems durch Titus im Jahre 70 gesehen, in der Meinung, daß später wieder eine Erneuerung kommen würde. In diesem Zusammenhang ist auch der Anfang dieses Kapitels (*Ant.* IV 190) von Bedeutung. In einer großen Abschiedsrede läßt Josephus den Moses seine Staatsordnung dem jüdischen Volke übergeben: diese wird eine Quelle der wahren Gottesverehrung und damit des wahren Glücks sein. Dabei wird auch eine Warnung ausgesprochen: falls das Volk die Tugend verachtet, wird es auch die Gunst von Gott verlieren; "und wenn ihr ihn zum Feind gemacht habt, dann werdet ihr das Land, das ihr besitzen werdet, durch Waffengewalt von den Feinden überwunden, bald verlieren mit sehr großer Schmach, καὶ σκεδασθέντες διὰ τῆς οἰκουμένης πᾶσαν ἐμπλήσετε καὶ γῆν καὶ θάλασσαν τῆς αὐτῶν δουλείας. Hier wird Deut. 4:26-27 (oben S.94) paraphrasiert. Bemerkenswert

---

[173] *Theologie* 255-256.

daran ist, daß die Worte in ihrem Zusammenhang hier
direkt auf die Einnahme Kanaans bezogen sind, aber deutlich
eine weitere Ausstrahlung haben. Sie erinnern auch in der
Formulierung an *Or. Sib.* III 271 (oben, S.69), wobei es sich
nicht entscheiden läßt, ob hier ein direktes Zitat vorliegt.
Jedenfalls wird deutlich, wie Josephus auch das Wort διασπείρω verstand, das auch bei ihm mit Schmach und Sklaverei
verbunden ist.

Die Texte sollte man vor allem auch dann im Auge
behalten, wenn manchmals so leicht über Josephus' stolze
Betrachtung der Diaspora gesprochen wird[174]. Denn das
Material, das man anführt, ist eben nicht so beweiskräftig, wie
man oft denkt. Das zeigt sich bei einer Betrachtung der von N.
Dahl am ausführlichsten angegebenen Stellen in ihrem
Zusammenhang[175]. In *Ant.* I 280ff. liest man nur eine wiedergabe von der Zusage an Jakob (Gen. 28) und in *Ant.* IV 115f.
vom Segen Bileams; diese beiden Berichte sprechen von der
gewaltigen Ausbreitung des Volkes, aber es ist nirgendwo
von Josephus gesagt, daß diese Prophezeiungen in seiner Zeit
erfüllt worden sind. Auch in seinen Tagen waren sie noch
Zukunftserwartung. Das berühmte Zeugnis *Bell.* VII 43, τὸ γὰρ
Ἰουδαίων γένος πολὺ μὲν κατὰ πᾶσαν τὴν οἰκουμένην παρέσ-
παρται τοῖς ἐπιχωρίοις, verrät keinen Stolz, sondern ist eine
Erklärung, weshalb ein Pogrom gegen die Juden im
syrischen Antiochien entstand. Für sie wurde jene Gefahr
Wirklichkeit, vor der Agrippa in seiner Ansprache (*Bell.* II
398) gewarnt hatte: mit der Einahme Jerusalems, so spricht er,
werden die Römer alle Juden treffen, οὐ γὰρ ἔστιν ἐπὶ τῆς
οἰκουμένης δῆμος ὁ μὴ μοῖραν ἡμετέραν ἔχων. Damit ist eine
sehr heikle Lage, nicht ein Grund zum Stolz beschrieben!
Auch wenn Josephus in *Ant.* XIV 114 schreibt: ὡς αὐτῶν ἡ
οἰκουμένη πεπλήρωτο, so sind diese Worte nichts anderes als
eine Erklärung, weshalb Lucullus nach Cyrene fuhr, um
einen Aufstand der dortigen Judenschaft zu unterdrücken.
Josephus benutzt in diesem Kapitel die Gelegenheit, um eine

---

[174] Siehe oben, Kap. I.
[175] N. A. Dahl, *Das Volk Gottes* 93; Delling, *Bewältigung* 64-65.

Anführung aus dem Geographen Strabo zu bringen, der zeigt, wie stark und einflußreich die Juden in Ägypten und Cyrene zu seiner Zeit waren. Zuvor hatte er ebenfalls Strabo als einen einwandfreien Zeugen für den Reichtum des jüdischen Tempelschatzes zitiert, damit man Josephus nicht der Prahlerei bezichtige[176]. Hier kann man wohl sagen, daß Josephus über die Größe seines Volkes spricht und dankbar einem günstigen Zeugen das Wort gibt. Aber solche Testimonia werden aufgewogen durch andere, die zeigen, wie das Judentum unter Druck steht. So hat Josephus z.B. in *Ant.* XIV 185-264 und XVI 162-173 Erlässe römischer Behörden, die für die Juden günstig waren, mitgeteilt, aber seine Mitteilungen über deren Anlaß offenbaren haarscharf, wievielen Hemmnissen die Diaspora-Juden ausgesetzt waren, wie sehr das Leben nach dem Gesetz Mosis in heidnischen Ländern Grund zu Reibungen mit der Umgebung war. Wohl findet man am Ende des sechsten Buches des *Bellum* (VI 442) die Größe des Volkes erwähnt: "Weder das Altertum noch der große Reichtum, weder das Volk, das durch die ganze Welt verbreitet war, noch die große Herrlichkeit der Gottesverehrung vermochten den Untergang der Stadt abzuwenden". Aber bei der Verwertung dieser Aussagen muß man den pathetischen Charakter dieser Art Geschichtsschreibung gebührend berücksichtigen.

Natürlich hat Josephus von der Größe seines Volkes gewußt. In seiner *Antiquitates* und auch in seiner Schrift *Gegen Apion* hat er davon Zeugnis abgelegt. Aber diese Größe bestand nicht in der Ausbreitung des Volkes, sondern in der Verbindung mit dem wahren Gott und seinem Gesetz, an dem die Juden entschlossen festgehalten haben (z.B. *C.Ap.* II 21.31).

Das ist das Merkwürdige bei Josephus in Zusammenhang mit unserem Thema: er kennt das Verbum διασπείρω sehr gut, er kennt auch die Heilige Schrift ausgezeichnet und gibt davon seine apologetische Wiedergabe; Jeremia und Ezechiel sind ihm große Propheten (*Ant.* X 79-80). Dennoch verwendet

---

[176] *Ant.* XIV 111-113. Die Texte nun auch in Stern, *Greek and Latin Authors on Jews and Judaism* Nr. 102 und 105.

er das Substantiv διασπορά nicht. Das kann kein Versehen
sein; hier ist ein bewußtes Vorhaben im Spiel! Mann könnte
freilich meinen, daß die griechischen Gehilfen des
Josephus[177] das Wort vermieden haben, weil es in der griechischen Sprache in diesem speziell alttestamentlichen Sinne
mißverständlich war. Aber Josephus gebraucht einmal das
Verbum in diesem speziellen Sinne (oben, S.138). Deshalb
scheint eine andere Erklärung besser. Dabei kann daran
gedacht werden, daß er als Apologet, der immer die schönen
und guten Seiten hervorheben will und auf die Fürsorge
Gottes für das Volk als Ganzes besonderen Nachdruck legt,
diesen Begriff als zu ungünstig absichtlich vermieden hat.
Vielleicht muß man auch einen tieferen theologischen Sinn
suchen: Josephus hat den Diaspora-Gedanken deshalb beiseite
gelassen, weil es seiner Meinung nach eine solche
Zerstreuung, mit der in der Bibel gedroht wird, in seiner Zeit
nicht geben könne.

Ist die 'Diaspora' doch die letzte Strafe für die Gesetzesübertretung? Aber so weit ist das Volk als Ganzes nicht
abgewichen. Auch in der Fremde hält man am Gesetz fest:
"Auch wenn ein Jude sich weit von seinem Vaterlande
entfernt oder einen harten Despoten sehr fürchtet, dann wird
er doch sein Gesetz über alles stellen" (C.Ap. II 38). Der
Untergang Jerusalems im Jahre 70 war nicht durch die Sünde
des Volkes im allgemeinen verursacht, sondern durch die
schlimme Bosheit der Zeloten, die die einzig Schuldigen sind
(das ist ein wichtiges Thema im Bellum Judaicum). Stadt und
Tempel werden nicht einmal, sondern mehrfach verloren
und wieder renoviert werden (oben, S.141). Hier hat Josephus
m.E. 'pour besoin de la cause juive', die er verteidigen wollte,
der Gerichtspredigt der Bibel, die im nachbiblischen Judentum noch sehr gut verstanden wurde, die Spitze abgebrochen.
Weder das Auslandsleben der Juden in der hellenistischen
Zeit noch die Exilierung nach dem mißlungenen Aufstand

---

177 Ausführliche Bibliographie zu den Assistenten des Josephus bei
L. H. Feldman, *Josephus and Modern Scholarship (1937-1980)*, Berlin–New
York 1984, 827-830.

in seinen Tagen war für Josephus eine 'Diaspora'; denn das Gesetz war immer bei den Juden. Aber wurde diese Auffassung von seinen Religionsgenossen geteilt?

Es würde zu weit führen, die rabbinische Ansicht vom 'Exil', von der *golah* oder *galuth*, eingehend zu besprechen. Wir haben schon oben (S.81) darauf hingewiesen, daß irgendwie doch ein Unterschied zwischen *diaspora* und *golah* bestanden hat. Daß die *galuth*, vielleicht nicht für den Einzelnen, sondern doch wohl für das Volk als Totalität, ein Unglück und ein widernatürlicher Zustand war, ist ohne weiteres klar. Die Stimmung wird gut wiedergegeben in *Syr. Baruch* 85:3: "Wir sind aus unserem Lande ausgewandert und Zion ist uns entrissen worden; und nichts haben wir jetzt außer dem Allmächtigen und seinem Gesetz"; vgl. die treffende Parallele in Mischna *Sotah* IX 15: "Auf was anders sollen wir uns verlassen als auf unsern Vater im Himmel?"[178].

Nur einen Text möchte ich hier noch besprechen, weil er für die Bedeutung von 'Diaspora' wichtig ist. Origenes zitiert in seinem *Contra Celsum* I 54 das Lied vom leidenden Gottesknecht Jes. 52:13-53:8 und sagt dann in I 55, daß er einmal in einer Diskussion mit Rabbinen diesen Text angeführt habe und daß sein Opponent dann geantwortet habe, diese Prophetie spreche vom Volk, nicht von einem Individuum: καὶ γενομένου ἐν τῇ διασπορᾷ καὶ πληγέντος, ἵνα πολλοὶ προσήλυτοι γένωνται τῇ προφάσει τοῦ ἐπεσπάρθαι Ἰουδαίους τοῖς λοιποῖς ἔθνεσι. Man weiß natürlich in dieser Wiedergabe nicht ganz bestimmt, ob das Wort διασπορά zu der Formulierung seines Gegners gehört oder von Origenes verwendet wurde. Jedenfalls ist es auffallend, daß im nächsten Satzteil ἐπεσπάρθαι steht. Dennoch scheint es mir ziemlich sicher, daß διασπορά auch zum Wortschatz der griechischsprechenden Juden gehörte, wie auch aus Justinus Martyr hervorgeht (oben, S.77). Hier wird also von einem Juden (rund 225) der Gedanke ausgesprochen, daß das Volk in der Diaspora

---

[178] Zu dieser Stelle H. Bietenhard, *Sota*, Die Mischna III 6, Berlin 1956, 175-177.

Schmach und Schläge bekommt, aber dort lebt um viele
Proselyten zu machen. Die dunkle Seite der Diaspora ist nicht
verschleiert, sondern klar herausgestellt: die Diaspora bedeutet
Leiden, und der Herr hat ihnen das angetan (Jes. 53:4.6.10).
Zu gleicher Zeit bringt dieses Leiden den Heiden Heil (cf. Jes.
53:10-11). Das Interessante ist nun, daß wir denselben Gedanken, nur mit anderer Schriftbegründung (nämlich Amos 7:11
oder Hosea 2:25), in dem Talmud Bavli finden, *Pesachim* 87b:

> R. Eleasar sagte: Der Heilige, gepriesen sei Er, hat Israel nur
> deshalb unter die Völker exiliert, damit Proselyten sich ihnen
> anschließen
>
> (לא הגלה הקב'ה את ישראל לבין האומות אלא כדי שיתוספו עליהם גרים).

Hier ist also gesagt: "ins Exil schicken" (Goldschmidt übersetzt: "zerstreuen"[179]), ganz in Übereinstimmung mit dem
rabbinischen Sprachgebrauch. Der hier angeführte Rabbi
lebte auch um 225 n.Chr.[180], also in derselben Zeit wie der
Gewährsmann des Origenes. Das ist eine merkwürdige
Koinzidenz[181]. Zu Anfang des dritten Jahrhunderts scheint
diese Auffassung also bei Juden verbreitet gewesen zu sein.
Und da sie in einer Disputation mit Christen auftaucht, darf
man vielleicht annehmen, daß sie auch eine jüdische
Antwort auf christliche Angriffe war, die von der Diaspora als
Strafe für Israels Sünden sprachen[182]. Da diese beiden Zeug-

---

179   L. Goldschmidt, *Der Babylonische Talmud* II, Den Haag 1933, 640.
180   Es handelt sich wahrscheinlich um El'azar bar Qappara. Nach
[H. Strack-] P. Billerbeck, *Kommentar zum NT aus Talmud und Midrasch* I,
München 1926, 927, und E. E. Urbach, *The Sages. Their Concepts and Beliefs*,
Jerusalem 1975, I 542f., ist der hier genannte Eleazar jedoch Eleazar
ben Pedath, der zwischen 250 und 280 lehrte, also ein jüngerer
Zeitgenosse des Origenes.
181   Mann soll nicht vergessen, daß Origenes im Anfang der
dreissiger Jahre des 3. Jhdts. in Caesarea Maritima gelebt hat, wo es
viele Rabbiner gab; siehe N. R. M. de Lange, *Origen and the Jews. Studies
in Jewish-Christian Relations in third-century Palestine*, Cambridge 1976, 1-13;
J. W. Trigg, *Origen*, London 1983, 133-134; L. I. Levine, *The Rabbinic Class
of Roman Palestine in Late Antiquity*, Jerusalem 1989, 87-90.
182   Dazu J. Maier, *Jüdische Auseinandersetzung mit dem Christentum in der
Antike*, Darmstadt 1982, 192 mit Anm. 602. Zur rabbinischen Vorstellung, daß Gott mit seinem Volk ins Exil geht, siehe N. J. Cohen,
Shekhinta ba-Galuta, *JSJ* 13 (1982) 147-159.

nisse aus derselben Zeit stammen, kann diese Interpretation ziemlich genau datiert werden, und bis heute habe ich keine Anzeichen gefunden, daß sie älter ist[183].

Auf derselben Talmudseite steht noch eine andere Erklärung: "R. Oschaja sagte: Es heißt: 'die Wohltat seiner Zerstreuung mit Israel'. Der Heilige, gepriesen sei er, erwies Israel eine Wohltat, indem er sie unter die Völker zerstreut hat". In einem Gespräch mit einem *Min* wird das weiter erklärt: "Weil ihr nicht wißt, wie ihr uns vernichten sollt; (wir) sind ja nicht alle bei euch" (*Pes.* 87b). Die Zerstreuung—abgeleitet durch Umstellung von פרזונו (= Führung) aus Richter 5:11 in פזרונו (פזר = zerstreuen)[184]—ist hier als Wohltat betrachtet, weil Israel nicht mit einem Schlage vernichtet werden kann. Hier wird also nicht mit dem üblichen Wort *golah* den Zustand Israels beschrieben, sondern mit einem ganz ungebräuchlichen Ausdruck, der mehr in die Nähe der alttestamentlichen Terminologie kommt. Aber diese Ansicht steht nur vereinzelt da und kann bestimmt nicht als eine neue, vom Judentum allgemein angenommene Betrachtung der Diaspora gewertet werden. Auch in dem Talmud folgt bald darauf die Aussage: "Der Tag der Exulanteneinsammlung ist so bedeutend wie der Tag, an dem Himmel und Erde erschaffen worden sind" (*Pes.* 88a)[185].

Damit haben wir das Quellenmaterial befragt, wie in jüdischen Kreisen über die Diaspora geurteilt wurde. In einem letzten Kapitel versuchen wir das Bild zusammenzufassen und noch etwas schärfer zu präzisieren.

---

[183] W. D. Davies, *The Territorial Dimension of Judaism*, Berkeley 1982, 93, denkt jedoch, daß das Wort von El'azar von Modiim um 130 n.Chr. stammt.

[184] Obwohl der Terminus *'al tiqre'* hier nicht gebraucht wird, ist es doch deutlich ein Fall von dieser exegetischen Technik; siehe dazu W. Bacher, *Die exegetische Terminologie der jüdischen Traditionsliteratur*, Leipzig 1905, I 175-177, II 194-195. Urbach, *The Sages* I 542.

[185] Schnackenburgs Bemerkung (*Schriften zum NT* 326): "Sogar das streng gesetzliche Judentum (...) sah in der 'Verbannung' (Gola oder Galut) zum Teil eine Wohltat Gottes; ein Gesetzeslehrer begründete das damit, daß die Israeliten nun nicht auf einmal auf der ganzen Erde ausgerottet werden könnten [*Pes.* 87b]", ist eine unzulässige Verallgemeinerung.

V. DAS THEOLOGISCHE VERSTÄNDNIS VON DIASPORA

In seiner berühmten Abhandlung *Cur deus homo* schrieb Anselmus von Canterbury einmal an seinen Interlokutor: "nondum considerasti pondus peccati". In Abwandlung dieses Wortes könnte man von mancher Interpretation der hellenistisch-jüdischen Auffassung vom Begriff 'Diaspora' sagen, daß des öfteren "die Schwere des Wortes" nicht überdacht ist. Das sieht man z.B. in den Kommentaren zu 1 Petrus 1:1. Dort wird meines Wissens die Frage nach der Bedeutung des Ausdrucks in diesem Text niemals richtig, nämlich im Hinblick auf den jüdischen Usus, gestellt, sondern man spricht unmittelbar und spiritualisierend von einer *christlichen* Diaspora, die in dem Gegensatz von: Heimat = Himmel // Diaspora = Erde gefaßt wird, ohne daß man überlegt, ob dieser Sprung so ohne weiteres gemacht werden kann, und ohne daß man bedenkt, daß die Kirchenväter ihn jedenfalls nicht getan haben[186]. Die gute, alte Regel *verba valent usu* darf nicht beiseite geschoben werden. Deshalb ist in diesen Vorlesungen der Usus der Termini διασπείρειν–διασπορά ausführlich zu Worte gekommen. In diesem Schlußkapitel möchten wir versuchen, die aufgezeigten Linien zusammenzufassen, durch eine kritische Prüfung der bis heute vorgetragenen Anschauungen am Textmaterial das Bild schärfer zu bestimmen und dessen Bedeutung ins Licht zu stellen.

Wenn wir uns in diesen Vorlesungen mit der Diaspora des Judentums in seiner hellenistischen Ausprägung befaßt haben, so geschah das, weil hier eine historische Erscheinung von höchster Wichtigkeit vorliegt, die durch ihre geographische Ausbreitung, ihren historischen Einfluß und ihre geistesgeschichtliche Bedeutung für das Judentum, seine

---

[186] Siehe die communis opinio auch bei R. Schnackenburg, *Schriften zum NT*, München 1971, 330; für die Exegese vom ersten Vers des ersten Petrusbriefes ist das einschlägige Material leicht zu finden in den 3 Bänden der Reihe *La Bible Patristique*.

Umgebung und die Nachwelt von großer Bedeutung gewesen ist.

Mit dem Begriff 'Diaspora' hat das Judentum für diese Erscheinung nicht einen in der Profangräzität geläufigen Ausdruck für geographische Ausbreitung aufgegriffen, sondern ein ziemlich ungewöhnliches Wort, das die Auflösung, die Aufspaltung in kleinste Einheiten andeutete. Mit dem Substantiv διασπορά wurde die Welt, in die das Judentum zerstreut war, angedeutet. Es hat sich gezeigt, daß diese merkwürdige Andeutung aus der LXX ihre Erklärung erhält. Dort findet sich in Deut. 28:25 die Aussage: "du wirst sein in der Diaspora", aber auch, zumal die hebräische Vorlage wenig Abstrakta kennt, Umschreibungen wie "das Land, wohin der Herr euch zerstreut hat". Deshalb haben wir neben das Substantiv auch das Verbum διασπείρειν mit in Betracht gezogen.

Denn διασπορά bedeutet nicht nur das Land, über das man zerstreut ist, sondern auch die Tat des Zerstreuens sowie die Leute, die zerstreut sind. Aber um recht zu verstehen, was mit diesem Verbum ausgesagt worden ist, muß man sehen, in welchem Kontext es steht.

Bei dieser Untersuchung hat sich folgendes gezeigt:

Erstens haben die griechischen Übersetzer mit diesem einen Begriff eine sehr große Vielheit von hebräischen Wörtern wiedergegeben. Sie haben also ein einziges Bild hinter eine vielleicht durch die Vorlage angedeutete Vielheit von Erscheinungen gesehen.

Zweitens trat dieser Begriff immer in einem ziemlich feststehenden Kontext auf. Die Terminologie war konstant: διασπείρειν geht zusammen mit "Sündigen", "Bekehrung", Zurückführung", und dabei ist es meistens Israels Gott, der das Subjekt des Zerstreuens und Zurückführens ist (oder aber Menschen, die Werkzeuge in seiner Hand sind). Die Zerstreuung gilt als Strafe Gottes für die Sünde des Volkes. Das schon in der Profangräzität stark in einem ungünstigen Sinne verwendete Wort διασπείρειν ist in einen religiösen Kontext aufgenommen und gehört dadurch zu der Sprache nicht der jüdischen Geographie, sondern der jüdischen Religion.

Drittens hat in dieser Anschauung eine starke Kontinuität bestanden, die durch Jahrhunderte gleich blieb. In einem Teil der Texte erscheint sie als Bedrohung, die eintreten wird, wenn das Volk schwer sündigt; in einem anderen Teil als eine bestehende Wirklichkeit, weil Israel gesündigt hat. Manche Schriften, wie z.B. die *Testamente der zwölf Patriarchen*, haben die Form pseudepigraphischer Prophetie benutzt, so daß sich nicht entscheiden läßt, ob man hier mit einem Drohwort oder mit einer Tatsache zu rechnen hat.

Viertens löst die Zerstreuung die Existenz des Volkes so stark auf, daß sie diese fast vernichtet, daß nur wenige übrig bleiben und daß sie den Leuten, die von ihr betroffen wurden, Sklaverei, Schmach und Fluch bringt. Aber vor allem ist es von Bedeutung, daß immer wieder gesagt wird, daß es ein Zerstreuen ἐν τοῖς ἔθνεσιν ist, und das sind hier bestimmt die Nicht-Israeliten, die Heiden[187].

Die Diaspora ist das größte Unglück für das Volk. Das zeigt sich auch darin, daß das Verbum seine Parallele in διασκορπίζειν hat, das oft dieselben hebräischen Wörter übersetzt[188] und im gleichen Zusammenhang mit διασπείρειν–διασπορά vorkommt[189]. Weshalb die LXX-Übersetzer in bestimmten Fällen das eine oder das andere Wort gewählt haben, ist mir noch immer ein Rätsel. Auch das Substantiv διασκορπισμός wird einige Male gebraucht, aber man kann nicht sagen, daß dieser Ausdruck an sich eine ungünstigere Bedeutung hat als διασπορά. Da das Wort διασπορά bei Epikur bekannt ist und die Auflösung in Atome angibt (oben, S.74f.), ist es möglich, daß die jüdischen Übersetzer eben von dorther den Ausdruck entlehnt haben, weil er so typisch für den von ihnen gemeinten Prozeß ist. Aber weil wir die Protokolle der Übersetzer nicht kennen, bleibt das eine bloße Vermutung.

An dieser Stelle möchte ich auch eine Frage, die uns schon früher begegnet ist und unbeantwortet blieb, wieder aufnehmen. Schmidt u.a. haben darauf hingewiesen, daß διασπορά–

---

187 Siehe N. Walter, ἔθνος, *EWNT* I (1980), 924-929.
188 Siehe die Konkordanz von Hatch-Redpath *s.vv.*
189 O. Michel, σκορπίζω κτλ., *TWNT* VII 419-421.

διασπείρειν nie Übersetzung von גלה – גולה ist, denn diese hebräische Wörter sind mit αἰχμαλωσία, ἀποικία u.s.w. wiedergegeben. Schmidt war der Meinung, daß die LXX den konkreteren Sprachgebrauch über Deportation, Exil zurückgedrängt und durch eine abstraktere Formulierung ersetzt hat[190]. Mit Rücksicht auf das Vokabular der LXX ist diese Behauptung sicher unrichtig, denn die Exil-Terminologie ist in der LXX bestimmt bewahrt, während die Zerstreuungsformeln an ganz anderen Stellen stehen. In diesem Zusammenhang ist es auch merkwürdig, daß Josephus, vor allem in den Büchern X und XI der *Antiquitates*, ruhig die Exil-Terminologie verwendet, während er, wie wir feststellten, niemals von 'Diaspora' spricht. Auch dürfen wir vielleicht darauf hinweisen, daß die Rabbinen διασπορά nicht unter ihren vielen Lehnwörtern aufgenommen haben[191], sondern immer von גולה u.s.w. sprechen, während sie in anderen Fällen oft neben einem semitischen einen griechischen Ausdruck gebrauchten. Es könnte sein, daß hier bewust das Wort vermieden ist. Jedenfalls soll gesagt werden, daß nicht die Deportation, das Exil, die schlimmere Strafe ist, sondern die Zerstreuung. Das zeigt sich im Alten Testament sehr deutlich, wenn die in vieler Hinsicht parallelen Kapitel Lev. 26, Deut. 28 und 3 Kön. 8 miteinander verglichen werden: die letzten Schrecken, die in den Fluchkapiteln des Gesetzes gefunden werden, sind nicht im Gebet Salomos zu lesen. Natürlich ist diese Gefangenschaft, dieses Exil schrecklich, aber das Zerstreuen ist schrecklicher. Es würde zu weit führen, hier eine semasiologische Studie der Exil-Terminologie zu geben, aber in zwei Bemerkungen möchte ich den Unterschied mit διασπορά zusammenfassen:

1) Die Zerstreuung sendet das Volk in die ganze Welt, während die Deportation mehr in bestimmten Ländern lokalisiert ist, und 2) —was weit wichtiger ist—im Exil bleibt noch ein gewisser Zusammenhang gewahrt; diese Gefangen-

---

[190] *TWNT* II 99.
[191] Siehe S. Krauss, *Griechische und lateinische Lehnwörter im Talmud, Midrasch und Targum*, 2 Bände, Berlin 1898-1899.

schaft ist schrecklich, aber es besteht doch noch eine Verbindung zwischen den Teilen des Volkes, die zusammen wohnen; in der Zerstreuung dagegen—so ist die Vorstellung—wird das aufgehoben, werden die Verbindungen aufgelöst und geht das Volk fast ganz zugrunde. Es ist sprachlich nicht erlaubt, den Unterschied so wie Van Selms zu formulieren, dass nämlich das Exil die gezwungene, die Diaspora die freiwillige Emigration der Juden aus Palästina angibt[192]. Dem sprachlichen Befund kann man nicht entgegenhalten, daß die Juden in der sogenannten Diaspora, z.B. in Alexandrien, in Rom und Kleinasien, in großen Gruppen zusammengelebt haben, Synagogen hatten, und als Juden so gut wie möglich lebten. Haben die Juden sich nicht ernstlich um das Bürgerrecht in Städten der hellenistischen und römischen Welt bemüht[193] und sich darauf berufen (vgl. Josephus)? Gewiß, aber das diente dem Schutz ihrer Existenz, besagt aber wenig über ihre Anschauung im Licht der Religion. Das Erstaunliche ist eben, daß sie diese Situation gerade als 'Diaspora' bezeichnet haben und sich darüber im Klaren waren, was das bedeutete.

Daß die Juden ihr Leben in der weiten Welt, auch in der Freiheit, die sie genossen, als ein großes Unglück gesehen haben, zeigt sich auch darin, daß die "die Sammlung der Zerstreuten" ein fester Bestandteil der jüdischen Zukunftserwartung war und geblieben ist. Schon bei den alttestamentlichen Propheten ist diese Hoffnung ausgedrückt, und die Zusage nach der Bedrohung im Gesetz (Lev. 26, Deut. 30:1ff.) war für die spätere Generationen der Anker der Hoffnung im Meer der Unsicherheit (siehe die Menge von Texten, die dieser Erwartung Ausdruck verleihen, in Billerbecks Sammlung[194]). Sie war so stark im Judentum, daß auch Philon, wie

---

[192] *RGG* II (3. Aufl.) 175.
[193] Tcherikover, *Hellenistic Civilization and the Jews* 309-327. A. Kasher, *The Jews in Hellenistic and Roman Egypt. The Struggle for Equal Rights*, Tübingen 1985, *passim*.
[194] *Kommentar zum NT* IV 902-910. Vgl. auch G. Fohrer, Σιών, *TWNT* VII 314-5; und speziell W. D. Davies, *The Territorial Dimension of Judaism*, Berkeley–London 1982, *passim*; nun auch E. P. Sanders, *Judaism: Practice*

wir sahen (S.133), diese teilt und nicht spiritualisiert; ja, daß hier das einzige Stück messianischer Hoffnung bei dem Alexandriner zu finden ist. Die Sammlung durch Gott oder den Messias ist das ständige und unentbehrliche Komplement zur Zerstreuung. Wie man sich diese Rückkehr in concreto gedacht hat, wie diese mit der Überbevölkerung Palästinas, die nach Philon (oben, S.135–6) der Grund dafür gewesen ist, daß auch Jerusalem Kolonien ausgeschickt hat, in Übereinstimmung zu bringen ist, bleibt im Unklaren. Aber nicht unsicher ist, daß das Judentum als Ganzes diese Erwartung gehegt hat und aus der Diaspora zurückgebracht zu werden verlangte. Nun könnte man fragen, ob diese Hoffnung ein stets wiederholter dogmatischer Satz oder Ausdruck der persönlichen Erwartung war. Dann kann darauf hingewiesen werden, daß in der Geschichte wohl von einer Rückkehr aus dem Exil die Rede ist, daß jedoch nichts davon zu spüren ist, daß die Menschen in Massen aus der Diaspora nach Palästina zurückkehrten. Die Situation in der Diaspora war doch nicht so unangenehm—so wird dargelegt—daß sie die Rückreise antraten, obwohl sie als freie Menschen dazu doch die Gelegenheit hatten; im Gegenteil, die Pilger besuchten Jerusalem und fuhren dann wieder nach Ägypten, Griechenland, u.s.w., wo immer sie wohnten, zurück. Das ist zwar richtig, aber es läßt sich fragen, ob die Erklärung, daß sie somit die Diaspora nicht als etwas Schreckliches empfunden haben, so daß dann die immer wieder ausgesprochene Hoffnung auf Sammlung als pflichtgemäße dogmatische Wiederholung zu beurteilen wäre, richtig ist. Leider haben wir keine offizielle Erklärung dieses Verhaltens von Juden dieser Zeit. Aber es ist bekannt, wie später in jüdischen Kreisen zu dieser Frage Stellung genommen ist: die Rückführung ist nicht Sache menschlicher Organisation, sondern Gottes Befreiungstat[195]. In den Texten des Alten Testaments

---

and Belief 63 BCE–66 CE, London 1992, 291ff.

[195] Davies, *Territorial Domension* 50, 95-96, 104-106. Rabbinische Stellen über die Verpflichtung, in Eretz Israel zu wohnen bei Urbach, *Sages* I 675-676.

und aus späterer Zeit ist es der Herr selber, der das Panier ergreift und die Wiedervereinigung im Lande der Väter zustande bringen wird; man betet immer wieder, z.B. im *Schemone Esre* 10, daß er das Volk aus der ganzen Welt sammle. Israel kann nur durch Bekehrung vom ganzen Herzen, durch treue Befolgung des Gesetzes die Voraussetzungen dazu schaffen. Dieser Gehorsam hat sich in den schwierigen Verhältnissen, die das Leben in einer heidnischen Umgebung mit sich bringt, zu bewähren, wo die Befolgung der Gesetzesvorschriften oft genug zu einer Belastung wurde.

Die Hoffnung auf Wiederkehr war nicht einfach die heisse Sehnsucht eines geplagten und geschlagenen Volkes, eine Art psychologischer Kompensation. Sie war auch kein dogmatischer Lehrsatz, der wiederholt wurde ohne einen echten Wiederhall in der menschlichen Existenz zu finden. Hier war etwas ganz Anderes im Spiel. Seit Nehemja 1:8-9 hört man immer wieder in den Texten, daß Moses zitiert wird. In den Schuldbekenntnissen wird offen ausgesprochen, daß Gott durch Moses seine Warnungen gegeben hat und bei *Baruch* und *3. Makkab.* beruft das Volk sich auf die göttliche Zusage in Lev. 26:44. Philon widmet den 'Flüchen' von Lev. 26 und Deut. 28 eine eigene Schrift (oben, S.132). Das Bild der Diaspora (und der Zurückführung) ist nicht von einem einsichtsreichen Theologen bedacht, sondern ist nach der Auffassung der Juden in Palästina und in der Diaspora durch 'Gesetz und Propheten', d.h. duch Gott persönlich geformt: Er hat voraus gesagt, was geschehen werde, wenn Israel ungehorsam ist, Er hat versprochen, was Er tun werde, wenn Israel seinen Geboten gehorcht.

Wir haben früher schon darauf hingewiesen, welche Bedeutung die Synagogen mit ihrer regelmäßigen Lesung des Gesetzes gehabt haben. Immer wieder kehrte in einem festen Rhythmus das alles zurück, auch die Perikopen über der Zerstreuung. Durch die Schriftlesung wurde das jüdische Volk, auch in der Diaspora, mit den Gesetzen durchdränkt. Philon gab in seinen *Hypothetica* einen guten Eindruck davon, natürlich in seinem etwas überschwänglichen Stil: Die Juden

sammeln sich am Sabbat um "nebeneinander sitzend, unter
Scheu und Ehrfurcht die Vorlesung der Gesetze anzuhören,
damit jeder mit ihrem Inhalt vertraut wurde...; sie sind, ohne
erst fragen zu müssen, gesetzeskundig...; so ist jedermann
imstande, seiner Frau, seinen Kindern und Knechten das
Gesetz zu überliefern (παραδιδόναι)"[196]. Vielleicht kann man
noch hinzufügen, daß in der Mischna vorgeschrieben wird,
daß an den Fasttagen "die Segnungen und die Flüche" gelesen werden sollen[197], d.h. Lev. 26 und Deut. 28. Wir wissen
nicht, wie alt diese Regel ist und ob sie in der hellenistischen
Zeit schon bestand; auch können wir nicht feststellen, ob sie
auch in den Diasporasynagogen galt. Doch zeigt sie, welch
eminente Bedeutung eben diesen Kapiteln zuerkannt wurde;
sie waren nicht nur ein Teil der Torah wie andere, sondern
gehörten zu den besonderen Abschnitten[198]. Und man kann
sich denken, welchen Eindruck sie an diesen Tagen des
Fastens und der Zerknirschung des Herzens der Sünden
wegen gemacht haben. In diesem Zusammenhang darf wohl
auch daran erinnert werden, daß in *Baruch* 1:14 auch eine
liturgische Anweisung für die Tage steht, an denen der
'Diaspora-Teil' dieses Buches gelesen werden soll (siehe oben,
S.117–8)[199].

Obwohl es vorläufig noch unsicher ist, ob diese Kapitel in
der uns interessierenden Zeit liturgisch schon so prononziert
waren, ist es nicht zweifelhaft, daß sie im Gesetz einen
großen Raum und einen bestimmten Platz einnehmen; sie
bilden den Abschluß der Bundesschliessung: je nachdem, ob
diese Gebote erfüllt oder nicht erfüllt werden, wird Segen oder
Fluch eintreten. Für Israel war das Gesetz Zeichen der
Auserwählung (Ps. 147:19-20) und Grundlage der Existenz als

---

[196] *Hypothetica* VII 13-14.
[197] *Megilla* III 6; dazu L. Tetzner, *Megilla*, Die Mischna II 10, Berlin
1968, 107-109.
[198] Tetzner, *Megilla* 108-9, bemerkt, "daß dies das einzige Beispiel
einer 'Überspringung' bei der Tora-Lesung ist, d.h. daß eine Lesung
aus zwei verschiedenen Abschnitten besteht".
[199] Für den ganz anderen Gebrauch der Flüche aus Deut. 28 in
Grabinschriften siehe P. W. van der Horst, *Ancient Jewish Epitaphs*,
Kampen 1991, 56–57.

Gottesvolk. So hatte Gott einmal durch Moses gesprochen; so spricht Er noch immer, wenn das Gesetz gelesen und gelernt wird! Den Eindruck dieser Schriftlesung soll man nicht unterschätzen; hier wurde immer wieder, Woche um Woche, die Stimme des Herrn aktuell. Wenn man historisch-kritisches Studium der Bibel gewohnt ist und die Torah auf die dort verarbeiteten Traditionen untersucht, wenn man nicht die Schrift als Gottes Offenbarungswort annimmt, ist es vielleicht sehr schwer, sich in die Geisteshaltung derjenigen Leute zu versetzen, für die wirklich das Gesetz von Gott selbst gesprochen und gegeben war, und den Eindruck zu ermessen, der von dieser regelmäßigen Lesung des Gesetzes ausging. Und doch ist dies der einzige Weg, die Juden auch in der Diaspora zu verstehen. Also: was im Gesetz über die Zerstreuung geschrieben stand, war Gottes Wort und deswegen wahr.

Durch die LXX sind die schweren Worte in Gesetz und Propheten bestimmt nicht abgeschwächt oder verschleiert worden. Die Terminologie der griechischen Übersetzung drückte, wie z.B. Philon in seiner Definition von διασπείρειν und in seiner Exegese von Gen. 11 (oben, S.131) klar macht, deutlich auch eine schreckliche Wirklichkeit aus. Nun kann man natürlich wohl behaupten, daß die Auffassung in der Diaspora anders war, aber zum Beweis dieser Behauptung muß man dann auch Texte herbeiführen. Und das wird kaum gelingen. Überall wo wir die Worte διασπείρειν und διασπορά begegneten, waren sie mit Unheil beladen. Man kann hier nicht mit Dahl einen Unterschied zwischen den Palästinensern und Dogmatikern einerseits und den echten Diaspora-Juden anderseits machen[200]. Denn es war nicht nur eine Auffassung von Palästinensern; es wurde auch in den *Sibyllinen* gesagt, wie Dahl selber bemerkt, und es wurde durch griechische Übersetzungen verbreitet. Es war nicht eine Ansicht der Dogmatiker, sondern es stand in der Schrift, in Gottes Wort (und dabei können wir die Frage, ob es im Judentum überhaupt 'Dogmatiker' gegeben hat, beiseite

---

[200] N. A. Dahl, *Das Volk Gottes*, Oslo 1941, 93.

lassen). Bei unserer ausführlichen Behandlung von Philon
und Josephus, auf die Dahl sich beruft, haben wir schon
dargelegt, daß man die Texte dieser Schriftsteller teils anders
interpretieren, teils mit anderen Aussagen in Verbindung
bringen muß, wodurch das Ganze in eine andere Beleuchtung gerückt wird. Dabei soll man niemals vergessen, daß
diese Autoren Apologeten waren und deshalb ihr Zeugnis für
das Selbstverständnis der Diaspora nur sehr beschränkt gültig
ist.

Natürlich sprechen wir hier davon, wie das jüdische Volk
als Ganzes seine Existenz in der Diaspora verstanden hat,
nicht wie ein individueller Jude sich gefühlt hat. Er mag sich
oft sehr wohl gefühlt haben. Der Einzelne mag versucht
haben, sich so gut wie möglich in den Diasporaländern zu
Hause zu fühlen, wie z.B. Philon sagt, daß sie ihre Wohnorte
als Vaterland betrachteten (*In Flaccum* 46). Diese individuellen
Ansichten sind jedoch nicht entscheidend für das Judentum
in seiner Ganzheit. Selbstverständlich konnte Philon nicht
anders sagen, als daß die Juden ihren Wohnort als ihr
Vaterland betrachten, denn gerade ihr Lebensrecht stand auf
dem Spiel. Aber diese 'Erklärung' der jüdischen Ausbreitung
durch den Vergleich mit der bei den Griechen bekannten
Kolonisation steht sehr vereinzelt da. Sie paßt auch nicht zur
jüdischen Gedankenwelt, wie sie im Alten Testament
gezeichnet ist. Die Erwählung Israels als Volk Gottes ist
gebunden an das Heilige Land, das den Patriarchen versprochen war. Dort sollte dem Gott Abrahams, Isaaks und Jakobs
von einem heiligen Volk gedient werden, das seine Gebote
hielt. Nur wo das Heiligtum mit seinen Altären stand,
konnten die Opfer gebracht werden; nur dort konnten die
Reinheitsgesetze wirklich beachtet werden. Das Leben außerhalb der Grenzen des gelobten Landes war eine Abnormalität,
die immer wieder die frommen Juden verunreinigte, weil sie
inmitten der Heiden lebten. Dort war es unmöglich, die Gebote völlig zu halten[201]. Man könnte natürlich notgedrungen

---

[201] Siehe das Zitat aus den *Constitutiones Apostolicae* VI 25, oben Anm.
69.

versuchen, dem Gesetz so gut wie möglich nachzukommen, aber auch so war es eine abnormale Situation, denn das Volk Gottes gehörte ins Land der Väter, und wenn man im 'Ausland', unter den Heidenvölkern lebte, wurde man immer wieder durch Gesetz und Propheten daran erinnert. Und selbst wo man einer kommenden Weltherrschaft Gottes entgegensah, ging die Erwartung doch dahin, daß Jerusalem das Zentrum sein werde, von dem das Gesetz ausgeht.

Bei der Beurteilung von διασπορά, die wir in unserem ersten Kapitel skizziert haben, scheinen die Forscher oft von dem Gedanken auszugehen, die Ausbreitung an sich sei eine schöne Sache, die auch als solche von den Juden begrüßt wurde. Weil dieser Gedanke oft unausgesprochen bleibt, ist er desto gefährlicher. Hier spüre ich eine, fast möchte ich sagen: kolonialistische Mentalität; vielleicht ist es besser zu sagen: eine allgemeinmenschliche Wertschätzung, daß Eroberung, Ausbreitung ein erstrebenswertes Gut ist, das den Menschen mit Stolz erfüllt. Und diese Auffassung schreibt man auch den Juden der Diaspora zu. Nun mag auch für sie gelten: *homo sum, humani nil a me alienum puto*, und so ist es sehr gut möglich, daß einige Juden diesen Gedanken gehegt haben. Aber er ist nur möglich, wenn das Wort διασπορά gleichbedeutend mit 'Ausbreitung' wäre. Unsere Darlegungen haben, so hoffe ich, gezeigt, daß eine derartige Entleerung des Sinngehaltes sich nicht nachweisen läßt. Im Gegenteil, sowohl die schwere ungünstige Bedeutung des Wortes wie die Zusammenhänge, in denen es verwendet wird, machen es unmöglich, hier an eine an sich erstrebenswerte Ausbreitung zu denken.

Vielleicht kann doch wohl von einem Hochgefühl bei Diaspora-Juden gesprochen werden, aber dieses fand seinen Grund nicht in der geographischen Expansion, sondern anderswo. Dieser Stolz wird klar ausgesprochen bei Paulus in Röm. 2:17ff.: "Du magst dich aber einen Juden nennen und dich auf das Gesetz verlassen und dich Gottes rühmen und, aus dem Gesetz unterrichtet, seinen Willen erkennen und beurteilen, was recht und unrecht sei, und überzeugt sein, du seiest ein Führer der Blinden, ein Licht derer, die in Finsternis sind, ein Erzieher der Unverständigen, ein Lehrer der Unmündigen, der im Gesetz die Verkörperung des Wissens und der Wahrheit habe". Deshalb weiß der Jude im römischen Reich sich über seine Umgebung erhaben, weil er das Gesetz des einzigen wahren Gottes hat. Die Werke des Philon und Josephus (vor allem sein *Contra Apionem*, aber auch die *Antiquitates*) sind getragen von dem Gedanken, daß die jüdischen Gesetze, wie sie durch Moses gegeben sind, die besten und allein wahren seien. Die ganze jüdisch-hellenistische Literatur, so weit wir diese kenne, ist dieser Meinung[202]. Der Juden Vorzug war ihr Gesetz. Deshalb wurde mit Freude erwähnt, welche Anziehungskraft das Gesetz unter den Heiden ausübte und wie die Proselyten sich dem Judentum anschlossen. Daß den Juden τὰ λόγια τοῦ θεοῦ[203] anvertraut wurden, ist auch nach Paulus der Vorzug des Juden gegenüber den Heiden. Aber diese Auszeichnung machte die Position des Juden in seiner Umwelt nicht besser und angenehmer; sie war eben der Grund seiner 'Apartheid' und nötigte ihn, sehr besonderen Lebensregeln zu folgen.

Also: nicht die Ausbreitung an sich, wohl aber der Besitz des Gesetzes, das auch in der Diaspora die Juden begleitete, war der Grund des Stolzes. Daß in der mißlichen Lage der Zerstreuung durch die Herrlichkeit des Gesetzes dennoch Proselyten gewonnen wurden, war eine gute Folge einer an sich schlechten Sache. Die 'Heiden' möchten die jüdische Gemeinden, die fast überall in der Welt zu finden waren, als Kolonien betrachten, in derselben Weise, wie Angehörige anderer Völker sich über die Mittelmeerwelt verbreitet haben; sie könnten meinen, daß die Juden Anhänger für ihre Gottesverehrung und väterliche Philosophie wie andere orientalische Religionen gewannen; für das Judentum war die Situation ganz anders, weil gerade das Gesetz, ihr Stolz, sie

---

[202] G. Delling, *Die Bewältigung der Diasporasituation durch das hellenistische Judentum*, Berlin 1987, 27-41 *et passim*.
[203] Röm. 3:2; zum Begriff H. Schlier, *Der Römerbrief*, Freiburg-Basel 1977, 92.

etwas anderes lehrte: die Diaspora war keine neutrale Sache, sondern durch Gottes Strafe wegen Israels Gesetzesübertretung verursacht.

Diese Beurteilung der Diaspora ist, wie aus den Texten hervorgeht, nicht eine späte Erfindung von Judenfeinden, sondern stand schon in den Heiligen Schriften. Diese Bemerkung soll hier ausdrücklich gemacht werden, weil merkwürdigerweise der französische Schriftsteller Jules Isaac diese Tatsache ganz außer Acht gelassen hat und deshalb seine Absicht, das jüdisch-christliche Religionsgespräch von einer falschen Vorstellung auf christlicher Seite zu befreien, nicht erreicht. In seinem Buch *L'enseignement du mépris*[204] behandelt er als erstes Thema dieser (christlichen) Lehre der Verhöhnung (der Juden) die Auffassung, daß die Diaspora der Juden eine göttlich-providentielle Strafe für die Kreuzigung Jesu ist. Wir brauchen hier nicht zu untersuchen, ob und wie stark diese Anschauung unter Christen vertreten wird; nur möchte ich erklären, daß sie mir in meiner Umgebung in den Niederlanden und auch in der mir zugänglichen theologischen Literatur niemals begegnet ist. Aber ich nehme gerne an, daß Isaac andere Erfahrungen gemacht hat; er gibt jedenfalls einige Belege aus Frankreich. Richtig ist an seiner Darlegung, daß die Erklärung, die Diaspora sei Gottes Strafe für die Kreuzigung, bei einigen Kirchenvätern gefunden wird[205]. Zur Entlarvung und Wiederlegung dieser 'christlichen' These unterscheidet Isaac zwischen der Diaspora als historischem Faktum und der Diaspora als Mythos: die erste bestand schon längst in der vorchristlichen Zeit, die zweite ist eine christliche Erfindung und Gehässigkeit. Niemand wird den ersten Teil dieser These bestreiten; jeder weiß, daß die Juden schon längst vor 70 n.Chr. in der weiten Welt verbreitet

---

204 Paris 1962.
205 Tertullian, *Adversus Judaeos* 13; Origenes, *Contra Celsum* I 47; siehe auch A. Stuiber, Diaspora, *RAC* 3 (1957) 975ff.; weiteres diesbezügliches Material ist zu finden in den Abschnitten über die Kirchenväter in K. H. Rengstorf (Hrsg.), *Kirche und Synagoge. Handbuch zur Geschichte von Christen und Juden* I, Stuttgart 1968, 84-209 (mit Beiträgen von B. Blumenkranz, B. Kötting und W. Cramer).

waren. Aber daß die Diaspora eine Strafe für Israels Sünden war, ist nicht erst von den Kirchenvätern ausgedacht, denn dieser 'Mythos' stammt aus dem Alten Testament. Weil Isaac auch nicht gefragt hat, woher die Vokabel 'Diaspora' stammt und was sie bedeutet, sondern sie unbesehen übernommen hat, wird die ganze Fragestellung getrübt. Die Christen haben den 'Diaspora-Mythos' nicht ersonnen; sie haben die Linien der unter den Juden verbreiteten Auffassung nachgezogen und die Verbindung zwischen der Kreuzigung Jesu durch die Juden und der Sündenschuld, die der Diaspora zugrunde liegen mußte, hergestellt (und natürlich hat der tiefe Eindruck, den die Verwüstung Jerusalems und die Vertreibung der Juden aus der heiligen Stadt gemacht hat, dabei eine große Rolle gespielt). Dadurch haben sie das jüdisch-christliche Religionsgespräch mit einer schweren Hypothek, die schreckliche Folgen gehabt hat, belastet. Dies aufgewiesen zu haben, ist das Verdienst Isaacs. Aber die Wurzel der Diaspora-'Mythologie' liegt nicht dort, wo Isaac sie gesucht hat, und im Interesse einer sauberen Diskussion soll klar herausgestellt werden, wie sich die Sache wirklich verhält.

Im ersten Kapitel haben wir neben die Auffassung Karl Ludwig Schmidts die von dem Amerikaner James Hardy Ropes gestellt. Unsere Ausführungen haben gezeigt, daß die Anschauung von Schmidt unhaltbar ist und daß die Analyse von Ropes das Richtige getroffen hat, d.h. daß die jüdische Schriften die Diaspora als ein Unglück angesehen und dargestellt haben. Leider hat Ropes sich nur auf die LXX beschränkt und das LXX-Vokabular nicht genügend in Verbindung mit dem griechischen Sprachgebrauch im allgemeinen gesetzt. Zudem muß gesagt werden, daß die von Ropes gegebenen Erklärungen deshalb den jüdischen Autoren Unrecht tun, weil sie zu anthropozentrisch sind. In der hellenistisch-römischen Welt wurde die Diaspora-Vorstellung nicht durch Angst vor Assimilation und Hoffnung auf Konzentration der Kräfte im eigenen Land, sondern durch die Worte Gottes in Gesetz und Propheten getragen. Nicht das Exil hat hier vorbildlich gewirkt, sondern die Offenbarung. Mit

Absicht haben wir nicht untersucht, wann diese Vorstellung in der Religionsgeschichte Israels aufgekommen ist—man möchte vermuten im 7. Jhdt. v. Chr., und zwar wegen der Übereinstimmung von Deuteronomium und Jeremia (vielleicht unter dem Eindruck der Deportation der zehn Stämme?). In der Zeit nach Alexander dem Großen, als die Erscheinung, die wir Diaspora nennen, anfing, war jedoch die Vorstellung vom Zerstreuen als Sündenstrafe und von seiner Aufhebung durch Zurückführung nach Bekehrung schon fest in der Tradition verankert. In dieser Zeit gehört der Begriff des 'Zerstreuens' bereits zur theokratischen Geschichtsanschauung des jüdischen Volkes, und es ist nicht sehr wichtig, wie diese Vorstellung entstanden ist, sondern wichtiger was darin als Gottes Wille verstanden ist und wie sich das jüdische Volk dazu bekannt hat.

Die Auffassung der Diaspora als Gottes Strafe für die Sünden des Volkes war nicht ein beiläufiges Theologoumenon, sondern gehörte wesentlich zum Bekenntnis des jüdischen Volkes. Deshalb hatte Karl Ludwig Schmidt ganz recht, wenn er schrieb, daß sie "eine spezifisch biblisch-theologische Bedeutung"[206] gehabt hat; die Art dieser Bedeutung hat er jedoch nicht richtig bestimmt. Konstitutiv für Israels Religion war der Bundesbegriff: JHWH ist Israels Gott—Israel ist das Volk von JHWH. Durch diesen Bund hat Gott dem Volk seinen Segen zugesagt, aber das Volk ist verpflichtet, heilig, d.h. nach Gottes Geboten, zu leben. Und dieses heilige Leben soll in dem Lande gelebt werden, das den Vätern versprochen war und das Israel als Erbteil bekam. Wenn das Volk seinem Gott nicht gehorcht, dann wird Gott seine Strafen senden, deren letzte die Zerstreuung ist, obwohl ein Weg zur Wiederkehr offen bleibt.

Mit diesem Worte seines Gottes stand das jüdische Volk in der Welt. Das war ein ungeheures Verständnis seiner Existenz, vor allem in der Zeit nach Alexander, als die Situation sich immer mehr dahingehend veränderte, daß zwar ein Teil des Volkes im heiligen Lande wohnte, aber viele, viele

---

[206] *TWNT* II 98.

Zehntausende von Juden draußen "unter den Heidenvölkern" in der ganzen Welt wohnen und leben mußten. Und sie wußten, daß sie nicht nur im Ausland, in der Fremde wohnten, sondern in der Zerstreuung. Damit war ihr Leben gebrandmarkt. Nur Bekehrung, ein treues Erfüllen des Gesetzes, konnte den Weg zu Gottes Gnade und der Rückführung des Volkes öffnen. So war das jüdische Volk eine Einheit, durch Gottes Gesetz als Gabe und Aufgabe umschlossen, und dennoch geteilt in Heimat und Diaspora, zum Teil zerstreut über die ganze Welt, die mehr und mehr zu einer größeren Einheit anwuchs.

So lebt das Judentum gerade in derselben Zeit und in derselben Welt, in der die griechische Denker der geographisch und politisch sich immer mehr realisierenden Oikumene eine ideologische Grundlage gaben: der ganze Kosmos eine Stadt. Später findet dieser Gedanke eine gewisse Verwirklichung in der Pax Romana, in der die Welt Mutter und Vaterland aller ist; denn man kann, ohne durch Grenzen behindert zu werden, überallhin reisen. Die Entwicklung der antiken Menschheitsidee braucht hier nicht beschrieben zu werden[207]. Aber dieser immer stärker sich verbreitende Kosmopolitismus wird hier erwähnt, um uns ins Bewußtsein zu rufen, wie sehr das Judentum mit seiner Diaspora-Anschauung dem Geist der Zeit und der Umgebung widersprach. Philon hat versucht, irgendwie eine Synthese zu schaffen, aber die alexandrinischen Wirren zeigen, daß eine solche Verschmelzung zutiefst unmöglich war und daß man zu wählen hatte. Hier standen zwei Auffassungen von der Welt, vom Leben, von der menschlichen Bestimmung rivalisierend nebeneinander. Und es schien mir angebracht, wenn auch nur ganz kurz, auf diese Spannung zwischen Diaspora-Auffassung und der Auffassung der Umwelt hinzuweisen. In dieser Konkurrenz zeigt sich seine Größe.

Aber der Diaspora-Gedanke ist nicht nur eine sehr prononzierte religiöse Weltanschauung; er ist, wie wir sahen, fest im

---

[207] Dazu M. Mühl, *Die antike Menschheitsidee in ihrer geschichtlichen Entwicklung*, Leipzig 1928.

Bundesverhältnis zwischen Gott und Israel verankert. Und darin offenbart sich eine Perspektive, die uns m.E. erst recht die tiefe Bedeutung dieses Wortes erschließt.

In den Texten, die vom Zerstreuen sprechen, haben wir gesehen, daß das Volk mit dieser Strafe als *ultima ratio* bedroht wird, damit es auf dem Weg des Bundes bleibe, aber auch, daß Gott, wenn es doch einmal zu diesem letzten gekommen ist, dennoch die Aussicht auf sein Erbarmen und auf die Zurückführung öffnet. Die Diaspora ist nicht ein Automatismus oder ein unglückliches, tragisches Schicksal, sondern Tat, Strafe Gottes, und die Rückkehr ist keine glückliche Wendung der Umstände, sondern wiederum Tat, Sammlung Gottes. Gott nimmt den Bund ernst, und Er bleibt treu an dem, was Er den Vätern versprochen hat. Hiervon hat Israel gehört und es bekennt sich dem Gott, der mit seinem Volke in der Geschichte handelt und der ihm die Treue hält.

In anderen Texten ist die Zerstreuung nicht eine Möglichkeit, sondern eine schreckliche Tatsache. In oft ergreifenden Bekenntnissen wird die Sünde, die diese Lage verschuldet hat, ausgesprochen und um Gottes Erbarmen gefleht. Im Vordergrund steht dabei immer die Erkenntnis der Gerechtigkeit Gottes: "Du, o Herr, bleibest im Recht, wir aber müßen vor Scham erröten" (Dan. 9:7). Das Volk widersetzt sich nicht, klagt seinen Gott nicht an, sondern gibt ihm recht. In der Diaspora wird die Strafe empfunden und angenommen, aber wie sehr auch die völkische Existenz durch diese Auflösung bedroht wird, man darf doch auf Gottes Gnade hoffen. In der Zerstreuung sieht man nicht nur das Elend, sondern man hört die Stimme, die zur Bekehrung ruft. Auch unter dieser Strafe bleibt man noch mit Gott verbunden, weil Er die Treue hält. Gerade im Vollzug der Züchtigung, wenn das Volk zerstreut wird, so wie Spreu und Asche durch den Wind, wenn es sich auflöst in Atome, gerade auch in der Strafe der Diaspora bleibt man dennoch Gottes Volk, das hoffen darf: "Wenn auch deine Diaspora von einem Ende des Himmels bis zum anderen wäre, so wird dich dort der Herr, dein Gott, von dannen sammeln" (Deut. 30:4). Das ist die

Paradoxie der Diaspora, die Schuld und Hoffnung umfaßt, weil der Herr es gesagt hat, der Herr, dessen Gerechtigkeit seine Treue ist.

Als das jüdische Volk in den Ländern der Mittelmeerwelt während der griechisch-römischen Zeit so seine Existenz als 'Diaspora' verstand, hat es nicht auf die geographische Ausbreitung, sondern auf sein Verhältnis zu seinem Gott gesehen. Mit diesem einen Wort hat es seiner Schuld und seiner Hoffnung Ausdruck verliehen. Deshalb auch klammerte man sich unter schwierigen Umständen, oft unter Spott und Schmach, an die Vorschriften des Gesetzes fest, nicht nur um sich als Volk zu erhalten, sondern um mit ganzem Herzen und ganzer Seele Ihn zu dienen, zu dem man betete: "Sammle unsere Diaspora!". Denn der Gott des Bundes ist gerecht, barmherzig und treu. So hatte Israel Ihn kennen gelernt in seiner Gabe, im Gesetz.

So haben wir in diesen Vorlesungen versucht, das "pondus verbi diasporae" zu verstehen. Als wir anfingen, konnten wir sagen, daß das Thema durch seine geographische Ausbreitung und historischen Folgen sehr bedeutend ist. Am Ende unserer Untersuchung dürfen wir feststellen, daß sich viel tiefere Dimensionen erschlossen haben, weil "das Selbstverständnis der jüdisch-hellenistischen Diaspora" nun als ein Handeln Gottes mit seinem Volk zu verstehen ist.

Ich darf hier wohl schließen mit einem Vers, das wir am ersten Sonntag, als ich in diesem Teil Jerusalems war, in der Scottish St. Andrews Church gesungen haben:

> Let Zion's time of favour come,
> O bring the tribes of Israel home
> And let our wondering eyes behold
> Gentiles and Jews in Jesus' fold.

> (*Scotch Psalter and Church Hymnal*, 369:3)

APPENDIX I

'Diaspora' im pseudophilonischen *Liber Antiquitatum Biblicarum*

Weil Willem van Unnik in seiner Untersuchung das *LAB* nicht berücksichtigt hat, möchte ich das hier nachholen, da mir das diesbezügliche Material seine These zu unterstützen scheint. Sowohl das hebräische Original wie auch die griechische Übersetzung sind verloren gegangen; wir haben nur noch die lateinische Übersetzung der griechischen Fassung und müssen also mit einiger Vorsicht vorgehen. Aber es unterliegt keinem Zweifel, daß unser Autor ein überaus ungünstiges Bild von der Diaspora gehabt hat. Wir werden die Texte der Reihe entlang besehen[208].

LAB 3:9: als der Sintflut vorüber ist, sagt Gott: "Ich will künftig nicht mehr alle Lebenden auf einmal vernichten, wie ich getan habe. Es wird aber sein: wenn die Bewohner der Erde gesündigt haben, so werde ich sie richten durch Hunger oder durch das Schwert oder durch Feuer oder durch den Tod, auch wird es Erdbeben geben, und sie werden in unbewohntes Land zerstreut (*dispergentur*) werden"[209].

LAB 4:3: nach der Genealogie der Nachkommen Noachs wird gesagt, daß diese auf die ganze Erde zerstreut (*dispersi*) sein werden.

LAB 6:1: Nachdem sich die Bewohner der Erde wieder versammeln, sagen sie zueinander: "Siehe, es wird geschehen, daß wir zerstreut werden (*dispergamur*), ein jeder von seinem Bruder", und darum beschließen sie, den Turm von Babel zu bauen.

---

[208] Das einschlägige Material läßt sich leicht finden mit dem neuen *Wortindex der lateinisch erhaltenen Pseudepigraphen zum Alten Testament*, hrsg. von W. Lechner-Schmidt, Tübingen 1990.
[209] Übersetzung nach C. Dietzfelbinger, *Pseudo-Philo: Antiquitates Biblicae*, JSHRZ II 2, Neukirchen 1975, 107.

LAB 7:3: Aber weil sie das tun, nimmt Gott die Entscheidung, "ihre Sprachen zu teilen und sie zu zerstreuen (*dispergam*) in alle Gegenden".

LAB 7:5: (anschließend am Vorangehenden) "Der Herr zerstreute (*dispersit*) sie von dort aus über das Angesicht der ganzen Erde hin".

LAB 64:1 (am Ende des Buches): "Saul zerstreute (*dispersit*) alle Zauberer aus dem Land Israel".

Es ist klar, daß auch in diesem Buch das Verbum *dispergere* (= διασπείρειν [das Substantiv *dispersio* wird nicht verwendet]) nur im negativen Sinne von Strafe seitens der Gottheit (oder seitens Menschen als Gottes Instrument) verwendet wird.

APPENDIX II

Διασπορά: *der TLG-Bestand*

Van Unnik hat in diesem Buch seine Folgerungen auf von ihm durch eigene Lektüre aus der ganzen antiken Literatur gesammeltem Material basiert. Heutzutage kann man eine solche Suche mit Hilfe des Ibycus-Komputers und der Thesaurus Linguae Graecae-Diskette sehr leicht innerhalb einer Stunde machen. Um das von Van Unnik dargebotene Dossier möglichst vollständig zu machen, habe ich alle durch eine TLG-search hervorgebrachte nicht-biblische Stellen mit dem Wort διασπορά hier präsentiert (die biblischen kann jeder leicht selber finden; Material aus Inschriften und Papyri gibt es m.W. nicht). Von jeder Stelle habe ich nur den direkten Kontext gegeben, damit das Material nicht zu umfangreich wird. Es läßt sich jedoch auch so schon leicht sehen, daß das von Van Unnik nicht behandelte Material, das hauptsächlich aus der patristischen Literatur stammt, seine Thesen überall unterstützt.

ARISTOTELES, Fragment 392 (ed. V. Rose, Leipzig 1886)
ap. Plutarch, *Solon* 32,4:

ἡ δὲ δὴ **διασπορὰ** κατακαυθέντος αὐτοῦ (Σόλωνος) τῆς τέφρας περὶ τὴν Σαλαμινίων νῆσον ἔστι μὲν διὰ τὴν ἀτοπίαν ἀπίθανος παντάπασι καὶ μυθώδης, ἀναγέγραπται δ᾽ ὑπό τε ἄλλων ἀνδρῶν ἀξιολόγων καὶ Ἀριστοτέλους τοῦ φιλοσόφου.

ATHANASIUS, Expositiones in Psalmos, PG 27, 529, *ad* Ps. 137:

Εἰς τέλος τῷ Δαυϊδ ΨΑΛΜΟΣ διὰ Ζαχαρίου ἐν τῇ **διασπορᾷ**. ΡΛΗ´. Ὑπόθεσις. Ἀναφέρεται μὲν ὁ ψαλμὸς εἰς τὸ τοῦ Ζαχαρίου πρόσωπον, ἔτι ὄντων ἐν τῇ αἰχμαλωσίᾳ τῶν υἱῶν Ἰσραὴλ, καὶ μὴν καὶ αὐτοῦ τοῦ Προφήτου σὺν αὐτοῖς.

Ps-ATHANASIUS, Synopsis scripturae sacrae, PG 28, 292
Καθολικαὶ Ἐπιστολαὶ διαφόρων ἀποστόλων, αἱ πᾶ-
σαι ἑπτὰ, εἰς ἓν ἀριθμούμεναι βιβλίον.
Ἰακώβου μία, ἧς ἡ ἀρχή· "Ἰάκωβος Θεοῦ καὶ
Κυρίου Ἰησοῦ Χριστοῦ δοῦλος, ταῖς δώδεκα φυλαῖς
ταῖς ἐν τῇ **διασπορᾷ**, χαίρειν."
Πέτρου δύο· καὶ τῆς μὲν πρώτης ἡ ἀρχή· Πέτρος
ἀπόστολος Ἰησοῦ Χριστοῦ, ἐκλεκτοῖς παρεπιδήμοις
διασπορᾶς Πόντου, Γαλατίας, Καππαδοκίας, Ἀσίας,
καὶ Βιθυνίας, κατὰ πρόγνωσιν Θεοῦ Πατρὸς, ἐν ἁγια-
σμῷ Πνεύματος, κτλ.

Ps-ATHANASIUS, Synopsis scripturae sacrae, PG 28, 296
ἐν τούτῳ τῷ βιβλίῳ τοῦ Ἀδὰμ παράβασις, καὶ ἀπὸ
τοῦ παραδείσου ἐξώθησις, ἥ τε τοῦ Ἄβελ παρὰ τοῦ
ἀδελφοῦ Κάϊν ἀναίρεσις, καὶ ἡ τοῦ Ἐνὼχ μετάθεσις, καὶ
ἡ κατασκευὴ τῆς κιβωτοῦ, καὶ ὁ ἐπὶ Νῶε γενόμενος
κατακλυσμὸς, ἥ τε πυργοποιία, καὶ ἡ διαίρεσις τῶν
γλωσσῶν, καὶ ἡ **διασπορά** τῶν ἐθνῶν, καὶ ἡ ἀπὸ Χαλ-
δαίων ἔξοδος τοῦ Ἀβραάμ.

Ps-ATHANASIUS, Synopsis scripturae sacrae, PG 28, 408
Καὶ αὕτη τοῦ γεγραφότος ἐπιφέρεται τὴν κλῆσιν·
αὐτὸς γὰρ Πέτρος τοῖς ἐν τῇ **διασπορᾷ** οὖσιν
Ἰουδαίοις, καὶ γενομένοις Χριστιανοῖς, γράφει τὴν
ἐπιστολὴν διδασκαλικήν. Ἐπειδὴ γὰρ ἀπὸ Ἰουδαίων
ἐπίστευσαν, ἐπιστηρίζει αὐτούς.

BASILIUS, Epistulae 169, 1, 38 (PG 32, 644)
Καὶ οὐκ ἀρκεῖ ταῦτα, καίπερ τηλικαῦτα ὄντα τὸ μέγεθος,
ἀλλ' ἔτι καὶ τοὺς γονεῖς, ὡς πυνθάνομαι, τῶν παρθένων
τὴν ἀτεκνίαν οὐ φέροντας καὶ τὴν **διασπορὰν**
ἐπαναγαγεῖν βουλομένους καὶ μετ' ὀδυρμῶν
προσπίπτοντας, ὡς εἰκός, ταῖς ἑαυτῶν θυγατράσι
περιυβρίζει καὶ ἀτιμοῖ ὁ θαυμαστὸς νεανίσκος
μετὰ τοῦ λῃστρικοῦ συντάγματος.

BASILIUS, Epistulae 195, 1, 16 (PG 32, 708)
Ἔσται δὲ τοῦτο, ἐὰν ταχεῖαν δῷ τὴν ἐπάνοδον τοῖς
θεοφιλεστάτοις ἐπισκόποις οἳ νῦν εἰσιν ἐν τῇ **διασπορᾷ**
δίκας διδόντες ὑπὲρ τῆς εὐσεβείας.

BASILIUS, Epistulae 217, 84, 18 (PG 32, 808)
καῦται πληγαὶ εἰς αἴσθησιν ἡμᾶς ἤγαγον ὅτι διὰ τὴν
ἀνομίαν ἡμῶν ἐγκατέλιπεν ἡμᾶς ὁ Κύριος καὶ παρέδωκεν
εἰς χεῖρας βαρβάρων καὶ ἀπήχθη αἰχμάλωτος εἰς τοὺς
πολεμίους ὁ λαὸς καὶ παρεδόθη τῇ **διασπορᾷ**, διότι
ταῦτα ἐτόλμων οἱ τὸ ὄνομα τοῦ Χριστοῦ περιφέροντες· εἰ
μὴ ἔγνωσαν μηδὲ συνῆκαν ὅτι διὰ ταῦτα ἦλθεν ἐφ' ἡμᾶς ἡ
ὀργὴ τοῦ Θεοῦ, τίς ἡμῖν κοινὸς πρὸς τούτους λόγος.

BASILIUS, Epistulae 238, 1, 24 (PG 32, 889)
Εἰ δὲ ἀνιᾷ ὑμᾶς ὅτι τῶν τοίχων ἐξεβλήθητε, ἀλλ' ἐν
σκέπῃ τοῦ Θεοῦ τοῦ οὐρανοῦ αὐλισθήσεσθε καὶ ὁ ἄγγελος
ὁ τῆς Ἐκκλησίας ἔφορος συναπῆλθεν ὑμῖν. Ὥστε κενοῖς
τοῖς οἴκοις ἐγκατακλίνονται καθ' ἑκάστην ἡμέραν, ἐκ τῆς
διασπορᾶς τοῦ λαοῦ βαρὺ ἑαυτοῖς τὸ κρίμα
κατασκευάζοντες. Εἰ δέ τις καὶ κόπος ἐστὶν ἐν τῷ
πράγματι, πέπεισμαι τῷ Κυρίῳ μὴ εἰς κενὸν ὑμῖν
ἀποβήσεσθαι τοῦτο. Ὥστε ὅσῳ ἂν ἐν πλείοσι
πειρατηρίοις γένησθε, τοσούτῳ πολυτελέστερον τὸν παρὰ
τοῦ δικαίου Κριτοῦ μισθὸν ἀναμένετε.

BASILIUS, Epistulae 243, 4, 9 (PG 32, 908)
Συναλγήσατε ἡμῖν, ὦ φιλάδελφοι, ὅτι ἀποκέκλεισται μὲν
παρ' ἡμῖν τῶν εὐσεβούντων τὰ στόματα, ἠνοίγη δὲ πᾶσα
θρασεῖα καὶ βλάσφημος γλῶσσα τῶν λαλούντων κατὰ τοῦ
Θεοῦ ἀδικίαν.
Οἱ στῦλοι καὶ τὸ ἑδραίωμα τῆς ἀληθείας ἐν **διασπορᾷ**·
ἡμεῖς, οἱ διὰ σμικρότητα παροφθέντες, ἀπαρρησίαστοι.
Ἀγωνιάσατε ὑπὲρ τῶν λαῶν, καὶ μὴ τὸ καθ' ἑαυτοὺς
σκοπεῖτε μόνον ὅτι ἐν λιμέσιν εὐδίοις ὁρμίζεσθε, τῆς τοῦ
Θεοῦ χάριτος πᾶσαν ὑμῖν σκέπην χαριζομένης ἀπὸ τῆς
ζάλης τῶν πνευμάτων τῆς πονηρίας.

BASILIUS, Epistulae 247, 1, 6 (PG 32, 928)

Ὅτε ἐνέτυχον τοῖς γράμμασιν ὑμῶν τῆς ὁσιότητος, ὅσον
ἐστέναξα καὶ ὠδυράμην ὅτι καὶ ταῦτα τὰ κακὰ ταῖς ἐμαυ-
τοῦ ἀκοαῖς ὑπεδεξάμην, πληγὰς μὲν καὶ ὕβρεις εἰς ὑμᾶς
αὐτούς, πόρθησιν δὲ οἴκων καὶ ἐρήμωσιν πόλεως καὶ πατ-
ρίδος ὅλης ἀνατροπήν, διωγμὸν Ἐκκλησίας καὶ φυγὴν ἱερέων, ἐπανάστασιν λύκων καὶ ποιμνίων **διασποράν**. Ἀλλ᾽
ἐπειδὴ ἐπαυσάμην τοῦ στεναγμοῦ καὶ τῶν δακρύων, πρὸς
τὸν ἐν τοῖς οὐρανοῖς Δεσπότην ἀποβλέψας, οἶδα καὶ πέπεισμαι, ὃ καὶ ὑμᾶς γινώσκειν βούλομαι, ὅτι ταχεῖα ἔσται
ἡ ἀντίληψις καὶ οὐκ εἰς τέλος ἐστὶν ἡ ἐγκατάλειψις. Ὁ
μὲν γὰρ πεπόνθαμεν διὰ τὰς ἁμαρτίας ἡμῶν πεπόνθαμεν.

(Ps?)-BASILIUS, Enarratio in prophetam Isaiam p. 7, 26 ed. P.
Trevisan, Torino 1939

Ἐφεξῆς τούτοις ἐστὶ τὰ περὶ τὸ τεσσαρεσκαιδέκατον ἔτος
τῆς βασιλείας Ἐζεκίου γεγενημένα· μεθ᾽ ἃ προφητεῖαί
εἰσιν ἄνευ τινὸς προγραφῆς πάθη τῆς Ἰερουσαλὴμ καὶ
τῆς Ἰουδαίας προαγγέλλουσαι, καὶ τὰ περὶ τῶν ἐν τῇ
διασπορᾷ, καὶ περὶ τῆς τούτων ἐπανόδου, μετὰ τὸ
ἐκπληρωθῆναι τὴν δίκην.

(Ps?)-BASILIUS, Enarratio in prophetam Isaiam p.110, 4 ed. P.
Trevisan

Ἄντικρυς τὰ πρὸ τῆς ἁλώσεως Ἱεροσολύμων (τῆς τελευ-
ταίας ταύτης, μεθ᾽ ἣν τῇ **διασπορᾷ** παρεδόθησαν)
διηγεῖται ὁ Προφήτης, οὐκέτι δι᾽ αἰνιγμάτων προφητικῶν
προάγων τὸν λόγον, ἀλλὰ γυμνῶς καὶ ἀναφανδὸν αὐτὰ
τὰ πράγματα διηγούμενος.

(Ps?)-BASILIUS, Enarratio in prophetam Isaiam p.114, 25 ed. P.
Trevisan

Δύσχρηστος γὰρ τοῖς ἀδικοῦσιν ἡ δικαιοσύνη,
ὥσπερ ὀφθαλμιῶσιν ὁ ἥλιος. Διό φησι· Τὰ γεννήματα τῶν
ἔργων αὐτῶν φάγονται. Ταῦτα δὲ ἐκείνων τῶν ἔργων τὰ
γεννήματα· ἡ αἰχμαλωσία, ἡ **διασπορὰ**, ἡ καταστροφὴ τοῦ

ναοῦ, ἡ ἀπὸ τῆς δόξης κατάπτωσις, ἡ αἰσχύνη τοῦ προς-
ώπου αὐτῶν, οὐκ ἔωσα αὐτοὺς πρὸς Θεὸν ἀναβλέπειν.

(Ps?)-BASILIUS, Enarratio in prophetam Isaiam p. 191, 40 ed. P.
Trevisan

Τότε γὰρ ἐκλύεται ἀπὸ τοῦ πρὸς τὴν θήκην δεσμοῦ ἡ πε-
φθεῖσα ἤδη τῷ χρόνῳ καὶ τελειωθεῖσα. Τάχα δὲ καὶ διὰ τὸ
ἐκπεπτωκέναι τῆς Ἰουδαϊκῆς χώρας καὶ ἐν τῇ **διασπορᾷ**
γεγενῆσθαι, βαλάνῳ παρεικάζεται ἐκπιπτούσῃ ἐκ τῆς θήκης
αὐτῆς.

(Ps?)-BASILIUS, Enarratio in prophetam Isaiam p. 191, 54 ed. P.
Trevisan

Πατάξω γὰρ (φησὶ) κἀγὼ ἰάσομαι. Καὶ αὐτὸς ἀλγεῖν ποιεῖ
καὶ πάλιν ἀποκαθίστησιν. Οἱ οὖν πρότερον ἀκοῇ
ἀκούοντες καὶ μὴ συνιέντες, καὶ τὰ ἐξῆς ποιοῦντες, μέχρι
τοσούτου, ἕως τοῦ μὴ κατοικεῖσθαι πόλεις καὶ ἐν τῇ
διασπορᾷ γενόμενοι, ὡς μόλις τὸ ἐπιδέκατον τοῦ λαοῦ
περισωθῆναι, —οὗτοι πάλιν πληθυνθήσονται καὶ πάλιν
καρποφορήσουσι, παραπλησίως τερεβίνθῳ καὶ βαλάνῳ,
Σπέρμα ἅγιον φέροντες, ἐν τῷ ἑστηκέναι ἑδραῖοι καὶ μὴ
μετακινούμενοι καὶ ἐῤῥιζῶσθαι ἐν ἀγάπῃ.

CLEMENS ALEXANDRINUS, Protrepticus 9, 88, 3 (ed. C.
Mondésert, Paris 1949)

σπεύσωμεν εἰς σωτηρίαν, ἐπὶ τὴν παλιγγενεσίαν· εἰς μίαν
ἀγάπην συναχθῆναι οἱ πολλοὶ κατὰ τὴν τῆς μοναδικῆς
οὐσίας ἔνωσιν σπεύσωμεν. Ἀγαθοεργούμενοι ἀναλόγως
ἑνότητα διώκωμεν, τὴν ἀγαθὴν ἐκζητοῦντες μονάδα. Ἡ δὲ
ἐκ πολλῶν ἔνωσις ἐκ πολυφωνίας καὶ **διασπορᾶς**
ἁρμονίαν λαβοῦσα θεϊκὴν μία γίνεται συμφωνία, ἑνὶ
χορηγῷ καὶ διδασκάλῳ τῷ λόγῳ ἑπομένη, ἐπ᾽ αὐτὴν τὴν
ἀλήθειαν ἀναπαυομένη, "Ἀββᾶ" λέγουσα "ὁ πατήρ"· ταύτην
ὁ θεὸς τὴν φωνὴν τὴν ἀληθινὴν ἀσπάζεται παρὰ τῶν
αὐτοῦ παίδων πρώτην καρπούμενος.

Pseudo-CLEMENTINA, Homiliae 3, 44, 1, 2 (ed. B. Rehm, Berlin 1953)

> τί δέ; οὐχὶ καὶ Μωυσῆς τὰ ἁμαρτήματα τοῦ λαοῦ
> προσημαίνει καὶ τὴν **διασπορὰν** τὴν εἰς τὰ ἔθνη
> προδηλοῖ; εἰ δὲ Μωυσῇ αὐτὸς δέδωκεν προγινώσκειν, πῶς
> αὐτὸς οὐκ εἶχεν; ἔχει δέ.

EPICURUS, ed. G. Arrighetti, Torino 1960, 20, fragment 2, *ap*. PLUT. adv. Col. 1109 F:

> καὶ μετὰ σμικρόν "φαίνεται μὲν γὰρ δὴ τὸ καθόλου οὐκ
> εἶναι θερμαντικὸς ὁ οἶνος, τοῦδε δέ τινος ὁ τοσοῦτος
> εἶναι θερμαντικὸς ἂν ῥηθείη." καὶ πάλιν αἰτίαν ὑπειπών,
> θλίψεις τε καὶ **διασπορὰς** ἀτόμων, ἑτέρων δὲ συμμίξεις
> καὶ παραζεύξεις αἰτιασάμενος ἐν τῇ πρὸς τὸ σῶμα
> καταμίξει τοῦ οἴνου ἐπιλέγει.

Ps-EPIPHANIUS, Index apostolorum, ed. T. Schermann, Leipzig 1907, p.109

> Ἰάκωβος δὲ ὁ τοῦ Ζεβεδαίου, ἀδελφὸς δὲ Ἰωάννου τοῦ
> εὐαγγελιστοῦ, ταῖς δώδεκα φυλαῖς τῆς **διασπορᾶς**
> ἐκήρυξε τὸ εὐαγγέλιον τοῦ Χριστοῦ, ὑπὸ δὲ Ἡρώδου τοῦ
> τετράρχου τῶν Ἰουδαίων ἀνηρέθη μαχαίρᾳ καὶ ἐκεῖ ἐτάφη
> ἐν τῇ Ἰουδαίᾳ.

EUSEBIUS, Praeparatio evangelica 1, 3, 13 (ed. K. Mras, Berlin 1954 [GCS 43,1])

> οἱ παρ' Ἑβραίοις προφῆται ... προειπόντες τὴν ἐσομένην
> εἰς αὐτὸν ἀπιστίαν καὶ ἀντιλογίαν τοῦ Ἰουδαίων ἔθνους
> τά τε κατ' αὐτοῦ δρασθέντα αὐτοῖς καὶ τὰ ἐπὶ τούτοις
> αὐτίκα καὶ οὐκ εἰς μακρὰν μετελθόντα αὐτοὺς σκυθρωπά·
> λέγω δὲ τῆς βασιλικῆς μητροπόλεως αὐτῶν τὴν ἐσχάτην
> πολιορκίαν, καὶ τῆς βασιλείας τὴν παντελῆ καθαίρεσιν
> αὐτῶν τε τὴν εἰς πάντα τὰ ἔθνη **διασπορὰν** καὶ τὴν
> ὑπὸ τοῖς ἐχθροῖς καὶ πολεμίοις δουλείαν, ἃ καὶ ταῖς
> προρρήσεσιν ἀκολούθως μετὰ τὴν τοῦ σωτῆρος ἡμῶν
> παρουσίαν φαίνονται πεπονθότες.

EUSEBIUS, Historia ecclesiastica 3, 1, 1-2 (ed. E. Schwarz, Leipzig 1909)

Τὰ μὲν δὴ κατὰ Ἰουδαίους ἐν τούτοις ἦν. τῶν δὲ ἱερῶν τοῦ σωτῆρος ἡμῶν ἀποστόλων τε καὶ μαθητῶν ἐφ' ἅπασαν κατασπαρέντων τὴν οἰκουμένην, Θωμᾶς μέν, ὡς ἡ παράδοσις περιέχει, τὴν Παρθίαν εἴληχεν, Ἀνδρέας δὲ τὴν Σκυθίαν, Ἰωάννης τὴν Ἀσίαν, πρὸς οὓς καὶ διατρίψας ἐν Ἐφέσῳ τελευτᾷ, Πέτρος δ' ἐν Πόντῳ καὶ Γαλατίᾳ καὶ Βιθυνίᾳ Καππαδοκίᾳ τε καὶ Ἀσίᾳ κεκηρυχέναι τοῖς [ἐκ] **διασπορᾶς** Ἰουδαίοις ἔοικεν·

EUSEBIUS, Historia ecclesiastica 3, 4, 2 (ed. E. Schwarz)

καὶ ἐκ τῶν Πέτρου δὲ λέξεων ἐν ὁπόσαις καὶ οὗτος ἐπαρχίαις τοὺς ἐκ περιτομῆς τὸν Χριστὸν εὐαγγελιζόμενος τὸν τῆς καινῆς διαθήκης παρεδίδου λόγον, σαφὲς ἂν εἴη ἀφ' ἧς εἰρήκαμεν ὁμολογουμένης αὐτοῦ ἐπιστολῆς, ἐν ᾗ τοῖς ἐξ Ἑβραίων οὖσιν ἐν **διασπορᾷ** Πόντου καὶ Γαλατίας Καππαδοκίας τε καὶ Ἀσίας καὶ Βιθυνίας γράφει.

EUSEBIUS, Demonstratio evangelica 1, 3, 1 (ed. I. A. Heikel, Leipzig 1913 [GCS 23])

Ὅτι δὲ ἡ κατὰ Μωσέα διαταγὴ Ἰουδαίοις, ὡς ἔφην, καὶ τούτοις οὐχὶ πᾶσιν, οὐδὲ γὰρ τοῖς ἐν **διασπορᾷ** τυγχάνουσιν, ἀλλ' ἢ μόνοις τοῖς τὴν Παλαιστίνην οἰκοῦσιν ἐφήρμοζεν, ὧδέ σοι συλλογιζομένῳ φανερὸν ἔσται.

EUSEBIUS, Demonstratio evangelica 2, 3, 172 (ed. I. A. Heikel)

Ἐπὶ τῇ τοῦ παντὸς λαοῦ **διασπορᾷ** καὶ νῦν ὑπολείψεσθαι ἑαυτῷ ὀλίγους ἀριθμῷ φησιν, οὐδ' ἄλλους δηλῶν τῶν προειρημένων.

EUSEBIUS, Commentarius in Isaiam 1, 22 (ed. J. Ziegler, Berlin 1975 [GCS])

ταῦτα θεσπίζεται, ἑξῆς ἡ προφητεία παρίστησι λέγουσα· μετὰ γὰρ κρίματος σωθήσεται ἡ αἰχμαλωσία αὐτῆς καὶ

μετὰ ἐλεημοσύνης, ἢ κατὰ τοὺς λοιποὺς ἑρμηνευτάς· καὶ
μετὰ δικαιοσύνης· εἰ γὰρ μετὰ κρίματος σωθήσεσθαι
λέγεται ἡ αἰχμαλωσία αὐτῆς, [δηλονότι οἱ σωτηρίας ἄξιοι
κριθέντες μόνοι τεύξονται τῆς ἐπαγγελίας. μάτην ἄρα
φαντάζονται Ἰουδαίων παῖδες ἐπιστροφὴν τῆς **διασπορᾶς**
τοῦ παντὸς ἔσεσθαι αὐτῶν ἔθνους,] σαφῶς τοῦ λόγου
οὐχὶ πάντας ἐπαγγελλομένου ἐπιστρέψειν, ἀλλὰ τοὺς
ἀξίους κριθησομένους.

EUSEBIUS, Commentarius in Isaiam 1, 58 (ed. J. Ziegler)
οὔτε γὰρ τὴν ἐπάνω Βαβυλῶνος οὔτε τὴν Χαλάνην, οὗ ὁ
πύργος ᾠκοδομήθη κατὰ τὸν χρόνον τῆς **διασπορᾶς** τῶν
γλωσσῶν, ὑποχειρίους πεποίημαι. [Gen. 11]

EUSEBIUS, Commentarius in Isaiam 2, 20 (ed. J. Ziegler)
Καὶ ἐπειδήπερ τὸ σπέρμα τοῦτο τοῦ Ἀβραὰμ διεσπαρμένον
εἰς πᾶσαν τὴν γῆν, τούτου χάριν ἐπιλέγει ἑξῆς· οὗ
ἀντελαβόμην ἀπ᾽ ἄκρου τῆς γῆς καὶ ἐκ τῶν σκοπιῶν
αὐτῆς ἐκάλεσά σε, ἢ κατὰ τὸν Σύμμαχον· καὶ ἀπὸ τῶν
ἀγκώνων αὐτῆς ἐκάλεσά σε. [σημαίνει δὲ διὰ τούτων τοὺς
ἐν τῇ **διασπορᾷ** τοῦ Ἰουδαίων λαοῦ, οὓς πρώτους
κατηξίου τῆς αὐτοῦ κλήσεως·]

EUSEBIUS, Commentarius in Isaiam 2, 35 (ed. J. Ziegler)
Ἑξῆς τούτοις ἐπιλέγει· καὶ εἶπέ μοι Μέγα σοί ἐστι τὸ
κληθῆναί σε παῖδά μου, ἢ δοῦλόν μου κατὰ τοὺς λοιποὺς
ἑρμηνευτάς, τοῦ στῆσαι τὰς φυλὰς τοῦ Ἰακὼβ καὶ τὴν
διασπορὰν τοῦ Ἰσραὴλ ἐπιστρέψαι.
[καὶ γὰρ ἦν ὡς ἀληθῶς μέγιστον ἔργον τοῦ σωτῆρος ἡμῶν
τὸ "μορφὴν δούλου" "ἀναλαβεῖν" καὶ τὴν ἐν ἀνθρώποις
ὑπομεῖναι γέννησιν.] διὸ εἴρηται πρὸς αὐτόν· Μέγα σοί
ἐστι τὸ κληθῆναί σε παῖδά μου, ἢ δοῦλόν μου κατὰ τοὺς
λοιποὺς ἑρμηνευτάς. [τὸ δ᾽ αἴτιον τοῦ δοῦλον γενέσθαι
τὸν σωτῆρα τοῦτ᾽ ἦν, λέγω δὲ τό· στῆσαι τὰς φυλὰς τοῦ
Ἰακὼβ καὶ τὰς **διασπορὰς** Ἰσραὴλ ἐπιστρέψαι. διὸ αὐτοῖς
πρώτοις "ἐκήρυττεν αἰχμαλώτοις" οὖσι τὰς ψυχὰς "τὴν
ἄφεσιν καὶ τυφλοῖς" οὖσι "τὴν ἀνάβλεψιν". ἐπειδὴ δὲ μὴ

παρεδέχοντο τὴν χάριν ἐκεῖνοι, ἀκολούθως εἴρηται ἐξῆς·
ἰδοὺ τέθεικά σε εἰς φῶς ἐθνῶν τοῦ εἶναί σε εἰς σωτηρίαν
ἕως ἐσχάτου τῆς γῆς.]

EUSEBIUS, Commentarius in Isaiam 2, 35 (ed. J. Ziegler)
καινῆς διαθήκης κατὰ καιρὸν μνημονεύσας. εἶτα διασαφεῖ
λέγων· τοῦ καταστῆσαι τὴν γῆν καὶ κληρονομῆσαι
κληρονομίας ἐρήμους. πάλαι μὲν οὖν πρὸ τοῦ πάθους καὶ
πρὶν χεῖρας ἐπιβαλεῖν αὐτῷ τοὺς ἐκ περιτομῆς ἐλέγετο·
τοῦ στῆσαι τὰς φυλὰς Ἰακὼβ καὶ τὰς **διασπορὰς** τοῦ
Ἰσραὴλ ἐπιστρέψαι. ἀλλ᾽ ἐπεὶ μὴ κατεδέξαντο τὴν χάριν,
οὐκέτι μὲν ἐκείνων μέμνηνται, περὶ δὲ τῶν ἐθνῶν ἐνταῦθά
φησι· καὶ ἔδωκά σε εἰς διαθήκην ἐθνῶν τοῦ καταστῆσαι
τὴν γῆν καὶ κληρονομῆσαι κληρονομίας ἐρήμους, ἢ κατὰ
τὸν Σύμμαχον· ἀνεγεῖραι τὴν γῆν καὶ κληροδοτῆσαι
κληροδοσίας ἠφανισμένας.

EUSEBIUS, Commentarius in Isaiam 2, 45 (ed. J. Ziegler)
καὶ ταῦτα συναχθήσεσθαι μετὰ τοῦ Ἰσραὴλ φήσας ὡς δὲ
πρὸς βαθυτέραν διάνοιαν ὁ μὲν Ἰσραὴλ ὁ συναχθεὶς ἐκ
τῆς **διασπορᾶς** ὁ χορὸς ἂν γένοιτο ὁ προφητικὸς καὶ
πάντες οἱ ἐπὶ τοῦ προτέρου λαοῦ ἐν θεοσεβεῖ
κατορθώσαντες βίῳ, οἵ τε τοῦ σωτῆρος ἡμῶν εὐαγγελισταὶ
καὶ μαθηταὶ καὶ ἀπόστολοι, πάντες οἱ ἐξ Ἰσραὴλ τὸν
Χριστὸν τοῦ θεοῦ παραδεδεγμένοι, περὶ ὧν αὐτὸς ὁ σωτὴρ
ἐδίδασκεν ἐπισφραγιζόμενος τὴν Ἡσαΐου προφητείαν ἐξ
αὐτοῦ προσώπου λέγουσαν· Πνεῦμα κυρίου ἐπ᾽ ἐμέ, οὗ
εἵνεκεν ἔχρισέ με· εὐαγγελίσασθαι πτωχοῖς ἀπέσταλκέ με,
κηρῦξαι αἰχμαλώτοις ἄφεσιν κτλ.

EUSEBIUS, Generalis elementaria introductio (= Eclogae
propheticae), ed. T. Gaisford, Oxford 1842, 145
καὶ θήσω τὰ ἅγιά μου ἐν μέσῳ αὐτῶν εἰς τὸν αἰῶνα, καὶ
ἔσται ἡ κατασκήνωσίς μου ἐν αὐτοῖς, καὶ ἔσονταί μοι εἰς
λαὸν, καὶ ἐγὼ ἔσομαι αὐτοῖς εἰς Θεόν. Καὶ γνώσονται τὰ
ἔθνη ὅτι ἐγώ εἰμι Κύριος ὁ ἁγιάζων αὐτούς, ἐν τῷ εἶναι
τὰ ἅγιά μου ἐν μέσῳ αὐτῶν εἰς τὸν αἰῶνα. Μετὰ τὴν

τῆς **διασπορᾶς** τοῦ πνευματικοῦ καὶ ἀληθινοῦ Ἰσραὴλ
ἐπισυναγωγήν, καὶ μετὰ τὴν εὕρεσιν τῶν ἀπολωλότων
προβάτων οἴκου   Ἰσραήλ, τοῦ πληρώματος τῶν ἐθνῶν
προεισεληλυθότος, τηνικαῦτα ὁ Κύριος αὐτὸς μὲν ἔσεσθαι
εἰς Θεὸν τῷ ἐσομένῳ αὐτοῦ λαῷ.

EUSEBIUS, Generalis elementaria introductio (= Eclogae
propheticae), ed. Gaisford 201

θήσω τὸ πνεῦμά μου ἐπ' αὐτὸν, καὶ τὰ ἑξῆς,
ὅσα δὴ ἐν τῇ προφητείᾳ κατείλεκται. Αὐτὸς δ' ἂν
οὖν εἴη ἂν ὁ καὶ Ἰακὼβ χρηματίσας, παῖς ὢν μονογε-
νὴς τοῦ Θεοῦ· ὡς ἑτέρωθι λέλεκται, Μέγα σοι ἐστὶν τοῦ
κληθῆναί σε παῖδά μου, τοῦ στῆσαι τὰς φυλὰς Ἰακὼβ,
καὶ τὰς **διασπορὰς** τοῦ Ἰσραὴλ ἐπιστρέψαι.

EUSEBIUS, Generalis elementaria introductio (= Eclogae
propheticae), ed. Gaisford 207

καὶ εἶπεν· Μέγα σοι ἐστὶν τοῦ κληθῆναί σε παῖδά μου,
τοῦ στῆσαι τὰς φυλὰς Ἰακὼβ, καὶ τὰς **διασπορὰς** τοῦ
Ἰσραὴλ ἐπιστρέψαι· ἰδοὺ τέθεικά σε εἰς διαθήκην γένους,
εἰς φῶς ἐθνῶν, τοῦ εἶναί σε εἰς σωτηρίαν ἕως ἐσχάτου
τῆς γῆς.

EUSEBIUS, Generalis elementaria introductio (= Eclogae
propheticae), ed. Gaisford 208

ἑξῆς, ὅτι δὴ περὶ ἑτέρου Ἰσραὴλ τὰ λεγόμενα προ-
φητεύεται· γέγραπται γὰρ, καὶ νῦν οὕτως λέγει Κύριος
ὁ πλάσας με ἐκ κοιλίας δοῦλον ἑαυτῷ τοῦ συναγαγεῖν
τὸν Ἰακὼβ καὶ τὸν Ἰσραὴλ πρὸς αὐτόν· καὶ πάλιν εἶπέν
μοι· μέγα σοι ἐστὶν τὸ κληθῆναί σε παῖδά μου, τοῦ
στῆσαι τὰς φυλὰς τοῦ Ἰακὼβ καὶ τὰς **διασπορὰς** τοῦ
Ἰσραὴλ ἐπιστρέψαι. Ἀλλὰ καὶ τὸ, ἰδοὺ τέθεικά σε εἰς
φῶς ἐθνῶν, τοῦ εἶναί σε εἰς σωτηρίαν ἕως ἐσχάτου τῆς
γῆς.

EUSEBIUS, Generalis elementaria introductio (= Eclogae propheticae), ed. Gaisford 211

Καὶ ἐπειδήπερ οὐκ ἦλθεν εἰ μὴ εἰς τὰ πρόβατα τὰ ἀπολωλότα οἴκου Ἰσραήλ, καλῶς προηγουμένως μὲν λέγεται ἐπιδεδημηκέναι, τοῦ στῆσαι τὰς φυλὰς Ἰακώβ, καὶ τὴν **διασπορὰν** τοῦ Ἰσραὴλ ἐπιστρέψαι· ἑπομένως δὲ, διὰ τὸ μὴ παραδέξασθαι αὐτὸν τοὺς ἐξ ἐκείνων πάντας, ἐπιφέρεται ὡς πρὸς αὐτὸν, ἰδοὺ τέθει- κά σε εἰς φῶς ἐθνῶν, τοῦ εἶναί σε εἰς σωτηρίαν ἕως ἐσχάτου τῆς γῆς.

EUSEBIUS, Commentaria in Psalmos, PG 23, 72

ρκ΄. Ἐπανόδου Βαβυλῶνος καὶ τῆς **διασπορᾶς** [*superscriptio* von Ps. 120]

EUSEBIUS, Commentaria in Psalmos, PG 23, 368

Ἐκ δὲ τῆς τούτων διαδοχῆς κατὰ τοὺς χρόνους Δαυῒδ γίνεται ἕτερος Κορὲ, ὁμώνυμος τῷ προτέρῳ, καὶ τούτου ἕτεροι παῖδες. Εἴτ᾽ οὖν οὗτοι, εἴτε οἱ πρότεροι, τὴν μακρὰν ὕστερον γενομένην αἰχμα- λωσίαν τοῦ λαοῦ καὶ τὴν εἰς πάντα τὰ ἔθνη τοῦ Ἰου- δαίων ἔθνους **διασπορὰν** θεσπίζουσι διὰ τὸν μετὰ χεῖρας. Προϊόντες γοῦν φασι· Καὶ οἱ μισοῦντες ἡμᾶς διήρπαζον αὐτούς. Ἔδωκας ἡμᾶς ὡς πρό- βατα βρώσεως, καὶ ἐν τοῖς ἔθνεσι διέσπειρας ἡμᾶς.

EUSEBIUS, Commentaria in Psalmos, PG 23, 433

... οἵτινες καὶ αὐτοὶ τυγχάνουσι μὲν ιβ΄. Ἀλλ᾽ ἢ οἱ προ- λαβόντες ἐφεξῆς κατετάγησαν, ὧν ἀποσπασθέντες οἱ λείποντες τέσσαρες, μετὰ τοὺς τοῦ Ἀσὰφ ψαλμοὺς κατετάγησαν· ἴσως ἐπεὶ οἱ τοῦ Ἀσὰφ πάντες, ὡς εἰ- πεῖν, τοῦ Ἰσραὴλ ἐθέσπιζον τὴν ἀποβολὴν, καὶ τὴν εἰς πάντα τὰ ἔθνη **διασπορὰν**, μεθ᾽ ἣν ἡ χάρις τοῦ Θεοῦ τὰ ἔθνη πάντα μετῆλθεν· ὅθεν οἱ λοιποὶ τῶν υἱῶν Κορὲ ψαλμοὶ διεδέξαντο, τὴν τῶν ἐθνῶν ἀπάν- των προαγορεύοντες κλῆσιν.

EUSEBIUS, Commentaria in Psalmos, PG 23, 1320

Εὐλογητὸς Κύριος ὁ Θεὸς Ἰσραὴλ ἀπὸ τοῦ αἰῶνος καὶ
ἕως τοῦ αἰῶνος. Καὶ ἐρεῖ πᾶς ὁ λαός, Γένοιτο, γένοιτο.
Διδάσκονται εὔχεσθαι τυχεῖν τῆς ἀπὸ τῶν ἐθνῶν
συναγωγῆς, ἵν' ἤδη ποτὲ τῆς **διασπορᾶς** ἀπαλλαγέντες
ἐπὶ τὸ αὐτὸ συναχθῶσιν· ὅπερ Ἰουδαῖοι μὲν φαντάζονται
μέλλειν ἔσεσθαι ἐν τῷ παρόντι βίῳ, ἐπιστάντος αὐτοῖς
τοῦ ἠλειμμένου· ἡμεῖς δέ, ἤδη τοῦ Σωτῆρος ἡμῶν
ἐπιλάμψαντος ἀνθρώποις, ὁρῶμεν ἐκ πάντων τῶν ἐθνῶν
τὸ πλῆθος τῶν ὁσημέραι ὑπὸ τὸν τοῦ Θεοῦ Υἱὸν
ἐπισυναγομένων.

EUSEBIUS, Fragmenta in Lucam, PG 24, 569

ὅπως ἀπόβλητοι τῶν ἐπαγγελιῶν γεγόνασι, δεῖγμα
ἐναργὲς τῆς πόλεως ἡ ἐρημία, τοῦ ἱεροῦ ἡ πολιορκία,
καὶ αὐτῶν ἡ εἰς πάντα τὰ ἔθνη **διασπορὰ**, καὶ ἡ ὑπὸ
τοῖς ἐχθροῖς δουλεία, καὶ ἐπὶ τούτοις ἡ στέρησις τῆς
κατὰ τὰ νόμιμα αὐτῶν θρησκείας, τοῦ τε Χριστοῦ ἡ
ἀγνωσία, καὶ τῶν εὐαγγελικῶν μαθημάτων ἡ ἀπαλ-
λοτρίωσις· ταῦτα γὰρ ἅπαντα σημεῖα ἐμφανῆ εἴη ἂν τοῦ
διαλαβόντος αὐτοὺς σκότους, ᾧ περιπεπτώκασι διὰ τὴν
τοῦ σωτηρίου φωτὸς ἐναντίωσιν.

GREGORIUS NAZIANZENUS, Epistulae, ed. P. Gallay, Paris 1964-
1967, 246, 7, 3

Καὶ οὐκ ἀρκεῖ ταῦτα, καίπερ τηλικαῦτα ὄντα τὸ μέγεθος,
ἀλλ' ἔτι καὶ τοὺς γονεῖς, ὡς πυνθάνομαι, τῶν παρθένων
τὴν ἀτεκνίαν οὐ φέροντας καὶ τὴν **διασπορὰν**
ἀπαναγαγεῖν βουλομένους καὶ μετ' ὀδυρμῶν
προσπίπτοντας, ὡς τὸ εἰκός, ταῖς ἑαυτῶν θυγατράσι
περιυβρίζει καὶ ἀτιμοῖ ὁ θαυμαστὸς νεανίσκος μετὰ τοῦ
ληστρικοῦ συντάγματος.

GREGORIUS NAZIANZENUS, De pace 1 (orat. 6), PG 35, 744

Καὶ ἵνα παρῶ δήμους, καὶ πόλεις, καὶ βασιλείας, ἔτι
δὲ χοροὺς, καὶ στρατοὺς, καὶ οἴκους, καὶ νηῶν πλη-
ρώματα, καὶ συζυγίας, καὶ ἑταιρείας, ὑπὸ μὲν εἰρήνης

συνεχομένας, ὑπὸ δὲ στάσεως καταλυομένας, ἐπὶ
τὸν Ἰσραὴλ εἶμι τῷ λόγῳ, καὶ τῶν ἐκείνου παθῶν
ὑπομνήσας ὑμᾶς, καὶ τῆς **διασπορᾶς**, καὶ τῆς ἄλης,
ἥν τε νῦν ἔχουσι, καὶ ἣν ἐπὶ πλεῖστον ἔξωσι,
πείθομαι γὰρ ταῖς περὶ αὐτῶν προρρήσεσιν, ἔπειτα
ἐρήσομαι ἀκριβῶς εἰδότας ὑμᾶς, τί τὸ τῶν συμφορῶν
τούτων αἴτιον, ἵνα παιδευθῶμεν τοῖς τῶν ἄλλων κα-
κοῖς τὴν ὁμόνοιαν.

Ps-GREGORIUS NYSSENUS, Testimonia adversus Judaeos, PG 46,
229

Καὶ πάλιν ὁ αὐτὸς Ἡσαΐας, "Καὶ εἶπέ μοι, Μέγα σοι
τοῦτο, κληθῆναι παῖδά μου, καὶ στῆσαι τὰς φυλὰς τοῦ
Ἰακώβ, καὶ τὴν **διασπορὰν** τοῦ Ἰσραὴλ στρέψαι· καὶ
τέθεικά σε εἰς διαθήκην γένους, εἰς φῶς ἐθνῶν, τοῦ εἶναί
σε εἰς σωτηρίαν ἕως ἐσχάτου τῆς γῆς."

JOANNES CHRYSOSTOMUS, In principium Actorum (homil.
4:9), PG 51, 112

ἂν δὲ ἐπιμένωσι τῇ ἀσεβείᾳ, μηδεμίαν ἔχωσιν ἀπολογίαν
ἐν τῇ φοβερᾷ τῆς κρίσεως ἡμέρᾳ. Διὰ τοῦτο διέσπειρεν
αὐτοὺς πανταχοῦ τῆς οἰκουμένης, ἵνα καὶ ἡμεῖς ἐκ
τούτου κερδάνωμέν τι, τουτέστιν ἐκείνας τὰς προρρήσεις
ὁρῶντες τὰς περὶ τῆς **διασπορᾶς** αὐτῶν εἰρημένας, τὰς
περὶ τῆς ἁλώσεως τῶν Ἱεροσολύμων, ἃς καὶ ὁ Δανιὴλ τοῦ
βδελύγματος τῆς ἐρημώσεως μνησθείς, καὶ ὁ Μαλαχίας
εἰπών, "Ὅτι καὶ ἐν ὑμῖν συγκλεισθήσονται πύλαι, καὶ ὁ
Δαυΐδ καὶ ὁ Ἡσαΐας καὶ ἕτεροι πολλοὶ προφῆται περὶ
τούτων προανεφώνησαν.

JOANNES CHRYSOSTOMUS, In Genesim homiliae, PG 53, 279
Καὶ συγχέωμεν αὐτῶν, φησὶ, τὴν γλῶτταν, ἵνα μὴ ἀκού-
σωσιν ἕκαστος τῆς φωνῆς τοῦ πλησίον· ἵνα ὥσπερ
ἡ ὁμοφωνία τὴν συνοίκησιν εἰργάζετο, οὕτως ἡ διαίρεσις τῆς φωνῆς τὴν **διασπορὰν** αὐτοῖς κατασκευάσῃ.
Οἱ μὴ τὴν αὐτὴν ἔχοντες φωνὴν καὶ διάλεξιν, πῶς ἂν
ἠδύναντο κατὰ ταὐτὸ οἰκεῖν; Καὶ διέσπειρεν αὐτοὺς,

φησὶ, Κύριος ὁ Θεὸς ἐκεῖθεν ἐπὶ προσώπου πάσης
τῆς γῆς, καὶ ἐπαύσαντο οἰκοδομοῦντες τὴν πόλιν
καὶ τὸν πύργον.

JOANNES CHRYSOSTOMUS, In Genesim homiliae, PG 53, 279
Βαβυλὼν γὰρ διὰ τοῦτο ὁ τόπος ὠνομάσθη, ὅπερ ἐστὶ
σύγχυσις, ὅτι ἐκεῖ συνέχεε Κύριος ὁ Θεὸς τὰ χείλη
πάσης τῆς γῆς, καὶ ἐκεῖθεν διέσπειρεν αὐτούς. Ἀμφότερα
ἡ τοῦ τόπου προσηγορία σημαίνειν μοι δοκεῖ, καὶ ὅτι τὰς
γλώσσας συνέχεε, καὶ αὐτόθεν τὴν διασπορὰν ὑπέμειναν.
Ἠκούσατε, ἀγαπητοί, πόθεν αὐτοῖς ἡ τῆς **διασπορᾶς**
ὑπόθεσις γέγονε, καὶ τῶν γλωττῶν ἡ διαίρεσις. Φύγω-
μεν, παρακαλῶ, τὴν μίμησιν, καὶ τοῖς παρὰ τοῦ Θεοῦ
παρασχεθεῖσιν ἡμῖν εἰς δέον χρησώμεθα, καὶ τὴν φύσιν
τὴν ἀνθρωπίνην ἐννοοῦντες οὕτω βουλευώμεθα, ὡς εἰκὸς ἀνθρώπους βουλεύσασθαι θνητοὺς τυγχάνοντας·

JOANNES CHRYSOSTOMUS, Expositiones in Psalmos, PG 55, 476
Οὐ γὰρ ἀρκεῖ τὸ ψάλλειν ἁπλῶς πρὸς τὸ ἡδυνθῆναι τῷ
Θεῷ τὴν αἴνεσιν, ἀλλὰ δεῖ καὶ τοῦ βίου καὶ τῆς
προσευχῆς καὶ τῆς ἀκριβείας τοῦ ᾄδοντος. Δοκεῖ δέ μοι
οὗτος ὁ ψαλμὸς εἶναι τῆς ἐπανόδου. Καὶ δείκνυσι διὰ
τῆς ἐπαγωγῆς. Ἐπάγει γὰρ λέγων Οἰκοδομῶν Ἱερουσαλὴμ
ὁ Κύριος· τὰς **διασπορὰς** τοῦ Ἰσραὴλ ἐπισυνάξει. Εἰ γὰρ
καὶ Κῦρος αὐτοὺς ἀφῆκεν, ἀλλ᾽ οὐ τῆς ἐκείνου γνώμης,
ἀλλὰ τῆς τοῦ Θεοῦ ῥοπῆς τὸ πᾶν ἐγίνετο. Ἕτερος δὲ
ἑρμηνευτὴς, ἀντὶ τοῦ, Οἰκοδομῶν, Οἰκοδομήσει. Τὰς δὲ
διασπορὰς, Τοὺς ἐξωσμένους εἶπε. Τί δή ποτε; Ὅτι
οὐκ ἀθρόον ἀνήχθησαν πάντες, ἀλλὰ μετὰ τὴν ἐπάνοδον
κατὰ μικρὸν συνήγοντο.

JOANNES CHRYSOSTOMUS, In Joannem homiliae, PG 59, 281-2
Ἀλλ᾽ ἔπαθόν τι πρὸς τὰ λεχθέντα, καὶ ζητοῦσι πρὸς
ἑαυτοὺς ἀνοήτως ὑποπτεύοντες, ποῦ μέλλει πορεύεσθαι.
Μὴ εἰς τὴν **διασπορὰν** τῶν Ἑλλήνων; Τί ἐστιν, Εἰς
διασπορὰν τῶν Ἑλλήνων; Οὕτω τὰ ἔθνη ἐκάλουν οἱ
Ἰουδαῖοι, διὰ τὸ πανταχοῦ διεσπάρθαι, καὶ ἀδεῶς ἀλλήλοις

ἐπιμίγνυσθαι. Τοῦτο δὲ καὶ αὐτοὶ λοιπὸν τὸ ὄνειδος ὑπέμειναν· **διασπορὰ** γὰρ ἦσαν καὶ αὐτοί. Τὸ γὰρ παλαιὸν ἅπαν τὸ ἔθνος εἰς ἓν συνείλεκτο, καὶ οὐκ ἦν ἀλλαχοῦ Ἰουδαῖον εὑρεῖν, ἀλλ᾽ ἢ ἐν Παλαιστίνῃ μόνῃ. Πρὸς δὲ τοῦτο **διασπορὰν** τοὺς Ἕλληνας ἐκάλουν, ὀνειδίζοντες καὶ μεγαλαυχοῦντες ἐφ᾽ ἑαυτοῖς. Τί οὖν ἐστιν, Ὅπου ἐγὼ ὑπάγω, ὑμεῖς οὐ δύνασθε ἐλθεῖν; Ἐκείνοις δὲ πάντες ἐπεμίγνυντο τότε, καὶ πανταχοῦ τῆς οἰκουμένης ἦσαν Ἰουδαῖοι. Οὐκ ἂν οὖν, εἰ τοὺς Ἕλληνας ἐδήλου, εἶπεν, Ὅπου οὐ δύνασθε ἐλθεῖν. Εἰπόντες δὲ, Μὴ εἰς τὴν **διασπορὰν** τῶν Ἑλλήνων μέλλει πορεύεσθαι; οὐκ εἶπον, Καὶ λυμαίνεσθαι αὐτοὺς, ἀλλὰ, Διδάσκειν. Οὕτως ἤδη καθυφῆκαν τῆς ὀργῆς, καὶ τοῖς λεχθεῖσιν ἐπίστευσαν.

JOANNES CHRYSOSTOMUS, In Joannem homiliae, PG 59, 473

Οὐ γὰρ εἶπεν, ὅτι Οὐ πιστεύω ὑμῖν, ἀλλ᾽, Ἐὰν μὴ βάλω τὴν χεῖρά μου, οὐ πιστεύσω. Πῶς οὖν, πάντων συνηγμένων, οὗτος ἀπελιμπάνετο μόνος· Εἰκὸς ἦν ἀπὸ τῆς **διασπορᾶς** τῆς ἤδη γενομένης μηδέπω καὶ τότε αὐτὸν ἐπανελθεῖν.

JOANNES CHRYSOSTOMUS, In Acta apostolorum homiliae, PG 60, 152

Εὐκαίρως παρενέβαλε τὰ περὶ τοῦ ζήλου τοῦ Παύλου, ἵνα δείξῃ, ὅτι ἐν μέσῳ τῷ ζήλῳ ἕλκεται. Οὐδέπω γὰρ κορεσθεὶς τῷ φόνῳ Στεφάνου, οὐδὲ ἐμπλησθεὶς τῷ διωγμῷ τῆς Ἐκκλησίας καὶ τῇ **διασπορᾷ**, πρόσεισι τῷ ἀρχιερεῖ. Ἐνταῦθα πληροῦται τὸ παρὰ τοῦ Χριστοῦ πρὸς τοὺς μαθητὰς εἰρημένον, ὅτι Ἔρχεται ὥρα, ἵνα πᾶς ὁ ἀποκτείνας ὑμᾶς δόξῃ λατρείαν προσφέρειν τῷ Θεῷ.

JOANNES CHRYSOSTOMUS, In Acta apostolorum homiliae, PG 60, 154

... πανταχόθεν βουλομένου ἐπισπάσασθαι τοὺς Ἰουδαίους τοῦ Χριστοῦ. Εἰ γὰρ νοῦν εἶχον, οὐδὲν αὐτοὺς οὕτως ὠφέλει ὡς τοῦτο. Τοῦτο γὰρ, καὶ σημείων μᾶλλον, καὶ πάντων, ἱκανὸν ἦν αὐτοὺς ἐφελκύσασθαι· ὥσπερ οὖν οὐδὲν οὕτω σκανδαλίζειν εἴωθε τοὺς παχυτέρους. Ὅρα γοῦν μετὰ τὴν **διασπορὰν** τῶν ἀποστόλων καὶ τὸν Θεὸν ποιοῦντα τὰ σημεῖα. Ἐνεκάλεσαν Ἰουδαῖοι τοῖς ἀποστόλοις, ἐνέβαλον εἰς δεσμωτήριον· λοιπὸν ὁ Θεὸς θαυματουργεῖ.

JOANNES CHRYSOSTOMUS, In epistulam I ad Thessalonicenses, PG 62, 436

τῶν ὁ μὲν ἐν τῷδε τῷ κόλπῳ, ὁ δὲ ἐν τῷδε συνελήφθη, καὶ ἐβρώθη ὑφ' ἑτέρου, καὶ οὗτος ὑπὸ ἄλλου. Καὶ οὗτοι πάλιν ἐν ἄλλοις χωρίοις ἀπέθανον οἱ τοὺς ἰχθῦς φαγόντες τοὺς τὸν ἄνδρα καταφαγόντας, καὶ αὐτοὶ ἴσως ὑπὸ θηρίων. Τοσαύτης δὲ τῆς συγχύσεως γενομένης καὶ **διασπορᾶς**, πῶς πάλιν ἀναστήσεται ὁ ἀνήρ; τίς ὁ τὸν χοῦν συνάγων; Διὰ τί γὰρ τοῦτο λέγεις, ἄνθρωπε, καὶ ὁρμαθοὺς λήρων ὑφαίνεις, καὶ ὡς ἄπορον τιθεῖς· Εἰπὲ γάρ μοι, ἂν μὴ εἰς θάλατταν καταπέσῃ, ἂν γὰρ μὴ ἰχθὺς φάγῃ, μηδὲ βρωθῇ πάλιν ὁ ἰχθὺς ὑπὸ μυρίων ἀνθρώπων, ἀλλὰ κηδευθεὶς ἐν λάρνακι ὁ ἀνὴρ τεθῇ, κτλ.

Ps-JOANNES CHRYSOSTOMUS, Synopsis scripturae sacrae, PG 56, 381

Προλέγει [sc. Ezechiel] διὰ τῶν ἄρτων, οὓς ἐπὶ βολβίτων ποιεῖ, καὶ διὰ τοῦ μερισμοῦ τῶν τριχῶν τὸν θάνατον αὐτῶν καὶ τὴν **διασποράν**· καὶ τὴν ἐρήμωσιν τῆς πόλεως καὶ τῶν εἰδώλων προστίθησιν.

Ps-JOANNES CHRYSOSTOMUS, In catenas sancti Petri, ed. E. Batareikh, Rome 1908, §2

Διὰ πολλὰς μὲν ἄν τις τὰς αἰτίας εἰς ἑορτῆς ὑπόθεσιν, τὴν ἐκείνου μνήμην εὕροι ἀξίαν πρὸς ἔπαινον, οὐχ ἥκιστα δὲ κἂν διὰ τὸ ἀποστολικὸν ἀξίωμα καὶ τὸν τοῦ κηρύγματος δρόμον καὶ τὴν τοῦ εὐαγγελίου διδασκαλίαν, καὶ τὴν ἐν τοῖς ἔθνεσιν ἐκ **διασπορᾶς** τῶν Ἰουδαίων δι' ἐπιστολῶν νουθεσίαν τε καὶ παραίνεσιν, ὧν πλέον ἦν αὐτῷ μέριμνα καὶ φροντὶς ὡς ἐξ ἐκείνων καὶ φύντι καὶ γενομένῳ· ἃ πάντα εἰς ἀφορμὴν ἐπαίνων κρινόμενά τε καὶ λαμβανόμενα ἀνυψώσει πάντως τὸν εὐφημούμενον, κτλ.

Ps-JOANNES CHRYSOSTOMUS, In catenas sancti Petri, ed. E. Batareikh §35

Ἐγὼ δὲ καὶ τοῦτο λέγειν οὐκ ὀκνήσω περὶ αὐτοῦ, ὅτι καὶ μάρτυς, ὡς αὐτός φησι, τῶν τοῦ Χριστοῦ παθη- μάτων γνωρίζεται, καὶ τῆς μελλούσης ἀποκαλύπτεσθαι δό- ξης κοινωνός· ὅτι καὶ τοῖς ἐν τῇ **διασπορᾷ** πιστεύσασιν Ἰουδαίοις, ἁρμοζούσας τὰς πνευματικὰς δι᾽ ἐπιστολῶν ὑπέθετο παραινέσεις, δι᾽ ὧν ἀγάπην αὐτοῖς καὶ στηριγμὸν τῆς ἐν Χριστῷ πίστεως καθυπέφηνε, καὶ τὴν αὐτοῦ παρουσίαν ἐκ παντὸς ἐσομένην ἐλπίζειν ᾐνίξατο.

JUSTINUS MARTYR, Dialogus cum Tryphone 113, 3 (ed. E. Goodspeed, Göttingen 1915)

ἀλλὰ καὶ διάδοχος γενόμενος Μωυσέως, μόνος τῶν ἀπ᾽ Αἰγύπτου ἐξελθόντων ἐν ἡλικίᾳ τοιαύτῃ ὄντων εἰσήγαγεν εἰς τὴν ἁγίαν γῆν τὸν περιλειφθέντα λαόν· καὶ ὃν τρόπον ἐκεῖνος εἰσήγαγεν εἰς τὴν ἁγίαν γῆν τὸν λαόν, οὐχὶ Μωυσῆς, καὶ ὡς ἐκεῖνος ἐν κλήρῳ διένειμεν αὐτὴν τοῖς εἰσελθοῦσι μετ᾽ αὐτοῦ, οὕτως καὶ Ἰησοῦς ὁ Χριστὸς τὴν **διασπορὰν** τοῦ λαοῦ ἐπιστρέψει, καὶ διαμεριεῖ τὴν ἀγαθὴν γῆν ἑκάστῳ, οὐκέτι δὲ κατὰ ταὐτά.

JUSTINUS MARTYR, Dialogus cum Tryphone 117, 2

καὶ μέχρι νῦν φιλονεικοῦντες λέγετε ὅτι τὰς μὲν ἐν Ἰερουσαλὴμ ἐπὶ τῶν ἐκεῖ τότε οἰκούντων Ἰσραηλιτῶν καλουμένων θυσίας οὐ προσδέχεται ὁ θεός, τὰς δὲ διὰ τῶν ἐν τῇ **διασπορᾷ** τότε δὴ ὄντων ἀπὸ τοῦ γένους ἐκείνου ἀνθρώπων εὐχὰς προσίεσθαι αὐτὸν εἰρηκέναι, καὶ τὰς εὐχὰς αὐτῶν θυσίας καλεῖν. ὅτι μὲν οὖν καὶ εὐχαὶ καὶ εὐχαριστίαι, ὑπὸ τῶν ἀξίων γινόμεναι, τέλειαι μόναι καὶ εὐάρεστοί εἰσι τῷ θεῷ θυσίαι, καὶ αὐτός φημι.

JUSTINUS MARTYR, Dialogus cum Tryphone 117, 4

ὅτι δὲ ἑαυτοὺς πλανᾶτε καὶ ὑμεῖς καὶ οἱ διδάσκαλοι

ὑμῶν, ἐξηγούμενοι ὅτι περὶ τῶν ἀπὸ τοῦ γένους ὑμῶν ἐν τῇ **διασπορᾷ** ὄντων ἔλεγεν ὁ λόγος, ὅτι τὰς εὐχὰς αὐτῶν καὶ θυσίας καθαρὰς καὶ εὐαρέστους ἐν παντὶ τόπῳ γενομένας ἔλεγεν, ἐπίγνωτε ὅτι ψεύδεσθε καὶ ἑαυτοὺς κατὰ πάντα ἀπατᾶν πειρᾶσθε.

JUSTINUS MARTYR, Dialogus cum Tryphone 117, 5

..., εἶτα δὲ ὅτι κατ' ἐκεῖνο τοῦ καιροῦ, ὅτε ὁ προφήτης Μαλαχίας τοῦτο ἔλεγεν, οὐδέπω ἡ **διασπορὰ** ὑμῶν ἐν πάσῃ τῇ γῇ, ἐν ὅσῃ νῦν γεγόνατε, ἐγεγένητο, ὡς καὶ ἀπὸ τῶν γραφῶν ἀποδείκνυται.

JUSTINUS MARTYR, Dialogus cum Tryphone 121, 4

ἡμῖν οὖν ἐδόθη καὶ ἀκοῦσαι καὶ συνεῖναι καὶ σωθῆναι διὰ τούτου τοῦ Χριστοῦ καὶ τὰ τοῦ πατρὸς ἐπιγνῶναι πάντα. διὰ τοῦτο ἔλεγε πρὸς αὐτόν· Μέγα σοί ἐστι τοῦ κληθῆναί σε παῖδά μου, τοῦ στῆσαι τὰς φυλὰς τοῦ Ἰακὼβ καὶ τὰς **διασπορὰς** τοῦ Ἰσραὴλ ἐπιστρέψαι· Τέθεικά σε εἰς φῶς ἐθνῶν, τοῦ εἶναί σε εἰς σωτηρίαν αὐτῶν ἕως ἐσχάτου τῆς γῆς.

MELETIUS, De natura hominis 38 (ed. J. A. Cramer, *Anecdota Graeca* III, Oxford 1836)

Ἐπὰν δὲ οὕτω ταῦτα γένηται, ἤγουν ἡ τοῦ αἵματος γένεσις καὶ **διασπορὰ** ἐφ' ἅπαν τὸ σῶμα, καὶ ἡ τῶν λοιπῶν τῶν εἰρημένων διοίκησις, δίδυμοι τινὲς ὀχετοὶ ἐκ καρδίας ἀφορμηθέντες καὶ ἥπατος, ἥτε στελέχεια φλὲψ καὶ ἡ ἀορτὴ ἀρτηρία, τὸ οἰκεῖον ἑκάστῃ σωληνοειδῶς περιέχουσαι, αἷμα τε καὶ πνεῦμα διὰ τὸ εὐπόρευτον εἶναι τὸ ὑγρὸν τῇ τοῦ θερμοῦ κινήσει συμπαροδεῦον καὶ κουφιζόμενον ἐφ' ἅπαν τὸ σῶμα κτλ.

ORIGENES, Contra Celsum 1, 55 (ed. P. Koetschau, Leipzig 1899)

Μέμνημαι δέ ποτε ἔν τινι πρὸς τοὺς λεγομένους παρὰ Ἰουδαίοις σοφοὺς ζητήσει ταῖς προφητείαις ταύταις χρησάμενος, ἐφ' οἷς ἔλεγεν ὁ Ἰουδαῖος ταῦτα πεπροφητεῦσθαι ὡς περὶ ἑνὸς τοῦ ὅλου λαοῦ, καὶ

γενομένου ἐν τῇ **διασπορᾷ** καὶ πληγέντος, ἵνα πολλοὶ
προσήλυτοι γένωνται τῇ προφάσει τοῦ ἐπεσπάρθαι
Ἰουδαίους τοῖς λοιποῖς ἔθνεσι.

ORIGENES, Commentarii in evangelium Joannis 1, 22, 135 (ed.
C. Blanc, Paris 1966-1975)
καὶ εἶπέν μοι· μέγα σοί ἐστιν τοῦ κληθῆναί σε παῖδά μου
τοῦ στῆσαι τὰς φυλὰς Ἰακὼβ καὶ τὴν **διασπορὰν** τοῦ
Ἰσραὴλ ἐπιστρέψαι· ἰδοὺ τέθεικά σε εἰς φῶς ἐθνῶν, τοῦ
εἶναί σε εἰς σωτηρίαν ἕως ἐσχάτου τῆς γῆς." Ἀλλὰ καὶ
ἐν τῷ Ἰερεμίᾳ οὕτως αὐτὸν ἀρνίῳ ὁμοιοῖ· "Ἐγὼ ὡς ἀρνίον
ἄκακον ἀγόμενον τοῦ θύεσθαι."

ORIGENES, Commentarii in evangelium Joannis 1, 32, 232
Διὰ τοῦτο διδάξαι ἡμᾶς βουλόμενος μέγα δῶρον εἰληφέναι
ἀπὸ τοῦ πατρὸς τὸ οὕτως δεδουλευκέναι φησί· "Καὶ ὁ
θεός μου ἔσται μοι ἰσχύς. Καὶ εἶπέ μοι· Μέγα σοί ἐστι
τοῦτο κληθῆναί σε παῖδά μου." Μὴ γενόμενος γὰρ δοῦλος
οὐκ ἂν ἔστησε "τὰς φυλὰς τοῦ Ἰακὼβ" οὐδὲ "τὴν
διασπορὰν τοῦ Ἰσραὴλ" ἐπέστρεψεν, ἀλλ᾽ οὐδὲ γεγόνει
ἂν εἰς "φῶς ἐθνῶν", τοῦ "εἶναι εἰς σωτηρίαν ἕως ἐσχάτου
τῆς γῆς".

ORIGENES, Commentarii in evangelium Joannis 13, 50, 335
Εἰ δὲ ἅγιοι ἄγγελοί εἰσιν οἱ τὰς λοιπὰς μερίδας παρὰ
τὴν ἐκλεκτὴν εἰληχότες καὶ ἐπὶ τῆς **διασπορᾶς** τῶν
ψυχῶν τεταγμένοι, οὐδέν ἐστιν ἄτοπον τὸν σπείροντα
ὁμοῦ χαίρειν καὶ τὸν θερίζοντα μετὰ τὸν θερισμόν.

ORIGENES, De oratione 11, 3 (ed. P. Koetschau, Leipzig 1899)
πόσους εἰκὸς ἀγγέλους διακονοῦντας τῷ Ἰησοῦ,
βουλομένῳ συνάγειν "τοὺς υἱοὺς Ἰσραὴλ" "κατὰ ἕνα ἕνα"
καὶ ἀθροίζειν τοὺς ἀπὸ τῆς **διασπορᾶς** τούς τε
φοβουμένους καὶ ἐπικαλουμένους σώζοντι, μᾶλλον τῶν
ἀποστόλων συνεργεῖν τῇ αὐξήσει καὶ τῷ πληθυσμῷ τῆς
ἐκκλησίας, ὡς καὶ προεστῶτάς τινας τῶν ἐκκλησιῶν
ἀγγέλους λέγεσθαι παρὰ τῷ Ἰωάννῃ ἐν τῇ Ἀποκαλύψει;

οὐ γὰρ μάτην οἱ ἄγγελοι "τοῦ θεοῦ" ἀναβαίνουσι καὶ
καταβαίνουσι "ἐπὶ τὸν υἱὸν τοῦ ἀνθρώπου," ὁρώμενοι τοῖς
τῷ φωτὶ τῆς "γνώσεως" πεφωτισμένοις ὀφθαλμοῖς.

ORIGENES, Fragmenta in Lamentationes (in catenis), ed. E.
Klostermann, Leipzig 1901, 99

Οὐ γὰρ τοσοῦτον ἐλεεινὸν οἱ πένητες οἱ κακούμενοι.
τούτους δὲ θρηνεῖ καὶ Παῦλος, "ὧν ἡ υἱοθεσία" λέγων "καὶ
ἡ δόξα". κενὰ γὰρ νῦν μελετῶντες οὐκ ἐντρυφῶσι Μωσεῖ
τε καὶ τοῖς προφήταις, ὡς τὸ "κατατρύφησον τῷ κυρίῳ".
οὐδεὶς γὰρ αὐτοῖς ὁ πέττων τὸν τρόφιμον λόγον, οὐδὲ
τοῦ σιτευτοῦ μεταλαμβάνουσι μόσχου καίπερ αὐτοὶ
τεθυκότες. διεξόδους δὲ καλεῖ τὰς **διασπορὰς** ἢ καὶ τὰς
τῶν νομικῶν γραμμάτων παρατροπάς.

ORIGENES, Philocalia (sive Ecloga de operibus Origenis a
Basilio et Gregorio), ed. J. A. Robinson, Cambridge 1893, 74

κβ'. Τίς ἡ τῶν ἐπὶ γῆς λογικῶν ἤτοι ἀνθρωπίνων ψυχῶν
διασπορὰ ἐπικεκρυμμένως δηλουμένη ἐκ τῆς οἰκοδομῆς
τοῦ πύργου καὶ τῆς κατ' αὐτὴν συγχύσεως τῶν γλωσσῶν.
ἐν ᾧ καὶ περὶ πολλῶν κυρίων ἐπιτεταγμένων τοῖς
διασπαρεῖσι κατὰ ἀναλογίαν τῆς καταστάσεως.

ORIGENES, In Jeremiam homiliae 13, 1 (ed. E. Klostermann,
Leipzig 1901)

Τὰ λεγόμενα πρὸς τὴν Ἰερουσαλὴμ μετὰ πολλῆς ἀπειλῆς
νοῆσαι θέλομεν οὕτως ἔχοντα· "τίς φείσεται ἐπὶ σοί,
Ἰερουσαλήμ; ἢ τίς σκυθρωπάσει ἐπὶ σοί; ἢ τίς ἀνακάμψει
ἐρωτῆσαι εἰς εἰρήνην σου; σὺ ἀπεστράφης με, λέγει
κύριος. ὀπίσω πορεύσῃ, καὶ ἐκτενῶ τὴν χεῖρά μου ἐπὶ σὲ
καὶ διαφθερῶ σε, καὶ οὐκέτι ἀνήσω σε. καὶ διασπερῶ
αὐτοὺς ἐν **διασπορᾷ**".

(Ps?)-ORIGENES, Fragmenta in Psalmos, ed. J. B. Pitra, *Analecta
Sacra* III, Venezia 1883, 43, 1

Εἰς τὸ τέλος, τοῖς υἱοῖς Κορὲ, εἰς σύνεσιν ψαλμός.
Ὑπόθεσις. Ἐκ προσώπου τῶν ἐθνῶν ἐστιν ὁ ψαλμός, ἢ ἐκ

προσώπου τῶν ἐν τῇ **διασπορᾷ**, ἢ ἐκ προσώπου τῶν
Μακκαβαίων.

(Ps?)-ORIGENES, Fragmenta in Psalmos 147, 1
Ἀλληλούια. Ἀγγαίου καὶ Ζαχαρίου. Ἐπαίνει, Ἱερουσαλὴμ,
τὸν Κύριον, αἴνει τὸν Θεόν σου, Σιών. Ἐν τῷ πρὸ
τούτου λόγῳ ᾠκοδομεῖτο Ἱερουσαλὴμ ὑπὸ Κυρίου, καὶ τοῦ
Ἰσραὴλ αἱ **διασποραὶ** ἐπισυνήπτοντο. Πρὸς τούτῳ δὲ καὶ
αἱ συντετριμμέναι καρδίαι οὐδέπω ἦσαν τεθεραπευμέναι·
διὰ τοῦτο οὐκ ἠδύνατο Ἱερουσαλὴμ αἰνεῖν τὸν Κύριον·

(Ps?)-ORIGENES, Fragmenta in Psalmos 147, 2
Ηὐλόγησεν τοὺς υἱούς σου ἐν σοί. Οἱ ἔξω ὄντες τῆς
Ἱερουσαλὴμ υἱοὶ ὄντες ἐν τῇ **διασπορᾷ**, καὶ μήπω
ἐπανελθόντες διὰ μετανοίας, οὐκ εὐλογοῦνται τοσοῦτον
ὅσον οἱ ὄντες ἐν αὐτῇ· εὐλογοῦνται μὲν γὰρ ἀρχὴν
λαβόντες ὑποστροφῆς καὶ ἐπανόδου· κατ᾽ αὐτὴν δὲ
γενόμενοι, τελείαν ἕξουσιν εὐλογίαν.

ORIGENES, Commentarii in Genesim (fragmenta), PG 12, 92
..., Θωμᾶς μὲν, ὡς ἡ παράδοσις περιέχει, τὴν Παρθίαν
εἴληχεν, Ἀνδρέας δὲ τὴν Σκυθίαν· Ἰωάννης τὴν Ἀσίαν·
πρὸς οὓς καὶ διατρίψας ἐν Ἐφέσῳ τελευτᾷ· Πέτρος δ᾽ ἐν
Πόντῳ καὶ Γαλατίᾳ, καὶ Βιθυνίᾳ, Καππαδοκίᾳ τε καὶ Ἀσίᾳ
κεκηρυχέναι τοῖς ἐκ **διασπορᾶς** Ἰουδαίοις ἔοικεν· ὅς, καὶ
ἐπὶ τέλει ἐν Ῥώμῃ γενόμενος, ἀνεσκολοπίσθη κατὰ
κεφαλῆς, οὕτως αὐτὸς ἀξιώσας παθεῖν.

(Ps?)-ORIGENES, Selecta in Psalmos, PG 12, 1421
ΨΑΛΜΟΣ ΜΓ´.
Ὁ Θεὸς, ἐν τοῖς ὠσὶν ἡμῶν ἠκούσαμεν· Οἱ πατέρες ἡμῶν
ἀνήγγειλαν ἡμῖν, κ. τ. ἑ. Ἐκ προσώπου τῶν ἐν τῇ
διασπορᾷ ὁ ψαλμὸς, ἢ ἐκ προσώπου τῶν ἀπὸ τῶν ἐθνῶν,
οἵτινες ἐπίστευσαν, ἐξ ἀκοῆς παραλαβόντες τὸν λόγον
ἀπὸ τοῦ Ἰσραὴλ, ᾧ ὤφθη ὁ Θεός.

(Ps?)-ORIGENES, Selecta in Psalmos, PG 12, 1676
ΨΑΛΜΟΣ PM(2)'.

Οἰκοδομῶν Ἱερουσαλὴμ ὁ Κύριος καὶ τὰς **διασπορὰς** τοῦ
Ἰσραὴλ ἐπισυνάξει, κ. τ. έ. Οὓς διασκορπίζει ἡ κακία,
τούτους συνάγει ἡ ἀρετή. Οὕτω καὶ Κύριος ἐν τοῖς
Εὐαγγελίοις· "Καὶ ὁ μὴ συνάγων μετ' ἐμοῦ, σκορπίζει."

ORIGENES, Commentarii in evangelium Joannis 28, 12, 92 (ed.
E. Preuschen, Leipzig 1903 [GCS 10])

..., καὶ ὁ θεὸς αὐτὸν ἀνέστησεν καὶ ἀφῆκεν καὶ πάντα τὰ
ἔθνη ἐδούλευσαν αὐτῷ καὶ ἐλθόντες οἱ Ῥωμαῖοι ἦραν
αὐτῶν τὸν τόπον. ποῦ γὰρ ὅ φασιν ἐκεῖνοι ἁγίασμα; ἦραν
δὲ καὶ τὸ ἔθνος, ἐκβάλλοντες αὐτοὺς ἀπὸ τοῦ τόπου καὶ
μόγις ἐπιτρέψαντες αὐτοῖς εἶναι ὅπου βούλονται καὶ ἐν
τῇ **διασπορᾷ**.

PHILO JUDAEUS, De confusione linguarum 197-198

παύσωνται τὴν κακίας πόλιν καὶ τὸν ἀθεότητος πύργον
οἰκοδομοῦντες μισάρετοι τρόποι. τούτων γὰρ
σκεδασθέντων οἱ πάλαι πεφευγότες τὴν τυραννίδα τῆς
ἀφροσύνης ἑνὶ κηρύγματι κάθοδον εὑρήσουσι, γράψαντός
τε καὶ βεβαιώσαντος ‹θεοῦ› τὸ κήρυγμα, ὡς δηλοῦσιν οἱ
χρησμοί, ἐν οἷς διείρηται ὅτι "ἐὰν ᾖ ἡ **διασπορά** σου ἀπ'
ἄκρου τοῦ οὐρανοῦ ἕως ἄκρου τοῦ οὐρανοῦ, ἐκεῖθεν
συνάξει σε" (Deut. 30, 4)· ὥστε τὴν μὲν ἀρετῶν συμφωνίαν
ἐμπρεπὲς ἁρμόζεσθαι θεῷ, τὴν δὲ κακιῶν διαλύειν
τε καὶ φθείρειν. οἰκειότατον δὲ κακίας ὄνομα σύγχυσις·
οὗ πίστις ἐναργὴς πᾶς ἄφρων, λόγοις καὶ βουλαῖς καὶ
πράξεσιν ἀδοκίμοις καὶ πεφορημέναις χρώμενος.

PHILO JUDAEUS, De praemiis et poenis (+ De exsecrationibus)
115

αἱ γὰρ συνεχεῖς τῶν καλῶν παραδειγμάτων φαντασίαι
παραπλησίας εἰκόνας ἐγχαράττουσι ταῖς μὴ πάνυ
σκληραῖς καὶ ἀποκρότοις ψυχαῖς. ὅθεν εἴρηται πρὸς τοὺς
ἐθέλοντας μιμεῖσθαι τὰ σπουδαῖα καὶ θαυμαστὰ κάλλη μὴ
ἀπογινώσκειν τὴν ἀμείνω μεταβολὴν μηδὲ τὴν ὥσπερ ἐκ

διασπορᾶς ψυχικῆς ἦν εἰργάσατο κακία πρὸς ἀρετὴν καὶ σοφίαν ἐπάνοδον· ἵλεως γὰρ ὅταν ᾖ ὁ θεός, ἐξευμαρίζεται πάντα.

PHOTIUS, Bibliotheca 230, 283a (ed. R. Henry, Paris 1959–...)
τί ποτέ ἐστιν ὁ μοναχός, ὑπογράφει· καὶ αὐτὸν δὲ τῆς αὐτῆς πολιτείας ἀπαγγέλλει. Παραινεῖ δὲ τοὺς τῆς μονάδος πολιτείας ἐραστὰς κατὰ τὸ ἐπάγγελμα πολιτεύεσθαι, καὶ τῇ μονότητι καὶ τῇ ἑνότητι τῆς ἐκκλησίας συναρμόζεσθαι. Εἴησαν δέ, πρὸς οὓς ἀφεώρα ἡ παραίνεσις, τῆς Σεβήρου **διασπορᾶς** καὶ κατατομῆς μερίδες οὐκ ἄσημοι· οἷς ὅπως μὲν μάχονται τῶν πατέρων αὐτῶν αἱ δόξαι πρὸς ἑαυτάς, ὅπως δὲ πρὸς ἀλλήλας, καὶ οὐδαμῇ τὸ στάσιμον οὐδὲ τὸ πάγιον ἔχουσιν, ἀπογυμνώσας τε καὶ ἀνακαλυψάμενος, ἐκ τῆς ἐκεῖθεν ἀτοπίας ὁρᾶν αὐτοὺς πρὸς τὴν ἕνωσιν τῆς ἐκκλησίας ὑποτίθεται.

PLUTARCHUS, Non posse suaviter vivi secundum Epicurum 1105a
"ἀλλ' ὑμεῖς μὲν πάντες ὕδωρ καὶ γαῖα γένοισθε" (H 99), τὴν εἰς τὸ μὴ φρονοῦν μηδ' αἰσθανόμενον διάλυσιν τῆς ψυχῆς, ἣν Ἐπίκουρος εἰς κενὸν καὶ ἀτόμους **διασπορὰν** ποιῶν ἔτι μᾶλλον ἐκκόπτει τὴν ἐλπίδα τῆς ἀφθαρσίας, δι' ἣν ὀλίγου δέω λέγειν πάντας εἶναι καὶ πάσας προθύμους τῷ Κερβέρῳ διαδάκνεσθαι καὶ φορεῖν εἰς τὸν τρητόν, ὅπως ἐν τῷ εἶναι μόνον διαμένωσι μηδ' ἀναιρεθῶσι.

PLUTARCHUS, Adversus Colotem 1109f
Siehe oben, *sub* Epicurus.

PLUTARCHUS, Solon 32, 4
Siehe oben, *sub* Aristoteles.

REGISTER

(Die Register beziehen sich nur auf den Haupttext des Buches, nicht auf die Einleitung und die Appendizes)

I. BIBELSTELLEN

a) *Altes Testament (LXX)*

Genesis
9:19 92
10:18 92
10:32 92
11:4 93, 131
11:8-9 79, 87, 93, 97
49:7 93, 97

Exodus
5:12 93

Leviticus
26 97, 101, 104, 110, 116-7,
  132-3, 141, 151, 154-55
26:3-13 93
26:32-33 94
26:33 133
26:38 94
26:40ff. 117
26:44 94, 126

Deuteronomium
4:27 94-5, 141
28 97, 101, 104, 110, 116-7,
  132-3, 141, 151, 154-55
28:25 80, 95, 149
28:37 111
28:58ff. 95
28:63 95-6
28:64 96
28:65-67 96, 133
28:68 96
30:1-5 96, 133
30:4 80, 105, 133-4, 164
30:19 125
32:8-9 97, 131
32:28 97
32:39 113

Richter
5:11 147

1 Könige
9:7 111
11:11 98
13:8 98
13:11 98
14:23 98
14:34 98

2 Könige
18:8 98
20:22 98

3 Könige
12:24 98
14:7ff. 139
22:17 99, 139

4 Könige
25:5 99

Jesaja
2:3 114
11:12 99
24:1 99
32:6 99
35:8 61, 91, 100
41:16 100
49:6 100, 122
53 145-6
56:8 100

Jeremia
8:28 72
11:3 72
13:24 101
15:7 101
16:13 72

II. ANTIKE AUTOREN

1 M. Hengel. *Die Zeloten.* Untersuchungen zur jüdischen Freiheitsbewegung in der Zeit von Herodes I. bis 70 n. Chr. 2. verbesserte und erweiterte Auflage. 1976. ISBN 90 04 04327 6

2 O. Betz. *Der Paraklet.* Fürsprecher im häretischen Spätjudentum, im Johannes-Evangelium und in neu gefundenen gnostischen Schriften. 1963. ISBN 90 04 00109 3

5 O. Betz. *Abraham unser Vater.* Juden und Christen im Gespräch über die Bibel. Festschrift für Otto Michel zum 60. Geburtstag. Herausgegeben von O. Betz, M. Hengel, P. Schmidt. 1963. ISBN 90 04 00110 7

6 A. Böhlig. *Mysterion und Wahrheit.* Gesammelte Beiträge zur spätantiken Religionsgeschichte. 1968. ISBN 90 04 00111 5

7 B. J. Malina. *The Palestinian Manna Tradition.* The Manna Tradition in the Palestinian Targums and its Relationship to the New Testament Writings. 1968. ISBN 90 04 00112 3

8 J. Becker. *Untersuchungen zur Entstehungsgeschichte der Testamente der zwölf Patriarchen.* 1970. ISBN 90 04 00113 1

9 E. Bickerman. *Studies in Jewish and Christian History.*
   1. 1976. ISBN 90 04 04396 9
   2. 1980. ISBN 90 04 06015 4
   3. 1986. ISBN 90 04 07480 5

11 Z. W. Falk. *Introduction to Jewish Law of the Second Commonwealth.*
   1. 1972. ISBN 90 04 03537 0
   2. 1978. ISBN 90 04 05249 6

12 H. Lindner. *Die Geschichtsauffassung des Flavius Josephus im Bellum Judaicum.* Gleichzeitig ein Beitrag zur Quellenfrage. 1972. ISBN 90 04 03502 8

13 P. Kuhn. *Gottes Trauer und Klage in der rabbinischen Überlieferung.* Talmud und Midrasch. 1978. ISBN 90 04 05699 8

14 I. Gruenwald. *Apocalyptic and Merkavah Mysticism.* 1980. ISBN 90 04 05959 8

15 P. Schäfer. *Studien zur Geschichte und Theologie des rabbinischen Judentums.* 1978. ISBN 90 04 05838 9

16 M. Niehoff. *The Figure of Joseph in Post-Biblical Jewish Literature.* 1992. ISBN 90 04 09556 X

17 W. C. van Unnik. *Das Selbstverständnis der jüdischen Diaspora in der hellenistisch-römischen Zeit.* Aus dem Nachlaß herausgegeben und bearbeitet von P. W. van der Horst. 1993. ISBN 90 04 09693 0

DATE DUE

HIGHSMITH 45-220